Un franc le volume

NOUVELLE COLLECTION MICHEL LÉVY

1 FR. 25 C. PAR LA POSTE

ADOLPHE ADAM

SOUVENIRS

D'UN

MUSICIEN

PRÉCÉDÉS

DE NOTES BIOGRAPHIQUES SUR ADOLPHE ADAM

Écrites par lui-même.

NOUVELLE ÉDITION

CALMANN LÉVY, ÉDITEUR

ANCIENNE MAISON MICHEL LÉVY FRÈRES

RUE AUBER, **3**, ET BOULEVARD DES ITALIENS, **15**

A LA LIBRAIRIE NOUVELLE

SOUVENIRS

D'UN MUSICIEN

.CALMANN LÉVY, ÉDITEUR

OUVRAGES

D'ADOLPHE ADAM

PUBLIÉS DANS LA COLLECTION MICHEL LÉVY

IMPRIMERIE N.-M. DUVAL, 17, RUE DE L'ÉCHIQUIER

SOUVENIRS
D'UN MUSICIEN

PAR

ADOLPHE ADAM

MEMBRE DE L'INSTITUT

PRÉCÉDÉS DE NOTES BIOGRAPHIQUES ÉCRITES PAR LUI-MÊME

NOUVELLE ÉDITION

PARIS

CALMANN LÉVY, ÉDITEUR

ANCIENNE MAISON MICHEL LÉVY FRÈRES

3, RUE AUBER, 3

—

1884

A M. LE DR LOUIS VÉRON

Permettez-moi de vous offrir ce livre en souvenir de l'amitié qui vous unissait à mon mari.

CHÉRIE A. ADAM.

NOTES BIOGRAPHIQUES [1]

—

Je suis né à Paris le **24** juillet **1803**; ma mère était fille d'un médecin de quelque réputation, T. Coste, dont le costume et le physique avaient une si grande ressemblance avec toute l'allure de Portal, que l'un et l'autre ne se traitaient jamais de confrères, mais toujours de ménechmes.

[1] Ces notes n'étaient pas destinées à la publicité. Ad Adam les avait écrites pour lui; mais nous avons pensé qu'elles pourraient avoir, après sa mort, un certain intérêt, au moins au point de vue biographique. Nous avons cru devoir en respecter la forme qui, par sa négligence, témoigne de la rapidité avec laquelle elles ont été écrites, et de la fidélité de ceux qui les offrent aujourd'hui au lecteur.

Mon père, le fondateur de l'école de piano en France, était alors âgé de 45 ans. Né en 1758 à Mitterneltz, petit village à quelques lieues de Strasbourg; il était venu à Paris à l'âge de 15 ans. Les exécutants étaient rares alors et mon père jouit d'une vogue qu'il conserva pendant toute sa longue carrière. Ami et protégé de Gluck, il réduisait pour le clavecin et le piano presque tous les opéras de ce grand maître à leur apparition. Mon père se maria fort jeune; il épousa d'abord la fille d'un marchand de musique et perdit sa jeune femme après une année de mariage.

Pendant la Révolution, il se remaria et épousa une sœur du marquis de Louvois; le contrat de mariage porte la signature du mineur Louvois. Mon père eut, de ce mariage, une fille qui vit encore et qui est mariée à un colonel de génie en retraite; elle habite Dijon avec sa famille. La seconde union de mon père ne fut pas heureuse; il divorça: sa femme épousa le comte de Ganne et est morte, il y a peu d'années.

Ma jeunesse se passa dans une grande aisance. Ma mère avait apporté une centaine de mille francs à mon père; il était le maître de piano à la mode sous l'Empire, je voyais souvent à la maison le comte de Lacépède, grand amateur de musique et presque toutes les célébrités de cette époque.

A sept ans, je ne savais pas lire, je ne voulais rien

apprendre, pas même la musique : mon seul plaisir
était de tapoter sur le piano, que je n'avais jamais
appris, tout ce qui me passait par la tête. Ma mère
se désespérait de mon inaptitude et, à son grand
chagrin, elle se résolut à me mettre dans une pension en renom, où Hérold avait été élevé, la pension Hix, rue Matignon.

Il me fut bien dur de passer des douceurs de la
maison paternelle aux rigueurs d'une éducation en
commun. Je me rappelle que le jour de mon entrée
en classe, un élève récitait le pronom *Quivis*,
quævis, *quodvis*, et que la barbarie de ces mots
me fit frémir d'une terreur indéfinissable. J'ai conservé un si mauvais souvenir des jours de collége
que, plus de vingt ans après en être sorti, étant marié et auteur d'ouvrages qui avaient eu quelques
succès, je rêvais que j'étais encore écolier et je
me réveillais frissonnant et couvert d'une sueur
froide.

Quoique protégé par la Cour impériale, professeur des enfants de Murat et de ceux de tous les
grands dignitaires de l'Empire, mon père était foncièrement royaliste ; je me rappelle donc moins
les splendeurs de l'Empire que les mauvais côtés de
cette époque si brillante. Les familles amies de la
mienne avaient été décimées par la conscription :
ma mère me serrait quelquefois dans ses bras et m'y
pressait en s'écriant tout en larmes : Pauvre enfant,

tu seras tué comme les autres ; quel malheur que tu ne sois pas une fille !

J'avais près de cinq ans lorsque ma mère devint enceinte. Sa joie fut extrême , car elle se croyait sûre d'avoir une fille qui, au moins, ne lui serait pas enlevée. Son désespoir fut très-grand d'accoucher encore d'un garçon, et la crainte de nous perdre un jour, rendit encore plus vive la tendresse qu'elle avait pour mon frère et pour moi.

Mon père adorait ma mère , et pour lui procurer tous les plaisirs qu'aime une jeune femme , il dépensait tout son revenu qui était assez considérable. Lorsque les armées étrangères envahirent la France, les leçons de piano furent suspendues par presque toutes les élèves , et mon père se trouva réduit à ses appointements du Conservatoire et aux émoluments qu'il recevait dans un ou deux grands pensionnats de demoiselles.

L'occupation de Paris par les Alliés ne fut regardée par ma famille que comme une délivrance. Je me souviens que le jour de l'entrée de ces troupes , mon père me mena , avec mon frère , voir défiler cette immense armée sur les boulevards : la Madeleine n'était pas bâtie , et c'est sur un des tronçons de colonnes en construction que nous vîmes passer l'Empereur de Russie, les autres souverains et toute leur armée, chaque soldat ayant à la tête une branche de feuillage. Les femmes agitaient des mouchoirs aux fenêtres, c'était un enthousiasme impossible à décrire et bien concevable quand on réfléchit que depuis plusieurs mois, les journaux n'étaient remplis que du récit des atrocités commises dans la province par les troupes ennemies, et que les Parisiens voyaient comme par enchantement succéder à leur terreur la sécurité la plus complète.

Cependant, le dérangement des affaires de mon père l'avait forcé de faire quelques réformes dans sa maison. La pension de M. Hix était fort chère, 1,200 fr. par an. On me mit, à ma grande joie, dans un pensionnat de Belleville, tenu par M. Gersin. Chez M. Hix, j'avais reçu des leçons de piano d'Henry Lemoine, un des élèves de mon père. Chez M. Gersin, j'eus pour professeur sa fille, charmante jeune personne qui, plus tard, épousa Benincori, le compositeur, et, devenue veuve, devint la femme de M. le comte de Bouteiller, excellent musicien lui-même et grand amateur de musique.

Mes progrès en latin ne furent pas très-grands chez M. Gersin : il avait inventé une méthode ; elle consistait à donner aux élèves une traduction mot à mot des auteurs latins : le thème que nous faisions devait reproduire exactement le texte de l'auteur C'était impossible à faire, mais nous avions toujours un Virgile, un Horace ou un Ovide ; c'étaient les livres prohibés de cette singulière pension ; nous copiïons le texte, et notre maître était émerveillé de

notre retraduction en latin. Je sortis de cette pension
pour entrer à Paris dans celle de M. Butet; puis
mon père, qui demeurait près du collége Bourbon,
consentit à me prendre chez lui et à m'envoyer
comme externe au collége. Heureux d'échapper au
joug de la pension, je promis de reconnaître cette
faveur par un travail assidu et je fis une bonne
quatrième.

Malheureusement, à la fin de l'année, je me liai
étroitement avec un assez bon élève comme moi
et qui devait devenir un affreux cancre, grâce à
notre intimité : c'était Eugène Sue. Nos deux familles se connaissaient d'ancienne date et cela ne
fit que resserrer nos liens d'amitié. Nous nous li-
vrâmes avec ardeur, dès cette époque, à l'éducation
des cochons d'Inde; cela devint toute notre préoccupation.

Cependant j'avais obtenu de mon père qu'il me
fît apprendre la composition. On ne m'accorda cette
faveur qu'à la condition que mes études humani-
taires n'en souffriraient pas. Un ami de mon père,
nommé Widerkeer, me donna les premières leçons
d'harmonie. Mes progrès furent très-rapides parce
que j'y donnais tout mon temps. J'étais très-pré-
coce, et j'avais pour maîtresse une couturière qui
demeurait en face de ma maison. Je descendais à
l'heure des classes du collége et j'allais chez elle
faire mes leçons d'harmonie pendant qu'on me

croyait au collége. Cela dura pendant trois ans.
L'économe ne faisait aucune difficulté pour recevoir
les quartiers qu'on lui payait et le professeur ne
s'inquiétait nullement de ne voir jamais un élève
dont il ne connaissait que le nom. Mon pauvre père
ignora toute sa vie que j'eusse fait ma seconde,
ma rhétorique et ma philosophie dans l'atelier d'une
grisette.

J'avais une passion pour toucher l'orgue. Benoît
était professeur de cet instrument au Conservatoire
(il l'est encore); il était élève de mon père pour le
piano et il fut enchanté de m'admettre dans sa
classe. J'improvisais fort bien, mais j'avais grand'-
peine à m'astreindre à jouer des fugues et autres
choses que je trouvais et que je trouve encore peu
récréatives. A peine étais-je entré au Conservatoire,
qu'un camarade un peu plus âgé que moi, et répétiteur de solfége, me pria de tenir sa classe pendant qu'il serait en loge à l'Institut. Ce camarade
était Halévy. J'allai m'installer à sa place comme
répétiteur de solfége avec un aplomb superbe; je
n'étais pas en état de déchiffrer une romance, mais
je devinais les accords de la basse chiffrée et je
m'en tirai si bien qu'on me donna une classe de
solfége à diriger; c'est là que j'ai appris à lire la
musique en l'enseignant aux autres. Puis j'entrai
dans la classe de contre-point d'Eller, un brave
allemand qui avait fait dans sa vie la musique d'un

petit opéra intitulé : *l'Habit du chevalier de Gram-mont*, dont le poëme et le jeu de Martin firent le succès.

Eller avait deux passions, l'une pour Chéru-bini, l'autre contre Catel... Pourquoi cette antipa-thie contre Catel, le plus doux des hommes?..... On ne put jamais le comprendre. Eller était très-pauvre, et la dernière année de sa vie, il donnait ses leçons chez lui à un quatrième étage de la rue Bellefonds. Un jour que nous allions chez lui, nous le trouvâmes dans sa cour, où il venait de fendre du bois, dont il allait monter une lourde charge à son quatrième. Nous voulûmes l'aider :

— Laissez donc, nous dit-il, depuis que je suis à Paris, j'ai appris à m'accoutumer à tout, à tout, en-entendez-vous? excepté à la musique de M. Catel.

Eller mourut. On ouvrit un concours pour son remplacement. Ce fut Zimmermann qui l'emporta; mais il fallait opter entre l'enseignement du contre-point et celui du piano qu'il professait déjà. Il pré-féra sa classe de piano, et Fétis, le concurrent dont la composition avait le plus approché de celle de Zimmermann, fut élu.

J'entrai dans la classe de Reicha. Ce dernier était aussi expéditif qu'Eller était lent. On faisait en une année le cours de contre-point chez Reicha, il en fallait cinq chez Eller. A peu près à la même épo-que, Boïeldieu fut nommé professeur de composition ; j'entrai dans sa classe à la formation et ce furent de grands cris au Conservatoire, à l'époque de la création de cette classe, car les œuvres de Boïeldieu y étaient en fort mince estime.

On aura peine à croire qu'à cette époque où je partageais entièrement les préjugés de mes condisciples, je méprisais souverainement la musique mélodique; je n'estimais absolument que les combinaisons les plus arides et les plus recherchées. Boïeldieu employa quatre années à me réformer et je dois dire avec reconnaissance que je lui dois d'avoir entièrement modifié ma manière d'envisager la musique.

J'ai parlé de mon goût pour l'orgue. Depuis quelques années je remplaçais divers organistes dans leurs paroisses : j'ai successivement joué l'orgue à Saint-Étienne du Mont, Saint-Nicolas du Chardonnet, Saint-Louis d'Antin, Saint-Sulpice et aux Invalides, comme commis de Baron père et de Séjan fils. — Mon goût pour le théâtre n'était pas moins vif que pour la musique d'Église. Je m'étais lié avec le garçon d'orchestre de l'Opéra-Comique, et ce m'était une grande joie quand il pouvait me procurer une entrée à l'orchestre des musiciens. Mon goût était si faux à cette époque, que je ne comprenais nullement le mérite des ouvrages de Grétry et que toute mon admiration était réservée aux sombres opéras de Méhul : il est inutile de dire que j'ai changé du tout au tout.

Le Gymnase venait d'ouvrir pour jouer des opéras : on en avait déjà représenté plusieurs : on en répétait un intitulé *le Bramine*, musique d'Al. Piccini. Un musicien nommé Duchaume, bibliothécaire, copiste, timbalier et chef des chœurs, m'offrit de me faire entrer comme triangle, avec 40 sous de cachet par représentation, à la condition que je lui donnerais mes appointements. J'aurais payé pour être admis, je consentis donc sans peine à ne rien recevoir. Me voilà donc initié aux coulisses, le but de tous mes désirs ! — Mon père n'avait pas voulu que je fusse musicien ; il aurait préféré que j'entrasse dans un bureau ou une étude : mais toute son opposition se borna à me laisser sans argent. Il me donnait la nourriture et le logement, mais rien de plus. Je me tirai de ma position en donnant quelques rares leçons à 30 sous le cachet, en vendant de mauvaises romances et de plus mauvais morceaux de piano au prix de 50 ou 60 francs de musique, prix marqué, c'est-à-dire 25 ou 30 francs.

Mon entrée au Gymnase fut un événement dans ma vie. Je liai des connaissances et des amitiés avec des acteurs et des auteurs ; ce fut, en un mot, mon point de départ. Duchaume mourut et je lui succédai comme timbalier et chef des chœurs aux appointements de 600 francs par an.

C'était une fortune. Je ne donnai plus de leçons à 30 sous et je fis un peu moins de musique de pacotille.

Boïeldieu n'avait pas grande confiance en moi; son préféré était Labarre. Labarre négligea la composition où il aurait réussi pour la harpe où il excellait et avec laquelle il pouvait gagner une vingtaine de mille francs par an. Avec le nom de mon père, j'aurais pu, en persévérant, gagner presque la même somme avec des leçons de piano : j'eus le courage de résister.

Je concourus deux fois à l'Institut, la première fois, j'eus une mention honorable ; la deuxième, le premier grand prix fut décerné à Barbereau, le premier second prix à Paris et j'obtins un deuxième second prix. Boïeldieu fut désespéré de mon *succès*; il ne voulut plus que je me représentasse au concours et il eut raison. Dix ans plus tard Barbereau était chef d'orchestre au Théâtre français. Paris était chef d'orchestre au théâtre du Panthéon et j'avais déjà fait jouer une dizaine d'Opéras.

Cependant pour atteindre mon but d'arriver au théâtre, je pris un singulier chemin. Je me liai avec des auteurs de vaudeville et je leur offris de leur faire *pour rien* des airs de vaudeville qu'ils payaient fort cher aux chefs d'orchestre des théâtres pour lesquels ils travaillaient. J'obtins ainsi mes premiers succès au Vaudeville et au Gymnase, et il me fallut soutenir une lutte violente contre les chefs d'orchestre de ces théâtres. Blanchard, critique musical aujourd'hui et alors chef d'orchestre aux Variétés, parvint cependant à me barrer entièrement la porte de son théâtre. Mais au Gymnase, les airs du *Baiser au porteur*, du *Bal champêtre*, de *la Haine d'une femme*, et au Vaudeville ceux de *Monsieur Botte*, du *Hussard de Felsheim*, de *Guillaume Tell* me valurent l'amitié et les promesses de collaboration des auteurs de ces pièces.

Après mon concours de l'Institut, je fis un voyage en Hollande, en Allemagne et en Suisse avec un de mes amis, le docteur Guillé, un des hommes les plus originaux et les plus spirituels que je connaisse. J'avais rencontré Scribe en Suisse, il me proposa de faire la musique d'un vaudeville pour le Gymnase : j'acceptai avec empressement. Mes cantatrices étaient Léontine Fay et Déjazet ; mes chanteurs : Gonthier, Paul, Legrand et Ferville. Malgré l'exécution j'eus un grand succès et plusieurs airs devinrent populaires. Boïeldieu avait assisté à ma répétition générale et il fut très-surpris de ce que j'avais fait. Scribe m'envoya demander ma note, comme il avait l'habitude de le faire avec les chefs d'orchestre. Je répondis fièrement que j'étais assez payé par l'honneur de sa collaboration, et il me jura qu'il me donnerait le poëme de mon premier opéra. On verra par la date

du *Chalet* que je fis bien en n'ayant pas la patience
de l'attendre, car j'avais déjà donné plusieurs ouvrages, lorsqu'il consentit, sur les instances de
Crosnier et malgré l'opposition de son collaborateur Mélesville, à me donner la pièce (*le Chalet*),
qui fut mon premier grand succès, encore me fut-
il imposé comme condition que je ne toucherais
qu'un tiers au lieu de la moitié des droits d'auteur
qui devait me revenir.

Après plusieurs années de ces tâtonnements dans
les petits théâtres et entre autres aux Nouveautés
où j'avais donné *Valentine*, *Cabel*, etc., Saint-
Georges me confia un poëme en un acte : *Pierre
et Catherine*. C'était un sujet sérieux, avec beaucoup de chœurs et de développements musicaux.
Je n'étais connu que par des airs de Pont-Neuf,
c'était une bonne fortune pour moi que d'avoir l'occasion de me révéler dans un tout autre genre. Ma
pièce n'avait que quatre personnages : Pierre le
Grand, Catherine, un soldat et un fournisseur. Mes
rôles étaient destinés à Lemonnier, Mme Pradher,
Féréol et Vizentini. Trois acteurs refusèrent : Lemonnier et Mme Pradher parce qu'ils répétaient
la Fiancée d'Auber, et Vizentini pour faire comme
ses camarades ; Féréol seul tint à son rôle parce
qu'il était sérieux et que les comiques aiment toujours à faire le contraire de ce qu'ils font habituellement. On me donna Damoreau pour mon rôle

principal, Mlle *** qui était enceinte, et l'on ne trouva personne pour remplacer Vizentini. J'avais été camarade au Conservatoire avec Henry : il ne jouait que des basses-tailles nobles et néanmoins je lui offris un rôle essentiellement comique, il l'accepta, et ce fut le premier rôle gai que joua celui qui, dix ans plus tard, devait donner un cachet si heureux au *Biju* du *Postillon*. Cette distribution d'acteurs en seconde ligne me porta bonheur. Mlle *** accoucha à la sixième représentation ; elle fut remplacée par Mlle Éléonore Colon, et la pièce eut plus de quatre-vingts représentations.

Je profitai du succès de *la Fiancée* d'Auber : les deux pièces marchèrent ensemble, et j'ai eu, avec mon illustre confrère, le privilége d'être le dernier compositeur exécuté dans l'ancienne salle Feydeau : la dernière représentation donnée dans cette salle que le marteau devait abattre le lendemain se composait de *la Fiancée* et de *Pierre et Catherine* (mars 1829).

J'avais vendu ma *Batelière de Brientz* à l'éditeur Schlesinger pour 500 francs. Pleyel m'offrit 3,000 francs de *Pierre et Catherine*. Une amourette qui devait finir par un mariage m'avait fait quitter la maison de mon père et les 3,000 francs de Pleyel me parurent une somme énorme. J'eus cependant le bon esprit d'en distraire la somme nécessaire à l'acquisition d'un piano et je pus composer sur un instrument à moi, ce qui ne m'était pas encore arrivé.

Quelques jours après la représentation de *Pierre et Catherine*, un auteur de réputation, Vial, l'auteur d'*Aline*, me confia un poëme en trois actes qu'il avait fait en collaboration avec Paul Duport. C'était encore un sujet russe, il était intitulé *Danilowa*. La pièce ne manquait pas d'intérêt et je me mis immédiatement à l'ouvrage. Mais une année s'écoula avant qu'on ne jouât *Danilowa* et c'était trop long à attendre. Je continuai donc d'écrire quelques pièces pour les Nouveautés. Mais le directeur de l'Opéra-Comique tenait à son privilége exclusif et il faisait une rude guerre aux théâtres de vaudeville qui donnaient de la musique nouvelle. Cette prétention absurde d'empêcher des théâtres de préparer des compositeurs et des chanteurs a fait le plus grand tort à l'art musical. Derval, Brindeau, Bressant, eussent été d'excellents ténors, si, au début de leur carrière, on ne leur eût défendu de chanter autre chose que des vaudevilles. Le lendemain de la représentation d'une pièce dont j'avais fait la musique aux Nouveautés, le directeur Ducis envoya une assignation pour s'opposer à ce qu'on continuât de jouer un ouvrage dont les airs étaient nouveaux. Les Nouveautés étaient alors dirigées par Bohain et Nestor Roqueplan, propriétaires du journal le *Figaro*. On venait de jouer à l'Opéra-Comique un nouvel opéra de Carafa : ils répondirent par une contre-assignation qu'ils firent signifier par un huissier nommé l'Écorché : ils y faisaient défense à Ducis de représenter son opéra, prétendant qu'il n'y avait pas un seul air nouveau, que tous les motifs étaient connus et qu'il empiétait sur le privilége des théâtres de vaudeville. Ils publièrent leur assignation dans le *Figaro* : cette facétie eut un succès fou, les rieurs furent de leur côté et le procès n'eut pas lieu.

Danilowa fut jouée dans les premiers mois de 1830. J'avais pour interprètes, Mmes Casimir, Pradher et Lemonnier, MM. Lemonnier et Moreau-Sainti. Le succès fut assez grand, j'eus un morceau bissé, l'air : *Sous le beau ciel de la Provence*, etc. Malheureusement la révolution de Juillet vint interrompre le cours de nos représentations.

J'avais fait en collaboration avec Gide la musique d'une pantomime anglaise, *la Chatte blanche*, pour les Nouveautés : le ministère en voulait défendre la représentation comme excédant les priviléges du théâtre. Les directeurs obtinrent de Charles X la permission d'en faire jouer quelques scènes à Saint-Cloud, devant les jeunes princes qui furent enchantés des bons coups de pied qu'échangeaient les clowns et le pantalon, et l'interdiction fut levée. La première représentation eut lieu le 26 juillet, le jour où parurent les Ordonnances. La seconde ne fut pas achevée et la pièce ne fut reprise que quelques jours plus tard et obtint une centaine de représentations.

Les révolutions ne sont pas favorables au théâtre, celui de l'Opéra-Comique en ressentit l'influence. Ducis fit faillite, et d'autres faillites succédèrent à la sienne. La salle Ventadour semblait maudite. Les Nouveautés manquèrent aussi et les comédiens de l'Opéra-Comique se mirent en société et allèrent exploiter la salle de la place de la Bourse. Le choléra éclata au mois de février 1832. Le premier cholérique, frappé d'une attaque subite dans la rue, était déguisé en polichinelle, et c'est sous ce costume qu'il fut porté à l'Hôtel-Dieu. Il expira dans le trajet.

J'avais épousé la sœur de Laporte, directeur de Covent-Garden, à Londres. Mon beau-frère nous proposa de venir le trouver. Ma femme était enceinte, les affaires étaient nulles et impossibles à Paris; j'acceptai avec empressement l'offre qui m'était faite. Laporte avait alors une très-belle position à Londres. Directeur d'un théâtre très-important, co-directeur avec Cloup et Pélissier du théâtre français dont il était un des acteurs favoris, sa maison de Londres et son cottage à Whamley étaient on ne peut plus agréables. Je ne savais pas un mot d'anglais et j'eus quelque peine à apprendre la langue. Je la lisais assez facilement au bout de quelques mois, mais j'avais la plus grande difficulté à comprendre ce qu'on me disait. J'étais malade et mon médecin, le docteur Lubellinage, qui parlait fort bien français, m'indiqua le pharmacien où je devais allais chercher quelques drogues. Ce pharmacien ne savait pas un mot de français ; j'essayai de mon anglais : il me comprit à peu près ; mais il me fut impossible de rien comprendre à sa réponse. Je ramassai alors dans ma mémoire tout ce que je savais de latin, et malgré la différence de prononciation, nous nous entendîmes à peu près. Cependant comme nous étions fort mauvais latinistes l'un et l'autre, nous ne faisions que recouvrir nos idiotismes de mots latins, et il s'ensuivait plus d'un quiproquo . ainsi un jour en me donnant une boîte de pilules, mon pharmacien me fit cette recommandation : *Capiendum totâ nocte.* Je fus un peu effrayé de l'idée de passer la nuit entière à avaler des pilules. J'allai confier ma crainte à Lubellinage qui m'expliqua que le latin n'étant que le mot à mot de la tournure britannique, voulait dire : *A prendre chaque soir.*

Mason, directeur du King's théâtre avait engagé Nourrit, Levasseur, Damoreau et Mme Damoreau pour jouer en français *Robert le Diable* alors dans toute sa nouveauté. Meyerbeer vint pour les répétitions : il fut enchanté de l'orchestre à la lecture. — C'est très-bien, dit-il, avec sept ou huit répétitions pour les nuances, cela ira à merveille.

Mais il apprit que les nuances étaient chose inconnue à cet orchestre, le meilleur de Londres, et qu'on ne faisait plus qu'une seule répétition. Il quitta Londres le soir même, sans attendre la représentation. L'ouvrage réussit médiocrement. Nourrit (avec sa voix nazale) déplut complétement : les Anglais crurent que l'organe cuivré qu'affectait Levasseur dans le rôle de Bertram était sa voix ordinaire et ils ne comprirent nullement le mérite de l'artiste. Mme Damoreau fut jugée comme n'ayant aucune espèce de voix. Tout le succès fut pour son mari, chargé du rôle de Raimbaud et pour Mlle Heinnefetter qui jouait Alice.

Quelques années plus tard, Mlle Rachel vint jouer avec une demoiselle Larcher qui jouait les confidentes au Théâtre français et c'est cette dernière qui eut tout le succès.

Il ne faut pas trop nous moquer de ces méprises de la part des Anglais; car lorsque leurs acteurs vinrent à Paris, tout le succès fut pour Abbat, comédien très-médiocre; Macready ne produisit aucun effet et parmi les femmes on ne remarqua que miss Smithson, que son accent irlandais avait toujours rendue antipathique à ses compatriotes. Il faut dire que l'accent irlandais est pour les Anglais ce que l'accent auvergnat est pour les Français.

Quand je sus un peu d'anglais, Laporte me fit faire deux opéras pour Covent-Garden *His first Campaign*, en deux actes et *the Dark Diamond*, en trois actes. Le premier réussit beaucoup, et le second ne fut joué que trois fois. J'ai replacé la musique de ces deux ouvrages dans plusieurs opéras donnés depuis à Paris.

Je retrouvai à Londres deux camarades de collège, de Lavalette et d'Orsay. Le second me présenta à sa belle-mère lady Blessington, qui me donna à mettre en musique une ballade de sa composition *the Eolian harp* que je fis graver à Londres.

Je vis, pendant mon séjour dans cette ville, *la Muette* d'Auber jouée en anglais sur le théâtre de Drury-Lane. A son apparition à Paris, le directeur d'un théâtre anglais envoya le compositeur Bishop pour entendre l'ouvrage. Celui-ci revint à Londres pour déclarer que la pièce était superbe, mais que la musique était comme celle de tous les Français et qu'il fallait qu'il en refît une autre. Cependant le danseur Coulon eut l'idée de mettre *la Muette* en ballet, d'y introduire quelques chœurs de l'opéra d'Auber et de présenter ce pasticcio sur le King's théâtre. L'effet de la musique fut immense, l'ouverture fut bissée et jamais on ne l'exécute moins de deux fois de suite devant le public anglais qui est grand redemandeur et qui exprime son vœu

par un mot français comme nous par un mot latin;
on dit : *encore !* à Londres et *bis !* à Paris.

Un certain capitaine Livins·fit alors la traduction
de la pièce de Scribe sur la musique d'Auber, et
présenta son travail au théâtre de Drury-Lane. Le
célèbre et vieux Braham fut chargé du rôle de Ma-
zaniello et il retrancha de son rôle le duo : *Amour
sacré de la patrie* et l'air *du Sommeil*, et comme il
ne lui restait plus rien à chanter, il voulut intercaler quelques airs de compositeurs anglais. Livins
eut le courage et le bon esprit de s'y opposer, et il
proposa à Braham diverses mélodies d'Auber. Le
choix du chanteur s'arrêta sur les couplets de Lemonnier dans *le Concert à la Cour : Pourquoi pleurer?* pour remplacer l'air *du Sommeil*, et à chaque
représentation ce morceau était bissé, ou, pour
mieux dire, *encoré* (pour traduire exactement l'*en-
cora* anglais).

Mason avait fait faillite et Laporte le remplaça
comme directeur du King's théâtre. Il me demanda
alors un ballet en trois actes dont le livret était du
maître de ballet Deshayes.

Je retournai à Paris pour écrire mon ballet et je
retournai le monter à Londres au commencement
de 1834. Je quittai Paris le jour même de l'enterrement d'Hérold. Mon ballet était dansé par Perrot,
Albert, Coulon, Mᵐᵉˢ. Pauline Leroux et Montessu.
Il eut un grand succès, même de musique. J'en ai

employé quelques fragments dans *Giselle* et un des motifs m'a servi à faire le chœur de la Bacchanale du *Chalet*.

Je revins à Paris dans l'été de 1834; la liste de mes ouvrages suffira pour faire apprécier mes travaux jusqu'en 1839.

Mlle Taglioni, pour qui j'avais écrit *la Fille du Danube*, était depuis un an en Russie; elle m'engagea à aller lui écrire un nouveau ballet. Ce voyage me tenta. Je venais de donner à l'Opéra-Comique *la Reine d'un jour* pour masset et Jenny Colon; je partis après la seconde représentation et j'arrivai à Saint-Pétersbourg dans les premiers jours d'octobre. L'empereur m'accueillit à merveille; je composai mon ballet qui eut un grand succès. Je vis mourir, presque dans mes bras, un camarade de collège, Eugène Desmares qui avait accompagné Mlle Taglioni en Russie; son enterrement me laissa une triste impression. L'usage russe est de faire une collation dans le cimetière même et dans un bâtiment destiné à cet usage : les invités au convoi y envoient les rafraîchissements qu'on consomme sur place, et l'on se grise assez habituellement dans ces repas funèbres. J'avais voulu suivre à pied le cortège, j'attrapai un froid, je rentrai malade, et pendant deux mois je fus entre la vie et la mort. Le hasard m'avait fait trouver à St-Pétersbourg un cousin germain dont j'ignorais l'existence et qui

était un médecin distingué. Ce fut à ses bons soins
et surtout à la sollicitude de chaque instant d'une
personne qui porte aujourd'hui mon nom, que je
dus de ne pas succomber à la maladie. Mais j'avais
l'esprit frappé et je ne pouvais rester plus longtemps
en Russie. Un nommé Cavoz, directeur de la musique de l'empereur, vint à mourir : on m'offrit sa
place ; les trente mille roubles ne me tentèrent pas
et j'eus le bon esprit de refuser. La navigation à
vapeur permet d'aller facilement en Russie quand
les glaces le permettent ; mais une fois l'hiver venu,
le retour est difficile. Je dus louer une diligence
entière pour pouvoir être ramené aux frontières de
Russie ; je trouvai heureusement deux compagnons
de voyage et il nous en coûta 1,100 roubles pour
sortir de Russie, et passer onze nuits dans une abo-
minable voiture.

J'avais un très-vif désir de revenir à Paris et je
comptais ne séjourner qu'une semaine au plus à
Berlin ; mais le lendemain de mon arrivée le comte
de Rœdern, intendant du théâtre de Sa Majesté,
vint me dire que le roi, son maître, serait satisfait
que je composasse un petit intermède pour le théâtre. Je ne connais pas un mot d'allemand, on m'a-
boucha avec un traducteur, et, à l'aide de quelques
brochures françaises, nous arrangeâmes, non pas
un intermède pour le théâtre, mais un opéra en
deux actes qui fut composé, appris et répété en

moins de trois semaines. Le soir de la répétition
générale, personne d'étranger ne fut admis dans la
salle ; mais le roi, quoique déjà souffrant, était
dans sa loge. J'étais assis au coin du théâtre en
face. Après la répétition, le comte de Rœdern vint
me dire que Sa Majesté *me faisait ses excuses* de ne
pouvoir descendre sur le théâtre pour me féliciter,
suivant l'usage, mais que sa santé ne le lui permettait pas. Le jour de la première représentation le
public se montra si froid, que peu habitué au flegme
germanique, je crus à une chute et je me retirai
désespéré, avant la fin de la pièce. J'étais seul, jeté
sur un canapé dans une chambre sans lumière,
lorsque je vois tout à coup la rue s'illuminer de
torches et de flambeaux, une admirable musique
militaire exécute plusieurs morceaux de mes opéras,
et mes amis montent en foule pour me féliciter du
grand succès que je venais d'obtenir et dont j'étais
loin de me douter.

Je quittai Berlin peu de jours après, enchanté de
mon séjour et de l'accueil que j'avais reçu.

De retour à Paris, je trouvai l'Opéra-Comique
installé dans la salle Favart qu'il occupe aujour-
d'hui. Les deux premiers ouvrages que j'y donnai
ne furent pas heureux ; le premier, *la Rose de Péronne*, le dernier rôle créé par Mᵐᵉ Damoreau, n'eut
qu'une quinzaine de représentations. Le second
également en trois actes, intitulé *la Main de fer*, ne

fut joué que cinq fois; la pièce était pourtant de
Scribe, mais du Scribe des mauvais jours.

J'eus une meilleure chance à l'Opéra, où les succès de *Giselle* et de *la Jolie Fille de Gand* me con-
solèrent un peu de mes défaites de l'Opéra-Comique.

Crosnier quitta la direction de l'Opéra-Comique
et je le regrettai beaucoup; il m'avait toujours été
très-dévoué, et c'est à lui que j'avais dû les poëmes
du *Chalet*, du *Postillon*, du *Brasseur de Preston*, de
la Reine d'un jour et de mes ouvrages les plus
heureux. Pendant toute sa direction, il s'occupa
constamment de me chercher les ouvrages qui con-
venaient le mieux à la nature de mon talent, et,
quoiqu'il ne fût pas musicien et que son goût pour
les arts fût absolument nul, son instinct dramatique était si excellent que, presque jamais, il ne se
trompa dans son choix.

Son successeur était M. E. Basset, censeur dramatique. La fortune de ce dernier était assez singulière. Son frère et lui faisaient leurs études au collége de Marseille, lorsque Mme Adélaïde, sœur du
roi, fit une visite à cet établissement. Un des frères
Basset chanta devant la princesse une cantate composée pour la circonstance. Mme Adélaïde fut char-
mée de la ravissante voix du jeune Basset (c'était
la seule personne de la famille d'Orléans qui eût du
goût pour la musique), elle promit au jeune chanteur de s'occuper de son avenir, et quelques années

XXXII SOUVENIRS D'UN MUSICIEN.

plus tard elle le plaça dans les bureaux de la Maison du roi, et attacha son frère au ministère de l'intérieur.

J'eus le malheur de me fâcher avec Basset pour des affaires entièrement étrangères au théâtre, et j'appris qu'il avait dit que tant qu'il serait au théâtre on ne jouerait pas un seul ouvrage de moi. Je me voyais perdu sans ressources. J'allai conter mes chagrins à Crosnier ; pendant sa direction, celui-ci, locataire du théâtre de la Porte-Saint-Martin, dont il avait été directeur, avait eu l'idée d'établir dans cette salle une sorte de succursale de son théâtre d'Opéra-Comique. Le succès qu'avait obtenu mon orchestration de *Richard Cœur-de-Lion*, lui avait suggéré cette idée. A la Porte-Saint-Martin on n'aurait joué que des ouvrages de l'ancien répertoire : j'aurais été titulaire de ce privilége dont Crosnier aurait été le véritable exploitateur. Le loyer avantageux que lui offrirent les frères Coignard l'avait fait renoncer à ce projet. Il m'en reparla, et comme la salle de la Porte-Saint-Martin n'était plus vacante, il m'engagea à chercher une autre localité, et, en m'éloignant du théâtre de l'Opéra-Comique, à conserver le droit de jouer des ouvrages nouveaux : il m'aida dans les premières démarches que je fis.

M. Thibaudeau avait joué la tragédie à l'Odéon, sous le nom de Milon. Il avait renoncé au théâtre,

après avoir épousé la fille d'un sous-intendant militaire, M. de Duni, petit-fils du célèbre compositeur de ce nom. Neveu du représentant, cousin par
conséquent de son fils, Ad. Thibaudeau, Milon s'ai-
dait de ses relations de famille, de l'élégance de sa
toilette et de certaines façons pour se donner l'apparence d'un crédit imaginaire. Je voulus bien
croire qu'il avait trouvé une somme de dix-huit
cent mille francs et je l'associai à mon entreprise. Nous allâmes trouver M. Dejean, le propriétaire de la salle du Cirque du boulevard du
Temple : il nous promit de nous vendre son im-
meuble quatorze cent mille francs. Deux cent cinquante mille devaient être payés comptant, le reste
en annuités, de sorte qu'on aurait été libéré au bout de
dix ans. Sept cent mille francs d'hypothèques étaient
remboursables à différentes époques déterminées.
Les cinq cent mille restant étaient à Dejean, et c'est
cette somme qui se prélevait, à titre de loyers, sur
les recettes journalières et s'amortissait pour ainsi
dire chaque jour. Il y avait à peu près deux cent
mille francs à dépenser pour l'appropriation de la
salle à sa nouvelle destination; je croyais pouvoir
marcher avec quinze cents francs de frais journaliers; l'affaire se divisait en dix-huit cents actions;
Thibaudeau et moi nous en partagions trois cents :
la combinaison était excellente. Je fis sur-le-champ
ma demande : on me fit d'abord comparaître devant

la commission des théâtres. Elle était présidée par
le duc de Coigny, fort brave militaire sans doute,
mais qui n'avait pas l'intelligence de ces questions.
Quand j'eus exposé mon plan : C'est très-bien,
s'écria Armand Bertin, vous voulez substituer la
musique au crottin, ça me va. Les autres membres
parurent être de son avis, et l'on me promit de faire
un rapport favorable. Cavé était l'ami de Crosnier
et le mien ; il devait nous appuyer, je me croyais
donc à peu près sûr de mon affaire ; mais j'avais
compté sans un concurrent appuyé de puissantes
influences. Depuis six mois je ne m'occupais que
de ce projet. L'Opéra-Comique m'était plus fermé
plus que jamais. Je n'avais d'autre ressource que ce
théâtre. Je pris donc le parti d'écarter la concurrence
en la désintéressant. Il fut convenu que mon com-
pétiteur se retirerait et que je lui compterais cent
mille francs, dès que j'aurais le privilége.

Le privilége me fut enfin donné tel que je le dési-
rais, avec le droit de jouer tout l'ancien répertoire
et même celui des auteurs vivants qui transporte-
raient leurs ouvrages à mon théâtre.

Il s'agit alors de payer la somme convenue. Thibaudeau me dit que ses bailleurs de fonds n'étaient
pas en mesure et ne le seraient que dans un mois.
J'avais à peu près 80,000 francs chez Bonnaire,
mon notaire, j'allai les lui demander. Il ne voulut
m'en donner que cinquante, disant que dans nom

propre intérêt il voulait me conserver quelque chose. Bonnaire était un de mes bons amis, c'est lui qui avait placé mon premier argent, et c'était à ses bons soins que je devais d'avoir économisé la somme qu'il avait entre les mains : je cédai à son désir. Un an après il faisait faillite, et je perdais entièrement ce qu'il avait voulu me conserver.

Je payai 50,000 francs comptant et je fis des billets pour pareille somme.

Mais un mois, deux mois, trois mois se passèrent sans que je pusse tirer un sol de Thibaudeau. Je rompis avec lui et je m'associai avec Mirecourt jeune, qui avait été l'homme de d'Arlincourt. Ils avaient eu deux millions pour leur affaire, il s'agissait de les retrouver. Le capitaliste en avait disposé. Me Châle, agréé au tribunal de commerce, dont ce capitaliste avait été le client, se chargea de notre affaire. Nous achetâmes d'abord la propriété du Cirque, il n'y avait que 250,000 francs à payer d'abord, le reste étant en annuités; 200,000 francs suffisaient pour les réparations, 100,000 francs à me rembourser et pareille somme pour fonds de roulement. On pouvait marcher avec moins de 800,000 francs. On mit l'affaire en actions, il s'agissait d'avoir un banquier pour avancer les sommes nécessaires : nous n'en trouvâmes pas. Nous étions aux premiers mois de 1847. Je commençais à être poursuivi pour le paiement de mes 50,000 francs de billets. J'étais

dans une position atroce, les protêts et les jugements
se succédaient les uns aux autres, les prises de corps
allaient venir. Vitet entreprit de me sauver. Il me
fit d'abord prêter personnellement 30,000 francs
par Joseph Perrin, pour payer mes billets, puis il
me trouva un bailleur de fonds, c'était M. Beudin,
député ; il nous apporta 300,000 francs : Châle
vendit sa charge 260,000 francs; on espéra que les
actions placées feraient le reste. On paya la salle,
l'on fit faire la restauration dont la dépense s'éleva
à 180,000 francs, et nous ouvrîmes le 15 novembre
1847 par un opéra en trois actes, *Gastibelza* de
Dennery, musique de Maillart, dont c'était le premier ouvrage. Le succès fut très-grand ; je donnai ensuite l'*Aline* de Berton que j'avais réinstru-
mentée, et *Félix* de Monsigny dont le roi m'avait
demandé la reprise.

Nous devions aller jouer cette pièce à la cour,
lorsque mourut Mme Adélaïde à la fin de décembre. Nous avions 1,500 fr. de frais journaliers;
notre moyenne de recette était de 2,200 fr. Je mon-
tai, comme second ouvrage, pour obtenir ma sub-
vention, *les Monténégrins* de Limnander; neveu par
alliance du général Rumigny, ce jeune compositeur m'avait été vivement recommandé par son
oncle. Mme Ugalde devait débuter dans cet ouvrage ; mes embarras d'argent n'avaient pas cessé,
car les fonds dont nous disposions étaient insuffi-

sants; j'avais fait de nouveaux emprunts; mais notre affaire était si belle que chacun me présageait l'avenir le plus doré, lorsque la révolution de février éclata comme un coup de foudre. Le 24 février j'étais monté sur la terrasse du théâtre, on se battait dans la rue du Temple, et je voyais passer les blessés qu'on dirigeait sur les hôpitaux. A trois heures passent plusieurs aides de camp à cheval :

— Mes amis, criaient-ils, il y a un nouveau ministère, criez : Vive le roi !

On ne criait rien, mais les hostilités cessaient, chacun autour de moi était enchanté.

— Voyez-vous, leur dis-je, voilà la fin de la monarchie ; on a cédé à l'émeute, c'est elle qui prendra le dessus.

On me rit au nez ; les théâtres rouvrirent le soir. Je me rappelle que j'allai aux Funambules, le théâtre était plein, les spectateurs criaient : *Vive la réforme !* Je sortis le cœur navré. Je rencontrai un de mes amis.

— Venez donc au boulevard des Italiens, me dit-il, toutes les fenêtres sont illuminées, c'est une joie générale !

Nous n'avions pas fait cent pas que nous rencontrâmes une foule éperdue venant en sens inverse et criant : Vengeance ! on égorge nos frères.

En un clin d'œil, les boutiques se fermèrent et les barricades commencèrent à s'organiser. Je rentrai chez moi, désespéré de voir ma prédiction s'accomplir si vite.

A dater de ce jour, nos recettes tombèrent à un taux tel que nous perdions de 1,200 à 1,400 fr. par jour. Nous avions payé le plus que nous avions pu, il n'y avait rien en caisse. J'assemblai toute la troupe, je fis part de notre situation, et, unanimement, on convint de ne pas fermer le théâtre, de *se mettre en république*, de partager la recette dans la proportion suivante : 100 fr. pour l'éclairage, la garde, etc., puis on devait payer les machinistes, les hommes de peine, et ensuite partager également entre les choristes, les musiciens et les chanteurs. On ne pouvait guère partager qu'au delà de 300 fr., et on ne les faisait pas ; mais on pensait que cette disette ne serait que passagère. On vécut ainsi quinze jours, et alors les musiciens de l'orchestre déclarèrent qu'ils cesseraient leur service si on ne les payait pas intégralement. Comme cela était impossible, ils ne vinrent plus et le théâtre ferma !

C'était le comble de ma ruine ; en un jour, je me vis privé de toute ressource ; j'avais une maison considérable, 3,000 fr. de loyer, des domestiques, une pension de 2,400 fr. à faire à ma femme dont j'étais séparé, 500 fr. pour le collége de mon fils, et je possédais en tout 100 fr. par mois de l'Institut.

Je renvoyai tous mes domestiques ; l'un d'eux

vint-me remercier quelques jours après, il venait
d'entrer dans les ateliers nationaux , et gagnait
40 sous par jour à ne rien faire. Une négresse, qui
nous servait depuis un an, voulut à toute force rester, ne voulant pas être payée, disait-elle, parce
qu'elle nous aimait trop et ne pouvait quitter ma
petite fille âgée de 18 mois et qu'elle avait sevrée.

J'y consentis, et au bout de trois ans, quand,
après bien des privations, j'avais 1,000 francs devant moi, elle nous les vola et nous fit 500 fr. de
dettes chez les fournisseurs. J'appris à mes dépens
à connaître le dévouement *désintéressé* des nègres.
La police républicaine ne put jamais la faire arrêter,
et peu de temps après je rencontrai ma *fidèle négresse*, tranquille, et promenant un enfant à des
maîtres à qui elle a dû faire la même chose qu'à
moi.

J'obtins de mon propriétaire la résiliation de mon
bail, mais je lui devais 1,500 fr. Je lui offris en
paiement un piano d'Érard qui valait 3,000 fr., il
refusa, et je lui donnai en nantissement une assurance sur la vie de mon fils, mais il fallait attendre
deux ans pour qu'elle expirât. Mon fils vécut assez
pour que je pusse toucher cette somme et m'acquitter. Je vendis toute mon argenterie, tous les
bijoux, mes meubles ; je mis au Mont de Piété quelques souvenirs dont je ne voulais pas me séparer,
entr'autres une tabatière ornée de diamants, dernier

cadeau de Frédéric III, roi de Prusse, qu'il me donna
à Berlin. On me prêta 800 fr. dessus, je ne pus la
retirer qu'au bout de trois ans ; les autres bijoux
furent vendus, faute d'en avoir pu renouveler les
.reconnaissances !

Je devais 70,000 fr., on mit arrêt sur mes 1,200
fr. de l'Institut. J'assemblai mes créanciers, je leur
fis abandon de la totalité de mes droits d'auteur jusqu'à parfait paiement ; ils acceptèrent, et me lais-
sèrent mes 100 francs par mois.

Mon pauvre père, âgé de 90 ans, fut cruellement
frappé par la venue de la république ; il avait vu la
première, il s'imagina que la seconde en serait la
reproduction ; il tomba dans une morne taciturnité
et s'éteignit sans maladie et presque sans souffrances le 8 avril. Je n'avais pas le moyen de faire
faire ses obsèques. Un ami, Zimmermann, vint de
lui-même m'apporter 200 francs. Je ne pus les lui
rendre que deux ans plus tard. Une souscription au
Conservatoire fit les frais de la tombe de mon
père.

Cependant, rien ne venait ; il n'y avait pas à
penser à gagner de l'argent avec la musique : l'a-
venir le plus sombre s'ouvrait devant moi. J'allais
presque chaque jour voir le docteur Véron, chez
qui s'apprenaient toutes les nouvelles. Donizetti venait de mourir : Véron m'offrit de faire, pour le
Constitutionnel, une notice nécrologique sur mon

célèbre confrère : elle devait m'être payée cinquante francs : quelle bonne fortune !

J'avais quelquefois écrit dans des journaux de musique, mais je n'avais jamais songé à me faire une ressource de ma plume, que je ne croyais bonne qu'à aligner des notes. Véron fut assez bon pour me donner quelques conseils dont j'avais grand besoin, et voulut bien me donner temporairement le feuilleton musical du *Constitutionnel*. Chaque feuilleton m'était payé 50 francs, et je pouvais en faire trois et quelquefois quatre par mois : cela m'aida à vivre pendant la première moitié de cette fatale année.

Scribe, à qui j'allai conter ma misère, me donna *Giralda ;* c'était un beau cadeau : j'en eus bientôt terminé la musique ; mais M. Perrin venait d'être nommé directeur de l'Opéra-Comique. Enivré par l'immense succès du *Val d'Andore*, que le premier j'avais proclamé dans mon feuilleton, il s'imaginait (et il le croit encore) que le succès ne pouvait s'obtenir à l'Opéra-Comique que par des pièces tristes ou dramatiques. Giralda lui déplut complétement, et, pendant deux ans, il refusa de la monter. Ce ne fut que dans un moment de disette et en plein été qu'il consentit à donner l'ouvrage, qu'il ne joua que le moins possible, persistant dans son opinion sur la valeur de la pièce, même après son succès.

J'avais été présenté au général Cavaignac, président de la République, après le mois de juin. La mort d'Habeneck avait laissé vacante au Conservatoire une place d'inspecteur de classes, rétribuée 3,000 francs.

Je sollicitai la création d'une quatrième classe de composition musicale. Le général, qui connaissait ma position, me l'accorda, malgré tous les efforts qu'on fit pour l'en détourner.

J'eus la place aux appointements de 2,400 francs.

Avec cette somme, mon journal et l'Institut, j'avais 400 francs par mois; je me trouvai riche et je n'ai exactement dépensé que cette somme, jusqu'à l'extinction complète de mes dettes, extinction à laquelle je suis parvenu en 1853.

Il fallait me faire des droits d'auteur pour payer mes créanciers : on ne voulait pas de *Giralda*, et je ne savais que faire.

Mocker vint me prier de lui composer un intermède, pour jouer une seule fois dans une représentation à son bénéfice; cela ne devait rien me rapporter, mais c'était du travail, et pour moi le travail est un bonheur.

J'écrivis le *Toréador* en six jours. Aux répétitions, l'intermède acquit de telles proportions que la représentation de Mocker fut reculée d'un mois. La première représentation eut lieu le jour même où eurent lieu, à Paris, les élections qui amenèrent

Eugène Sue et trois autres députés rouges à la chambre. La consternation fut générale ; je me ressentis de cette panique : malgré le succès évident de mon opéra, pas un éditeur ne voulait me l'acheter.

En ne le publiant pas, je perdais la province. Un ami vint à mon secours et me prêta 1,000 fr. Le baron Taylor venait d'organiser une loterie d'un million au bénéfice des artistes ; il fit souscrire pour dix exemplaires au prix de 100 francs chaque, c'était encore 1,000 francs. Le général Cavaignac me fit obtenir une souscription de pareille somme au ministère de l'Intérieur, et avec ces 3,000 francs je pus être moi-même mon éditeur : je ne fis pas un grand bénéfice, mais au moins je pus m'assurer des droits d'auteur en province, ce qui était un allégement pour mes dettes.

Malgré le succès du *Toréador*, je dus encore attendre plus d'une année avant qu'on consentît à jouer *Giralda*. Pour occuper mes loisirs, je composai une grand'messe de Sainte-Cécile. Le suffrage des artistes me consola un peu du dédain des directeurs, et même, après la réussite de *Giralda*, j'en étais venu à un tel point de découragement et je désespérais tellement de finir de payer mes dettes, que j'allai un jour trouver Perrin et que je lui offris de m'acheter pendant dix ou quinze ans pour 6,000 francs par an : je lui aurais fait

autant d'ouvrages qu'il aurait voulu et je n'en aurais pas fait ailleurs : je fus assez heureux pour
qu'il refusât ma proposition : c'était une fortune
pour lui, et pour moi un empêchement de jamais
me récupérer de mes pertes.

En 1850 je perdis ma première femme, de laquelle j'étais séparé depuis seize ans ; au commencement de 1851 j'épousai celle qui avait partagé
ma bonne et ma mauvaise fortune, et qui même
lors des malheureuses affaires de l'Opéra-National,
m'avait donné tout ce qu'elle possédait, et par conséquent l'avait perdu.

Mon fils mourut à l'âge de vingt ans, ce fut un
violent chagrin pour moi; mais il me restait pour
me consoler une charmante petite fille, mon Angèle, dont mon illustre confrère Auber avait bien
voulu être parrain. J'eus une autre enfant, ma pauvre petite Jane, que le Ciel nous reprit au berceau :
elle avait pour parrain mon ami d'enfance, presque
mon frère, Pierre Érard, et pour marraine sa sœur,
M⁽ᵐᵉ⁾ Spontini.

Au mois de novembre 1851, je fis une maladie
assez grave, la même qui en Russie avait failli
m'enlever; mais j'étais entouré des mêmes soins:
ma femme, qui m'avait sauvé à Saint-Pétersbourg,
et le docteur Marchal de Calvi, qui remplaçait mon
cousin, le docteur Adam : grâce à eux je revins à
la vie.

A cette époque, Edmond Séveste était directeur de l'Opéra-National, aujourd'hui Théâtre-Lyrique, cet établissement que j'avais fondé, qui a été mon rêve et qui fera un jour la fortune de quelque spéculateur plus heureux que moi. Il vint me demander de lui écrire un petit opéra en un acte ; mais me voyant au lit, il s'apprêtait à aller porter l'ouvrage à un autre ; je l'arrêtai à temps :

— Croyez-vous, lui dis-je, parce que je suis malade, que je n'irai pas aussi vite qu'un autre confrère bien portant ? Laissez-moi la pièce et revenez me voir dans quinze jours.

En huit jours de temps et sans quitter le lit j'écrivis ce petit ouvrage : c'était *la Poupée de Nuremberg*. Je me levai le huitième jour pour l'essayer et me le jouer au piano, j'étais guéri : le travail avait tué la maladie.

Ed. Séveste mourut quelques jours après la visite qu'il m'avait faite, et ne vit jamais la pièce qu'il m'avait commandée et qui ne fut jouée que le 21 février 1852.

Romieu, alors directeur des Beaux-Arts, m'offrit la direction du théâtre : je la refusai : je ne suis pas fait pour faire travailler les autres, il faut que je travaille moi-même. Je fus assez heureux pour la faire obtenir à Jules Séveste, et je crois avoir contribué aux succès présents de son théâtre et avoir assuré sa prospérité future.

Pour la réouverture du théâtre en 1852, d'En nery et Brésil avaient proposé à Séveste un sujet indien, *Si j'étais Roi*, pièce en trois actes qui exigeait du développement et de la mise en scène, demandant que j'en fisse la musique. Je refusai, et je priai Séveste de faire écrire cette partition par Clapisson dont j'aimais le talent et qui depuis longtemps n'avait pas eu d'ouvrage représenté. Mais Clapisson s'occupait d'un pièce en trois actes pour l'Opéra-Comique : *les Mystères d'Udolphe,* il y comptait ; il fallait faire *Si j'étais Roi* vivement, on était alors au 20 mai, et le théâtre devait ouvrir du 1ᵉʳ au 5 septembre. Il ne voulut pas se charger de ce travail. Séveste revint chez moi quelques jours après fort tourmenté.

— J'ai été, me dit-il, chez tous les jeunes compositeurs qui crient tous contre vous, prétendant que vous les empêchez d'arriver. Pas un n'a un ouvrage terminé, et ils ne peuvent, disent-ils, en finir un pour l'ouverture. Il me faut absolument une pièce nouvelle ; je vous en supplie, tirez-moi de là ; je suis au désespoir et je ne sais que faire si vous ne m'écrivez pas *Si j'étais Roi.*

Il fallait opter entre la ruine du directeur et les cris de mes jeunes confrères, qui, malgré leur refus, ne manqueraient pas de tomber sur moi. Il n'y avait pas à hésiter, je dis donc à Séveste d'être tranquille.

— Mais il faut que le 15 juin on entre en répétition, me dit-il.

— Eh bien, assemblez vos artistes pour le 15 juin : voilà huit jours que vous perdez en courant, il faut rattraper le temps perdu.

Effectivement, je me mis au travail le 28 mai; le 9 juin, le 1er acte était terminé; on répétait le 15 juin, et, le 31 juillet, toute ma partition était écrite et orchestrée.

Pour cela, j'avais pris un congé ; on répétait sans moi.

Je fus chez de bons amis à Andresy; la campagne n'est bonne, selon moi, que pour travailler, parce qu'on y est tranquille : là on me dressa une petite table sous un bosquet, je m'y mettais dès le matin, et j'y restais toute la journée, n'étant interrompu dans mon travail que par ma petite fille Angèle qui venait m'embrasser ; cela me délassait.

Je terminai dans cette retraite mon 3me acte et mon orchestration.

Je quittai Andresy pour assister à la reprise du *Fidèle Berger*, un enfant malheureux joué au commencement de janvier 1838, et tombé par une cabale de confiseurs ! Couderc l'avait joué à Bruxelles avec grand succès; il demanda à Perrin de le monter; c'était au mois de juillet, les confiseurs restèrent tranquilles, et la pièce fit de l'effet.

Merci à Couderc, qui le jouait merveilleusement,

de m'avoir fait revivre cette partition qui n'était connue qu'en Allemagne. Ce fut le premier opéra que l'on me joua à Berlin, lorsque j'y arrivai en 1840. Je fus sensible à cette attention.

L'année 1852 me rendit le courage que j'avais perdu depuis 1848. *La Poupée de Nuremberg* m'avait porté bonheur ; j'écrivis pour l'Opéra-Comique un petit acte avec Planard : *le Farfadet*, puis une cantate de Méry, *la Fête des Arts*.

Mme Hébert Massy venait de s'engager à la Porte-Saint-Martin, pour y jouer un rôle dramatique chantant.

J'écrivis pour elle plusieurs morceaux dans *la Faridondaine*, ainsi qu'un quatuor burlesque que j'arrangeai, paroles et musique, qui eurent un succès fou ; grâce à Colbrun et à Boutin.

Je donnai ensuite à l'Opéra, *Orfa*, ballet en deux actes pour la Cerrito.

Je me rappelle que le 2 décembre, pendant que l'on se battait, grâce au coup d'Etat qui nous sauvait tous, j'étais tranquillement à mon piano, terminant la musique du *Sourd* ou *l'Auberge pleine*, que Perrin m'avait commandée pour le carnaval.

En ce moment, je viens d'accomplir ma cinquantième année; mais, grâce au Ciel, il n'y a que mon acte de naissance qui m'en rappelle la date.

J'ai toujours la même ardeur pour le travail, et

je n'y ai pas grand mérite, car c'est la seule chose qui me plaise.

La perte de ma fortune ne m'a pas été très-sensible. Je n'ai connu qu'une privation : celle de ne pouvoir plus recevoir mes amis : c'était mon seul et mon plus grand plaisir.

J'ai payé mes dettes ; mais mon frère vient de mourir, me laissant des affaires embarrassées, et ayant mangé de son vivant tout le bien de ma mère qui pouvait avoir quelque valeur ; je n'ai donc nul espoir de retrouver jamais, non pas la fortune, mais même l'aisance. Je mettrai quelque chose de côté pour ma femme et ma fille, mais ce sera bien peu.

Je n'ai malheureusement aucune manie, je n'aime ni la campagne, ni le jeu, ni aucune distraction.

Le travail musical est ma seule passion et mon seul plaisir. Le jour où le public repoussera mes œuvres, l'ennui me tuera.

J'envie à Auber son goût pour les chevaux, à Clapisson, sa manie de collection d'instruments ; ce sont des occupations que les années ne vous enlèvent pas.

C'est la fièvre de la production et du travail qui prolonge ma jeunesse et me soutient.

Je rends grâces à Dieu, en qui je crois fermement, des faveurs, peut-être bien peu méritées, dont il m'a doté ; puisque, malgré ma mauvaise chance

en fait d'affaires , il m'a laissé encore assez d'i-
dées pour écrire quelques ouvrages que je tâcherai
de faire les moins mauvais possible.

AD. ADAM.

1853.

LISTE COMPLÈTE

D'ADOLPHE ADAM

1824. Scène d'*Agnès Sorel* qui a obtenu une mention honorable à l'Institut.
1825. *Ariane.* 2e second grand prix.
1826. Différents airs de Vaudeville, au théâtre du Gymnase.
1827. *L'Exilé*, Vaudeville.
    La Dame Jaune, Vaudeville.
    L'Héritière et l'Orpheline, Vaudeville.
    Perkins Warbeck, Nouveautés.
    L'Anonyme, Vaudeville.
    Lidda, Vaudeville.
    Le Hussard de Felsheim, Vaudeville.
    M. Botte, Vaudeville.
    Le Vieux Fermier, Vaudeville.
    Caleb, Nouveautés.

La Batelière de Brientz, Gymnase.

1828. *Valentine*, Nouveautés.
Guillaume Tell, Vaudeville.
Le Barbier châtelain, Nouveautés.
Les Comédiens, Nouveautés.

1829. *Pierre et Catherine*, 1 acte, Opéra-Comique.
Isaure, Nouveautés.
Céline, idem.

1830. *Danilowa*, 3 actes, Opéra-Comique.
Henri V, musique arrangée, Nouveautés.
Les Trois Catherine, Nouveautés.
La Chatte Blanche, Nouveautés.
Trois jours en une heure, 1 acte, Opéra-Comique.
Joséphine, 1 acte, Opéra-Comique.

1831. *Le Morceau d'Ensemble*, 1 acte, Opéra-Comique.
Le Grand Prix, 3 actes, Opéra-Comique.
Casimir, 2 actes, Nouveautés.

1832. *The dark Diaman*, 3 actes, Londres.
The furst Campaign, 2 actes, Londres.

1833. *Faust*, ballet, 3 actes, Londres.
Le Proscrit, 3 actes, Opéra-Comique.
Zambular, Nouveautés.

1834. *Une bonne Fortune*, 1 acte, Opéra-Comique.
Le Chalet, 1 acte, Opéra-Comique.

1835. *La Marquise*, 1 acte, Opéra-Comique.
Micheline, 1 acte, Opéra-Comique.

1836. *La Fille du Danube*, ballet, Opéra.
Le Postillon de Longjumeau, 3 actes, Opéra-Comique.
Messe.

1837. *Les Mohicans*, ballet, Opéra.

1838. *Le Fidèle Berger*, 3 actes, Opéra-Comique.
Le Brasseur de Preston, 3 actes, Opéra-Comique.

1839. *Régine*, 2 actes, Opéra-Comique.

La Reine d'un jour, 3 actes. Opéra-Comique.

1840. *L'Ecumeur de mer,* ballet, 3 actes, St-Pétersbourg.
Den Hamadryaden, ballet-opéra, 2 actes, Berlin.
La Rose de Péronne, 3 actes, Opéra-Comique.

1841. *Giselle,* ballet, 2 actes, Opéra.
La Main de fer, 3 actes, Opéra-Comique.

1842. *La Jolie Fille de Gand,* ballet, 3 actes, Opéra.
Le Roi d'Yvetot, 3 actes, Opéra-Comique.

1843. *Richard,* de Grétry, réorchestré.
Le Déserteur, de Monsigny, réorchestré.
Lambert Simnel, 3 actes, commencés par Monpou,
Opéra-Comique.

1844. *Cagliostro,* 3 actes, Opéra-Comique.
Richard en Palestine, 3 actes, Opéra.
Gulistan, de Dalayrac, réorchestré.
Cendrillon, de Nicolo, réorchestré.

1845. *Le Diable à Quatre,* ballet, Opéra.
The Marble Maiden, ballet, Londres.

1846. *Zémire et Azor,* de Grétry, réorchestré.

1847. *Aline,* de Berton, réorchestré pour l'Opéra-National.
La Bouquetière, 1 acte, Opéra.
Félix, de Monsigny, réorchestré, Opéra-National.

1848. *Les Cinq Sens,* ballet, 3 actes, Opéra.

1849. *Le Fanal,* 2 actes, Opéra.
Le Toréador, 2 actes, Opéra-Comique.
La Filleule des Fées, ballet, 3 actes, Opéra.

1850. *Giralda,* 3 actes, Opéra-Comique.
Messe de Ste-Cécile.

1851. *Les Nations,* intermède chanté à l'Opéra pour la
visite des Anglais.

1852. *La Poupée de Nuremberg,* 1 acte, Théâtre-Lyrique.
Le Farfadet, 1 acte, Opéra-Comique.

Si j'étais Roi, 3 actes, Théâtre-Lyrique.

La Faridondaine, Porte-Saint-Martin.

La Fête des Arts, cantate, Opéra-Comique.

Orfa, ballet, 2 actes, Opéra.

1853. Le Sourd, 3 actes, Opéra-Comique.

Le Roi des Halles, 3 actes, Lyrique.

Le Bijou Perdu, 3 actes, Lyrique.

Le Diable à Quatre, de Solié, réorchestré.

1854. Le Muletier de Tolède, 3 actes, Lyrique.

A Clichy, 1 acte, Lyrique.

1855. Victoire ! cantate pour la prise de Sébastopol, chan-
tée à l'Opéra-Comique et au Théâtre-Lyrique.

Le Houzard de Berchini, 2 actes, Opéra-Comique.

1856. Falstaff, 1 acte, Lyrique.

Le Corsaire, ballet, 3 actes, Opéra.

Mam'zelle Geneviève, 2 actes, Lyrique.

Cantate pour la naissance du Prince Impérial, Opéra.

Les Pantins de Violette, 1 acte, Bouffes-Parisiens.

Environ 150 morceaux de piano, des marches à grand
orchestre, des romances, des morceaux religieux, un Mois
de Marie, des morceaux pour l'orgue Alexandre.

SOUVENIRS

D'UN MUSICIEN

BOÏELDIEU

A peine la tombe s'est-elle refermée sur les cendres d'Hérold, qu'elle s'entr'ouvre pour engloutir le chef de notre école, ce Boïeldieu dont chacun de nous sait les chefs-d'œuvre, dont tout le monde à pu apprécier l'immense talent. Certes, la perte est grande pour l'art, mais combien ne l'est-elle pas davantage pour l'amitié! La maladie a laquelle Boïeldieu vient de succomber l'avait fait renoncer à la composition depuis quelques années, et il y avait peu d'espoir que sa sante se raffermit au point de lui permettre de reprendre un travail dont la difficulté et la fatigue ne

sauraient être comprises que par les compositeurs ;
mais si ses talents étaient perdus pour le public, ses
nombreux amis, sa famille, dont il était l'idole, pouvaient espérer de jouir encore longtemps de sa société
si douce, de son esprit si fin, si délicat, de sa causerie
si attachante, de cette inépuisable bonté qui s'éten-
dait sur tous ceux qu'il connaissait ; car dans la
haute position d'artiste où son talent l'avait élevé,
Boïeldieu rencontra malheureusement plus d'un
envieux, jamais un ennemi ; on put bien en vouloir à son talent, jamais à sa personne.

La carrière artistique de Boïeldieu fut semée de peu
d'incidents, ce fut une continuité de succès qui l'amenèrent insensiblement au premier rang : aussi sa
biographie sera-t-elle fort courte, et n'offrira-t-elle,
pour ainsi dire, que les dates de ses nombreux ouvrages ; mais ayant été assez heureux pour être son
élève, puis ensuite son protégé et son ami, je pourrai
donner sur son caractère privé quelques détails bien
chers à ceux qui l'ont connu, et précieux pour ceux
qui n'ont pas ce bonheur.

Adrien Boïeldieu était né à Rouen en 1775. Il reçut
ses premières leçons de musique d'un organiste de
cette ville, nommé Broche. M. Boïeldieu avait conservé beaucoup de respect pour la mémoire de son
premier maître, et n'en parlait jamais qu'avec vénération. Cependant je suis porté à croire que la reconnaissance lui fermait la bouche sur plus d'un détail
peu favorable au vieil organiste : il passait généralement pour un homme brutal, assez médiocre musi-

cien, mais en revanche très-illustre buveur ; il mal-
traitait généralement ses élèves, et en particulier le
pauvre Boïeldieu, en qui il n'avait pas su remarquer
de dispositions pour la musique, et qui montrait au
contraire une aversion assez prononcée pour la boisson.
Or, comme, dans les idées du père Broche, l'un n'allait
pas sans l'autre, il en tira une conséquence toute na-
turelle : c'est qu'un homme qui ne savait pas boire ne
saurait jamais composer ; aussi ne fonda-t-il pas de
grandes espérances sur son élève.

Boïeldieu ne se découragea cependant pas, et à peine
âgé de dix-huit ans, il essaya de composer un petit
opéra dont un compatriote avait fait les paroles. L'ouvrage fut représenté à Rouen avec un tel succès, que
de toutes parts, et le père Broche le premier, on con-
seilla au jeune Boïeldieu d'aller présenter son ouvrage
à Paris. Notre jeune musicien partit donc, léger d'argent, riche d'espérance, avec une petite valise où sa
garde-robe tenait moins de place que sa partition,
toute mince qu'elle était.

Il s'opérait alors une espèce de révolution musicale
à Paris. Le genre sombre était à la mode ; Méhul et
Chérubini étaient à la tête de cette nouvelle école, et
les beautés harmoniques qui brillaient dans leurs ouvrages semblaient avoir aussi plus de prix auprès du
public que les simples et naïves mélodies auxquelles
Grétry et Dalayrac l'avaient habitué. Aussi ces deux
derniers semblaient se donner à tâche de rembrunir
leur genre pour se mettre à la hauteur des ouvrages
à la mode alors, et Grétry n'avait écrit son *Pierre le*

Grand et son *Guillaume Tell*, et Dalayrac sa *Camille* et son *Montenero*, que pour lutter avec l'*Élisa* et la *Lodoïska* de Chérubini, l'*Euphrosyne* et la *Stratonice* de Méhul, la *Caverne* de Lesueur, les *Rigueurs du Cloître* de Berton, et quelques ouvrages du même genre, d'auteurs moins célèbres.

Cette réaction vers la musique sévère et scientifique n'était guère favorable au pauvre jeune homme, ignorant presque les premières règles de l'harmonie et n'ayant pour lui que quelques idées heureuses, mais mal écrites et délayées dans une orchestration mesquine. Quinze ans plus tôt, son ouvrage eût été de mode à Paris, comme il l'avait été à Rouen; mais alors les partitions ne faisaient pas leur tour de France aussi vite qu'à présent, et les troupes de province, qui exécutaient fort bien les ouvrages peu compliqués de musique de Grétry et de Monsigny, n'étaient guère en état de servir d'interprètes aux mâles accents de Méhul et de Chérubini.

Il fallait donc que le jeune Rouennais se fît une nouvelle éducation musicale. Mais où la prendre, où la trouver? Le Conservatoire n'existait pas alors; et d'ailleurs, avant tout, il fallait vivre. Boïeldieu se mit à user de la plus médiocre ressource que puisse employer un musicien : il se résigna à accorder des pianos; et si, sur son mince salaire, il pouvait économiser une pièce de trente sous, il se hâtait de la porter au théâtre pour entendre ces chefs-d'œuvre qu'il devait égaler un jour, mais où il désespérait alors de pouvoir jamais atteindre.

Cependant sa jolie figure, cet air de bonne compagnie qu'il posséda toujours, l'avaient fait remarquer.
La maison Erard était alors le rendez-vous de tout ce
qu'il y avait d'artistes distingués à Paris, et Boïeldieu
sut y trouver accès, malgré sa position peu avanta-
geuse. Il trouva quelques paroles de romance, et la
musique délicieuse qu'il y adapta lui valut de grands
succès dans le monde : ce n'était plus comme accordeur, mais bien comme professeur de piano qu'il s'ouvrait l'entrée des meilleures maisons; à ses romances
succédèrent des duos de piano et de harpe, qui
n'eurent pas moins de succès ; puis enfin, on lui confia
un poëme : c'était *Zoraïme et Zulnare*. La musique en
fut composée en peu de temps ; mais aucune considération ne put déterminer l'un des deux théâtres
lyriques de cette époque à mettre en répétition un
opéra en trois actes d'un jeune inconnu. Il fallut auparavant qu'il s'essayât dans des ouvrages en un acte,
et son premier opéra joué fut *la Famille Suisse;*
Zoraïme et Zulnare vint ensuite ; puis *Montbreuil et
Nerville, la Dot de Suzette, les Méprises Espagnoles,
Beniowski,* où l'on remarque des chœurs d'une vigueur et d'une énergie dont on ne l'aurait pas cru
capable jusque là ; *le Calife,* cet ouvrage de jet si
riche, de mélodies originales, de motifs gracieux. Cet
opéra fut composé d'une singulière manière.

Boïeldieu avait été nommé professeur de piano au
Conservatoire; c'est pendant qu'il donnait ses leçons,
entouré d'élèves qui étudiaient leurs morceaux, que
sur un coin de l'instrument il enfantait et écrivait ses

airs si gracieux qui, tous, sont devenus populaires, et que trente années d'intervalle (et c'est plus d'un siècle en musique) n'ont pu faire vieillir. L'immense succès qu'obtint *le Calife* fut loin de produire chez Boïeldieu l'effet qu'en aurait éprouvé tout artiste moins consciencieux. C'est alors qu'il sentit tout ce qui manquait encore à son talent; il comprit que, quels que soient les dons que la nature vous ait prodigués, il est encore dans la science des ressources dont.le génie doit profiter : il obtint de Chérubini de recevoir des leçons de cet habile théoricien, et nul exemple de modestie ne peut être proposé plus efficacement aux jeunes artistes, que l'amour-propre aveugle trop souvent, que celui de l'auteur du *Calife* et de *Beniowski* venant avouer son ignorance à l'auteur des *Deux Journées* et se soumettant sous ses yeux à l'apprentissage d'un écolier.

· Le fruit de ces précieuses leçons ne se fit pas attendre : le premier ouvrage que donna Boïeldieu, après les avoir reçues, fut *Ma tante Aurore*. Il avait fait un pas immense dans l'art d'orchestrer et de disposer l'harmonie; on en peut trouver la preuve dans la suave introduction de l'ouverture, où les violoncelles sont si habilement disposés ; dans le dessin des accompagnements du premier duo, dans l'harmonieuse instrumentation des couplets : « Non, ma nièce, vous n'aimez pas, » etc.

Aucune qualité ne manquait alors au talent de Boïeldieu : moins profond peut-être que quelques-uns de ses rivaux, il était aussi dramatique et souvent plus gracieux. C'est alors que la place de maître de chapelle de l'empereur de Russie lui fut proposée. Les avantages attachés à cette place étaient trop grands pour ne pas séduire Boïeldieu, qui, quoique brillant au premier rang à Paris, trouvait des concurrents redoutables dans des confrères tels que Grétry, Dalayrac, Berton, Méhul, Cherubini, Kreutzer, etc. Des chagrins domestiques contribuèrent aussi à lui faire entreprendre ce voyage; et jusqu'en 1811 qu'il revint à Paris, il resta à Saint-Pétersbourg, honoré de l'admiration et même de l'amitié de toute la famille impériale. Il y fit la musique de plusieurs opéras, entre autres *Télémaque* et *Aline reine de Golconde :* ces deux ouvrages, joués à Paris avec la musique de MM. Lesueur et Berton, n'ont pas été entièrement perdus pour nous; Boïeldieu y a souvent puisé des morceaux qu'il a intercalés dans les ouvrages qu'il a donnés depuis son retour en France. Les deux premiers qu'il fit représenter furent *Rien de trop* et *la jeune Femme colère*, composés tous deux en Russie; ils furent bientôt suivis de *Jean de Paris, la Fête du village voisin, le nouveau Seigneur, Charles de France* (à l'occasion du mariage du duc de Berry) en société avec Hérold, dont il favorisa ainsi le début dans la carrière qu'il devait illustrer, et à laquelle il a été enlevé si jeune.

En 1817, Boïeldieu fut appelé à remplacer Méhul à l'Institut. Le premier ouvrage qu'il donna après sa nomination fut *le Chaperon*. On dit de cet opéra que c'était son discours de réception. Mais le travail avait déjà épuisé les forces de Boïeldieu. Une terrible mala-

die le mit aux portes du tombeau, et ce ne fut plus
qu'à de longs intervalles qu'il put faire résonner sa
lyre. *Les Voitures versées, la Dame Blanche* et *les Deux
Nuits* furent ses trois derniers ouvrages. La santé de
Boïeldieu dépérit de plus en plus depuis son dernier
opéra. C'est en vain qu'il voyagea, allant partout chercher un remède à ses maux. Une extinction de voix qui
s'était emparée de lui, il y a un an, ne le quitta que
pour faire place à une sciatique aiguë qui lui fit endu-
rer des douleurs inouïes : il crut que des eaux, dont il
avait déjà éprouvé de salutaires effets, lui apporte-
raient quelque soulagement; mais l'effet fut loin de
répondre à son attente; on le transporta presque mou-
rant à Bordeaux et de là à Jarcy, où il vient de s'étein-
dre dans les bras de sa femme et de son fils, dont il
était l'idole.

Le talent de Boïeldieu, si universellement reconnu
aujourd'hui, ne fut pas toujours apprécié à sa juste
valeur : longtemps on s'obstina à ne voir en lui qu'un
homme ordinaire, qui avait quelques jolies idées; et
cependant, que de qualités brillantes dans sa manière !
Qui croirait, en entendant *la Dame blanche*, que ce soit
l'œuvre d'un homme de cinquante ans? qui croirait,
en entendant cet orchestre si nourri, si riche d'effets
d'harmonie, que cet opéra soit sorti de la même plume
qui a tracé les accompagnements mesquins de *Zoraïme* et *Zulnare* trente ans auparavant ? Boïeldieu sut
toujours marcher avec le siècle; sa musique fut toujours celle du temps où il l'écrivait, et lorsque, l'année
passée, tous les compositeurs de Paris se réunirent

pour écrire des galops pour l'opéra, quel fut le meilleur, le plus riche d'instrumentation, si ce n'est celui
de Boïeldieu ?

C'est peut-être grâce à cette faculté de suivre si
bien les progrès de la musique, qui n'est que l'art d'en
varier la forme, que Boïeldieu savait apprécier tous les
compositeurs, de quelque époque qu'ils fussent. Il
était enthousiaste de Gluck et de Grétry, ce qui ne
l'empêchait pas d'être admirateur passionné de Mozart et de Rossini. Jamais aucun préjugé d'école n'in-
fluait sur son jugement. Lorsqu'on créa la classe
de composition de Boïeldieu, les premiers élèves qui
y furent admis avaient déjà reçu les impressions de
coterie du Conservatoire. Ainsi Grétry n'était pour
eux qu'une perruque, et Rossini qu'un faiseur de
contredanses. Quelle ne fut pas leur surprise de reconnaître que celui qui devait leur enseigner la composition professait la plus haute admiration pour ces
deux hommes de génie, que nous étions bien loin de regarder comme tels ! Il paraîtra sans doute surprenant
aujourd'hui, en 1834, qu'un musicien ait été obligé
d'apprendre à ses élèves que Rossini était un grand
génie, mais il faut se reporter à l'époque dont je parle :
on ne parlait alors, au Conservatoire, que des *Turlu-
tutu* de Rossini ; on riait à gorge déployée de ses cres-
cendo et de ses triolets, en tierces dans les violons : il
fallait alors, non-seulement de la conscience, mais encore du courage à un compositeur français, pour se
mettre en hostilité avec ses confrères en rendant justice à l'immense génie de Rossini, dont on ne connais-

1.

sait encore, en France, que deux ou trois partitions. Sitôt qu'il en paraissait une nouvelle, Boïeldieu convoquait toute sa classe; l'un de nous se mettait au piano, et on exécutait d'un bout à l'autre le nouveau chef-d'œuvre, tandis que notre professeur nous en faisait remarquer les légères taches et les nombreuses beautés. « Mes enfants, nous disait-il ensuite, voici la meilleure leçon que je puisse vous donner : il faut, avant tout, étudier les auteurs qui ont du chant, et on ne reprochera pas à celui-là d'en manquer. »

Ce que Boïeldieu aimait le moins, c'était la musique contournée et manquant de mélodie.

Quoiqu'il ne soit peut-être pas convenable de me citer dans cette notice, je ne puis résister au désir de raconter la première leçon de composition qu'il me donna, parce qu'elle peint la manière de l'homme et sa perspicacité à découvrir une mauvaise tendance chez l'élève, et son habileté à en changer les mauvaises dispositions. Quand j'eus le bonheur d'être admis dans la classe de Boïeldieu, j'étais un peu comme tous les jeunes gens qui commencent à s'occuper de composition ; la forme était tout pour moi, et le fond fort peu de chose. J'avais une grande estime pour les modulations et les transitions baroques, et un souverain mépris pour la mélodie, dont je ne concevais même pas qu'on se servît. Un de mes amis m'avait une fois mené aux Bouffes, où l'on jouait le *Barbier* de Rossini, et je m'étais sauvé après le premier acte, furieux contre ce sot public qui accordait ses applaudissements à de telles misères.

Je fais ici ma confession, voilà comme je pensais quand j'entrai chez M. Boïeldieu. Il me demanda de lui donner un échantillon de mon savoir-faire, et, deux jours après, je lui portai un morceau stupide, où il n'y avait ni chant, ni rhythme, ni carrure, mais en revanche, force dièzes et bémols, et pas deux mesures de suite dans le même ton. Je croyais avoir fait un chef-d'œuvre.

— Mon bon ami, me dit M. Boïeldieu, quand il eut examiné mon papier de musique, qu'est-ce que cela veut dire ?

L'indignation me saisit.

— Comment, Monsieur, lui répliquai-je, vous ne voyez pas ces modulations, ces transitions enharmoniques, etc.

— Si fait, vraiment, reprit-il, j'y vois fort bien tout cela ; mais les choses essentielles, la tonalité et un motif ? Allez-vous-en à votre piano, faites-moi une petite leçon de solfége à deux ou trois parties, d'une vingtaine de mesures, et sans moduler surtout, et vous m'apporterez cela dans huit jours.

— Mais je vais vous faire cela tout de suite, m'écriai-je.

— Non, me répondit-il, il faut tâcher que cela ne soit pas trop plat, et huit jours ne vous seront pas de trop.

Je retournai chez moi, et, riant d'une telle besogne, je voulus me mettre à l'œuvre ; mais dans l'habitude que j'avais de tendre mon imagination vers un tout autre but, je ne pouvais pas trouver une idée mélodique. Au bout de huit jours j'apportai ma vocalise qui était bien faible.

— A la bonne heure, me dit Boïeldieu, au moins cela a forme humaine, mais il y manque bien des choses; nous ferons encore ce travail-là pendant quelque temps.

Il ne me fit faire autre chose pendant trois ans; puis il me dit :

— Maintenant vous avez peu de chose à apprendre ; étudiez l'orchestration et les effets de scène, et vous irez.

Trois mois après il me fit concourir à l'Institut sans trop de désavantage.

Le long intervalle que M. Boïeldieu mit entre ses derniers ouvrages fait qu'on lui a souvent reproché de manquer de facilité. C'est l'erreur la plus grande. Il concevait très-facilement, mais n'était jamais content de ce qu'il faisait. Il écrivait quelquefois jusqu'à six versions différentes d'un morceau avant d'en trouver une à laquelle il s'arrêtât, et quand il mettait au jour un opéra, on pouvait parier qu'on trouverait la matière de cinq ou six ouvrages de même dimension dans son panier de rebut.

M. Boïeldieu rendait justice à tous ses confrères, et paraissait souffrir quand on n'agissait pas comme lui. Quand il reçut la décoration de la Légion-d'Honneur, il parut vivement contrarié que M. Catel ne l'eût pas obtenue en même temps que lui ; il se mit alors à faire pour son confrère toutes les démarches qu'il n'avait pas voulu faire pour lui-même, et il vint à bout de réussir. Ce fut une véritable satisfaction pour lui.

Catel n'était point ambitieux de cette distinction, et ne
s'en montra pas fort reconnaissant :

— C'est un mauvais service que vous m'avez rendu,
dit-il à M. Boïeldieu ; on ne saura plus comment me
distinguer à l'Institut : j'étais le seul qui ne l'eût
pas, et quand on voulait me désigner à quelqu'un qui
ne me connaissait pas, on lui disait : « Tenez, M. Catel, c'est ce monsieur là-bas, celui qui n'a pas la croix
d'Honneur. » Maintenant je serai perdu dans la foule.

— Eh bien! lui répondit Boïeldieu, portez-la par
amitié pour moi. Je n'osais plus sortir avec vous : j'é-
tais trop humilié lorsqu'on nous rencontrait ensemble, et qu'on voyait que l'homme de mérite ne portait
pas la croix que j'avais.

Je pourrais citer mille traits charmants d'esprit et
de bonté dont M. Boïeldieu donnait la preuve chaque
jour ; mais il faudrait pour cela outre-passer de beaucoup les bornes de cette notice , et je ne puis me décider à faire un volume.

Si les amis de Boïeldieu, si sa famille désolée dé-
plorent amèrement une perte si cruelle , il est encore
quelqu'un dont la douleur doit être bien profonde, c'est
celui qui essaie ici de rendre un dernier hommage à la
mémoire d'un maître chéri, qui ne s'est pas contenté
de lui prodiguer les soins et les conseils qu'il devait à
ses élèves. La bonté toute paternelle de Boïeldieu a
guidé mes premiers pas dans la carrière où j'essaie de
si loin de marcher sur ses traces , et je perds en lui
plus qu'un maître. Si ses ouvrages me restent comme
modèle, où retrouverai-je ces conseils si utiles , cette

amitié si vraie, si sentie, qui ne m'avait jamais manqué? Oui, je le répète, la perte est grande pour l'art,
mais elle est irréparable pour les jeunes artistes, car
ils étaient aussi de la famille de Boïeldieu, et rien ne
peut rendre un père à ses enfants.

LE CLAVECIN

DE MARIE-ANTOINETTE

———

C'était un bel et noble instrument que ce superbe clavecin, lorsqu'il passa de l'atelier dans la royale demeure pour laquelle il avait été fabriqué. Il avait trois claviers de quatre octaves et demi, avec de belles touches en ivoire et en ébène; il avait plusieurs jeux qui en modifiaient le son à volonté. Comme il résonnait dans sa superbe enveloppe de laque dorée ! Comme il paraissait fier des riches peintures dont il était orné ! Le plus magnifique instrument sorti des mains habiles d'Érard ou de Pleyel ne recevra d'autres ornements que ceux que pourront fournir l'ébéniste

ou le doreur sur cuivre. Alors, les artistes les plus
célèbres, Boucher, Vanloo ne dédaignaient pas de
couvrir de peintures les parois intérieures d'un instrument de musique, et l'on voit souvent , dans les
cabinets des amateurs, des peintures sur bois qui
ont survécu au meuble dont elles faisaient partie ,
et dont elles formaient quelquefois la plus grande
valeur.

Ce n'est pas qu'alors il n'y eût déjà des pianos à Paris ; mais ces instruments, presque dans l'enfance à
cette époque, appartenaient · la plupart à des artistes
de profession , et n'étaient pour les amateurs qu'un
objet de curiosité et jamais de luxe. Le clavecin profi-
tait des derniers jours de sa gloire, et semblait regarder avec dédain l'humble rival qui, encore réduit à sa
forme mesquine et carrée, devait un jour le détrôner
entièrement.

C'était donc un clavecin qu'on avait fait faire pour
Madame la Dauphine : elle était allemande , on la
savait musicienne et on lui donna l'instrument le
plus parfait que l'on pût fabriquer. Pauvre beau clavecin ! tu existes encore, mais non plus dans le palais
d'un roi ; si de temps en temps tu fais résonner tes sons
aigres et criards, que l'on trouvait si pleins et si beaux
dans ton jeune temps, c'est la main débile d'un vieillard qui t'anime, toi qui devais ne servir qu'aux plaisirs d'une reine ! et cependant plus d'une main habile
s'est promenée sur tes touches délabrées ! A peine peux-
tu exhaler de maigres sons, mais si tu pouvais parler,
nous redire le temps de ta gloire, alors que Gluck,

l'immortel Gluck, que protégeait ta royale maîtresse,
vint à la cour de son ancienne écolière, tu pourrais
raconter les ricanements de cette troupe dorée d'inutiles de Versailles en voyant que la jeune reine ho-
norait un simple musicien plus peut-être qu'un des
leurs. Te rappelles-tu la première entrevue du grand
homme et de la jeune reine ? lorsqu'on annonça
M. le chevalier Gluck, la reine se précipita vers le
compositeur en s'écriant :

— Ah! c'est vous, c'est donc vous, mon cher
maître!

Et le bon gros Allemand de sourire, et reconnaissant
à peine l'élève qu'il avait quittée enfant :

— Oh! Madame, dit-il avec son accent tudesque,
que Votre Majesté est devenue grossière depuis que je
l'ai vue?

A la franchise de ce germanisme (la reine était effectivement engraissée), le flegme des courtisans ne put
y tenir, l'étiquette fut un moment oubliée, on osa rire;
la reine partagea la gaîté générale; mais bientôt voyant
la confusion du pauvre compositeur, qui ne se doutait
seulement pas qu'il eût dit une sottise, et qui cherchait
partout qui pouvait faire naître ce fou rire.

— Messieurs, dit-elle avec cette grâce enchanteresse
qui ne la quitta jamais, vous serez sans doute charmés
de faire connaissance avec un de mes compatriotes,
dont l'Allemagne s'honore à juste titre. Il parle très-
mal français, il est vrai, mais il possède un langage
bien autrement éloquent, et que l'on comprend dans
tous les pays. Allons, mon bon maître, ajouta-t-elle

en conduisant le musicien au clavecin, un petit souvenir de Vienne.

Gluck comprit alors qu'il avait une revanche à
prendre; ses yeux s'animèrent de ce feu de génie qui
le possédait si souvent; il lança un regard sur le
groupe des courtisans, puis laissa ses doigts courir sur
l'instrument.

C'était d'abord quelque chose de vague et dont
il était difficile de se rendre compte : on remar-
quait parmi ses accords heurtés cent mélodies sur le
point de naître et interrompues tout d'un coup par
une nouvelle idée. Peu à peu tout s'éclaircit, le vi-
sage de Gluck rayonnait d'un feu divin, il ne voyait
plus où il était, il avait commencé devant la reine, il
continuait comme chez lui, un mouvement de valse
de ce rhythme vigoureux qui n'appartient qu'aux
Allemands, se fit bientôt entendre. La reine avait
peine à contenir deux larmes qui roulaient dans ses
beaux yeux, car avant tout elle tenait à paraître française de cœur, elle savait qu'on l'avait surnommée
l'Autrichienne, et elle aurait voulu oublier son pays.
Elle aurait cependant pu pleurer en liberté : on ne
l'aurait pas remarquée. L'attention des ducs, marquis
et autres assistants était tout absorbée par ces accords
sublimes, dont la pâle musique française, la seule
qu'ils eussent entendue jusque là, ne leur avait jamais
donné l'idée; ils comprenaient un art pour la première fois.

Leur extase durait encore et Gluck ne jouait plus.
De grosses gouttes de sueur coulaient sur son large

front; il semblait sortir d'un songe pénible. Il fut
quelques instants à se remettre.

La reine le remercia en lui disant bien bas, dans sa
langue maternelle :

— Merci, merci, mon bon maître. Oh! vous êtes
bien vengé. Puis le bon Allemand se retira et les
grands seigneurs s'inclinèrent quand il passa près
d'eux ; la noblesse crut cette fois ne pas déroger en
rendant hommage au génie puissant qui venait de se
révéler à elle.

Que d'autres scènes, bien autrement intéressantes,
nous feraient connaître le vieux clavecin. Comme il
nous les raconterait bien mieux que je ne puis le
faire, moi, chétif, qui grâce au Ciel, ne suis pas d'âge
à avoir vu toutes ces merveilles. Mais j'ai vu le clavecin, et il y a de cela peu de jours, et je dois vous
raconter maintenant comment et où j'ai retrouvé ce
débris de notre ancienne monarchie.

J'allai dernièrement à l'hôtel des Invalides rendre
visite à un ami, un ancien officier supérieur que j'a-
vais perdu de vue depuis longtemps. Après avoir causé
de la pluie et du beau temps, matières fort intéressantes pour un invalide, des spectacles que l'on donne
à l'Odéon, ce qui met en grande joie les paisibles habitants de l'hôtel, nous vînmes à parler musique.
Mon ami m'apprit que plusieurs dames musiciennes
étaient leurs commensales, et que même quelques officiers pratiquaient cet art avec quelque distinction.
Nous avons entr'autres, ajouta-t-il, un de nos camarades qui possède un magnifique clavecin, auquel il

paraît tenir singulièrement, et dont il touche fort souvent à notre grand plaisir. Sur ma demande, on m'introduisit chez l'amateur de cet instrument suranné; il me fit remarquer tous les détails de son clavecin. J'admirai sa parfaite conservation, la laque noire brillante à filets d'or, et surtout les peintures, qui me parurent d'un grand prix. Le vieil officier me pria de l'essayer, ce que je fis, et jugeant sans doute à ma figure que je n'étais pas très-enthousiasmé du son peu harmonieux que font les bouts de plume en accrochant la corde :

— Est-ce que vous ne trouvez pas qu'il a un bien beau son ? me dit-il.

— Oui, repris-je, fort beau pour un clavecin; mais le plus mauvais piano vaut mieux que cela.

— Ah ! Monsieur, me répondit-il, il n'y a pas de piano ou d'instrument au monde qui puisse me faire autant de plaisir que ce vieux clavecin. C'est que nous sommes presque du même âge, et puis il me rappelle tant de souvenirs ! Et le bon vieillard paraissait attendri en me disant ces derniers mots. Ma curiosité fut vivement excitée, et je ne pus m'empêcher de lui exprimer le désir de la voir satisfaite.

L'ancien officier accéda sans peine à ma demande, qui parut au contraire lui faire plaisir. Je prêtai l'oreille pendant que mon ami, qui, probablement, avait entendu l'histoire plus d'une fois, se hâtait de regagner sa chambre, bien convaincu qu'il serait encore obligé de la subir en plus d'une occasion. De même que les contes de fée commencent toujours par :

Il y avait une fois, de même les histoires de vieillards ne manquent jamais de débuter par : avant la Révolution ; c'est en effet, de cette manière que commença la narration.

— Avant la Révolution, Monsieur, j'avais l'honneur d'être accordeur de la reine et des premières maisons de la cour. C'était alors une profession très-lucrative ! C'était une autre affaire d'accorder un grand clavecin dont les claviers avaient chacun des cordes différentes et dont plusieurs jeux avaient même des rangées de cordes respectives, que d'accorder vos misérables pianos à trois et à deux cordes ; on dit même qu'on en fait maintenant à une corde, ce qui est le comble de l'absurde. Aussi l'art de l'accordeur n'est plus qu'un métier, et voilà pourquoi tant de gens s'en mêlent. J'exerçai honorablement ma profession jusqu'à l'époque de la tourmente révolutionnaire. On a plaint bien des gens, Monsieur ; mais on n'a pas assez plaint les pauvres accordeurs. Tout nous abandonnait en même temps, les grands seigneurs se sauvaient avec un dévouement rare, et il en est bien peu qui aient songé à s'acquitter avec nous avant leur départ. Ils comptaient tous revenir bientôt pour châtier cette canaille, comme ils l'appelaient ; mais la canaille saisissait leurs biens ; les enrichis achetaient bien les clavecins, mais c'étaient des meubles et non des instruments pour eux, et l'accordeur n'y avait jamais à faire. Je traînai péniblement mon existence jusqu'au 10 août. ·

Cette fatale époque ne sortira jamais de ma mémoire. J'entends dire qu'après le massacre des Suisses, le peuple s'était répandu dans le château des Tuileries et brisait tout ce qui se rencontrait sur son passage. Je voulus jeter un dernier coup d'œil sur ces appartements, où j'avais été appelé si souvent avant qu'ils ne fussent dépouillés de leur magnificence. Je me rendis donc au château, et je fus porté par la foule jusqu'à la chambre de la reine. Ah! Monsieur, quel spectacle! Tout était saccagé, brisé; un seul objet était encore intact, c'était le clavecin; mais un homme hideux était monté dessus, il haranguait la multitude, et autant que je pus entendre, au milieu du tumulte, il proposait de jeter mon pauvre clavecin par la fenêtre. J'étais tout tremblant dans un coin, abîmé, anéanti; l'orateur saute en bas de son piédestal, trente mains vigoureuses s'emparent de l'instrument, la queue est déjà hors du balcon; il va aller faire un tour de jardin, quand tout à coup une voix jeune et claire se fait entendre : Arrêtez! arrêtez!

On s'arrête en effet. Le clavecin reste suspendu sur sur le bord de l'abîme, et l'orateur s'avance. C'était un tout jeune homme, en uniforme de garde national. Sa figure enjouée, franche et spirituelle en même temps, prévenait en sa faveur.

— Citoyens, qu'allez-vous faire? leur dit-il, pourquoi briser cet instrument? Ignorez-vous donc le pouvoir de la musique? N'avez-vous pas souvent marché en entonnant la *Marseillaise?* L'effet en serait encore plus merveilleux avec accompagnement. Au lieu de briser cet innocent instrument, laissez-moi vous régaler d'un petit air patriotique.

Cette courte harangue, débitée moitié sérieusement,
moitié en riant, produisit un effet analogue sur l'assemblée. Quelques-uns hésitaient, d'autres persistaient
dans leurs projets de destruction. Mon jeune homme
s'élance vers ceux qui tenaient la tête de l'instrument :

— Ouvrez-moi cela, dit-il d'un ton d'autorité.

On obéit, et sur-le-champ il leur joue la ritournelle
de la *Marseillaise,* que tous les spectateurs reprennent
en chœur. Après le chant vient la danse ; c'est dans
l'ordre. Après la *Marseillaise* il fallut jouer la *Carmagnole,* puis *Çà ira,* puis, *Madam' Véto,* etc., etc. Tout cela
me saignait le cœur, Monsieur. La *Carmagnole* sur le
clavecin de la reine !... Toute cette foule me faisait
mal à voir. Quand on eut bien dansé, on ne songea plus
à briser l'instrument ; on se retira gaîment, si toutefois on peut nommer cette joie féroce de la gaîté ; et je
me trouvais seul dans la chambre. Je m'approchai de
mon cher clavecin qui venait d'être si miraculeusement
sauvé ; je voulus le purifier, et je me mis à jouer ce
beau cœur d'*Iphigénie* de Gluck : *Que de grâces, que
que de majesté !* que la galanterie du public, quelques
années auparavant, adressait toujours à la reine.

A peine avais-je commencé les premières mesures,
que je me sens arraché du clavier. C'était mon jeune
garde national.

— Êtes-vous fou ? me dit-il, avez-vous envie de
vous faire massacrer ? Il n'en faudrait pas tant. Je me
suis échappé à l'ovation de ces misérables, je voulais
voir s'il n'y aurait pas moyen de sauver cet instrument.

— Vous êtes donc accordeur aussi ? lui dis-je.

— Pas le moins du monde, je ne suis qu'un simple amateur, mais j'aurais été désolé de voir détruire inutilement un si beau meuble.

Il appelait cela un meuble! Enfin, n'importe : il m'avait sauvé, c'était l'essentiel. Nous cherchâmes en vain les moyens de préserver plus longtemps mon pauvre clavecin.

— Monsieur, me dit tout d'un coup le jeune homme, je crains qu'il ne fasse pas longtemps bon pour vous en ces lieux. Grâce à mon uniforme je ne crains rien, mais vous n'avez pas un costume à l'ordre du jour (il avait raison, j'étais à peu près propre), d'un moment à l'autre vous pouvez être arrêté, suspecté, interrogé ; le mieux est de vous esquiver jusque chez vous. Le clavecin deviendra ce qu'il pourra, songez d'abord à vous. Il dit, me pousse hors de la chambre, ferme la porte et jette la clef par une fenêtre.

— Monsieur, de grâce, lui dis-je, que je connaisse au moins le sauveur du clavecin de la reine. Votre nom ?

— Singier. Le vôtre ?

— Doublet, accordeur de la reine.

Il me ferme la bouche d'une main, me tend l'autre et s'esquive.

Le lendemain de cette fatale journée j'allai m'engager ; la carrière des armes me fut plus favorable que ma première profession. J'obtins rapidement de l'avancement, et j'étais parvenu au grade de chef de bataillon à l'époque de la Restauration.

Je jugeai qu'il ne faisait pas meilleur pour les mili-

taires en 1814 que pour les accordeurs en 1792, je
sollicitai ma retraite et j'obtins d'entrer aux Invalides.
Le hasard me fit assister à la vente du mobilier de la
reine Hortense. Jugez, Monsieur, quelle fut ma joie,
en reconnaissant mon vieux compagnon, mon pauvre
clavecin ! Depuis que j'en ai fait l'acquisition, il m'a
consolé de tous mes chagrins. Mais je me fais vieux ;
que deviendra-t-il après moi ? Il n'a jamais habité que
des palais ou des hôtels, sera-t-il destiné à être dépecé
et vendu pièce à pièce par un brocanteur ? C'est un
cruel chagrin pour mes vieux jours.

— Mais, Monsieur, lui dis-je, n'avez-vous jamais
revu votre jeune garde national ?

— Si fait vraiment ; je l'ai retrouvé presque en
même temps que mon clavecin. Nous étions partis du
même point, mais nous avons choisi deux carrières
bien différentes. Je me suis fait militaire, j'y ai gagné
les Invalides. Il s'est fait directeur de spectacles, et il
y a gagné quarante mille livres de rente.

M. Singier est peut-être, du reste, le seul directeur
qui ait fait sa fortune, en se faisant toujours aimer des
administrés qui l'aidaient à s'enrichir. Vous voyez
bien, Monsieur, que mon clavecin porte bonheur.

Ici mon vieil officier s'arrêta, je le remerciai de sa
courtoisie ; il m'accorda la permission de venir le revoir et même de lui amener quelques vrais amateurs
pour visiter son instrument. Lecteurs, si vous voulez
faire connaissance avec le clavecin de Marie-Antoi-
nette, allez à l'hôtel des Invalides, demandez M. le
chef de bataillon Doublet, et l'heureux possesseur de

2

ce précieux morceau se fera sans doute un plaisir de
vous le laisser admirer, peut-être même consentirait-
il à s'en défaire; mais, je vous en préviens, ce ne
serait qu'en faveur d'un véritable amateur.

HÉROLD

Un an s'est écoulé depuis qu'une mort prématurée a enlevé aux amateurs de musique un compositeur qui faisait leurs délices, à l'Opéra-Comique un de ses plus fermes soutiens, et à la France une de ses gloires. Le 19 janvier 1833, Hérold a cessé de vivre, en nous léguant pour dernier héritage le plus heureux, sinon le meilleur de ses ouvrages, le *Pré aux Clercs*, que le public a été applaudir plus de cent fois, et qu'on entendra encore longtemps avec un plaisir d'autant plus vif qu'il n'est pas exempt de regret, et que le nombre des ouvrages d'Hérold restés au répertoire est plus restreint.

Nous allons essayer, dans une courte notice, de faire connaître à nos lecteurs la vie et les ouvrages de cet habile musicien, dont la perte nous fut doublement douloureuse, comme artiste et comme ami.

HÉROLD (Jean-Louis-Ferdinand) naquit à Paris en 1790. Son père, allemand de naissance, était un professeur de piano de quelque réputation ; il a laissé un seul œuvre de musique, gravé à Paris. Il mourut d'une maladie de poitrine, laissant une veuve dans un état de fortune médiocre, mais au moins à l'abri du besoin, et un fils en bas âge. Le jeune Hérold, l'idole de sa mère, qui jeune et jolie, refusa constamment de contracter une nouvelle union, voulant consacrer toute son existence à son fils, fut l'objet de la sollicitude de tous les amis de son père. M. Adam, qui était son parrain, reporta sur l'enfant toute l'amitié qu'il avait eue pour Hérold le père, son compatriote et son confrère ; Kreützer voulut également l'avoir pour élève, et c'est sous ces deux grands professeurs que le jeune Hérold apprit le piano et le violon. Il fit ses études chez M. Hix. Une observation assez singulière, est que de cette institution, où l'éducation n'avait certainement rien de musical, soient sortis quatre lauréats de l'Institut pour le prix de composition, Chélard, Hérold, Hip. de Font-Michel et A. Adam.

Hérold entra ensuite au Conservatoire dans la classe de M. Adam et remporta bientôt le premier prix de piano. Pour concourir il exécuta une sonate de sa composition ; c'est la seule fois que ce cas se soit présenté. Il n'avait alors guère plus de seize ans.

S'il eût embrassé cette carrière, il serait devenu un pianiste des plus distingués ; il avait une facilité et une pureté d'exécution très-remarquables , et, quoiqu'il eût depuis bien longtemps renoncé à s'exercer, on rencontre dans ses ouvrages de piano des traits d'une extrême élégance, et qui décèlent combien il connaissait les ressources de cet instrument. Mais cette gloire ne lui suffisait pas, c'est à être compositeur qu'il aspirait.

Il prit des leçons de Mehul, et concourut à l'Institut. Le sujet de la scène était M⁽ᵐᵉ⁾ de Lavallière, que Louis XIV veut enlever du couvent où elle s'est retirée. Les concurrents avaient trois semaines pour composer leur musique. La mère d'Hérold va pour le visiter à l'Institut, six jours après son entrée en loge ; elle le trouve jouant à la balle dans la cour ; sa tâche était terminée. Quelques instances qu'on lui fît, il ne voulut pas rester un jour de plus.

— J'ai été enfermé assez longtemps quand j'étais en pension, dit-il, à présent je veux respirer le grand air.

Il eut le premier grand prix, qu'il partagea avec M. Cazot.

Une des plus utiles prérogatives attachées au prix de Rome, était de vous arracher à cette funeste conscription qui décimait si cruellement nos familles à cette époque, que tant de gens font semblant de regretter. Hérold, âgé de moins de vingt ans, dut à ses succès d'éviter d'aller porter le mousquet sur les bords glacés de la Néva. Il partit pour Rome, où il ne séjourna que peu de temps ; il vint ensuite s'établir à Naples.

2.

M. Adam, qui à Paris avait donné des leçons aux enfants du roi de Naples, fit obtenir à Hérold la place de professeur de piano des jeunes princesses. Aidé de cette royale protection, il fit représenter à Naples un opéra intitulé *la Gioventu d'Enrico V.* Le succès en fut immense. Comme je ne connais pas une note de cette partition, je ne pourrais vous assurer que le succès en fut entièrement dû à la musique ; je crois bien que la préférence donnée alors à tout ce qui était français, y fut pour quelque chose.

Il était néanmoins fort honorable pour un musicien aussi jeune d'avoir un premier ouvrage joué avec succès dans la capitale d'un pays aussi musical que le royaume d'Italie. Mais ce beau titre de Français, auquel il était si redevable, faillit bientôt lui être fatal, lorsqu'eurent lieu les terribles événements qui bouleversèrent la face de l'Europe. Forcé de se cacher, de fuir, c'est à pied, et au milieu des plus grands dangers, qu'il alla se réfugier dans l'Allemagne, que nos revers, toujours croissants, le forcèrent bientôt d'abandonner.

De retour à Paris, il publia quelques morceaux de piano, empreints de ce cachet d'originalité que l'on remarque dans tous ses ouvrages. Il se fit aussi entendre plusieurs fois en public comme pianiste dans quelques concerts, entre autres à l'Odéon, où était alors le Théâtre-Italien. Il désespérait de pouvoir jamais se produire au théâtre comme compositeur, lorsqu'à l'occasion du mariage du duc de Berry, un auteur, M. Theaulon, présenta à l'Opéra-Comique un ouvrage de circonstance, intitulé *Charles de France.* Le soin

d'en faire la musique fut confié à M. Boïeldieu, qui
s'adjoignit dans cette tâche le jeune Hérold.

Quelle bonne fortune pour un jeune auteur de débuter sous les auspices d'un tel collaborateur! La musique de cet ouvrage eut un grand succès. Tout le
monde se rappelle la délicieuse romance des *Che-
valiers de la fidélité*, qui se trouvait dans l'acte de
M. Boïeldieu. La part d'Hérold fut aussi remarquée, et
M. Theaulon lui donna son poème des *Rosières*. On
trouve dans cette partition une grande fraîcheur
d'idées, quoique l'orchestration fût un peu pauvre.

Le second ouvrage d'Hérold fut la *Clochette*. Cette
musique, composée avec une extrême précipitation,
ne valait peut-être pas celle des *Rosières ;* cependant
il y a déjà un grand progrès dans l'instrumentation.
L'ouverture fut surtout remarquée, ainsi que le charmant air : *Me voilà*, qui est devenu populaire et un
chœur de Kalenders, au troisième acte, d'une excellente
facture.

Hérold donna ensuite *le Premier venu*, en trois
actes. C'était une comédie fort gaie de M. Vial, mise
en opéra. Le sujet étant trop connu, la pièce n'eut
qu'un assez petit nombre de représentations. La musique méritait cependant un meilleur sort. Elle était
infiniment supérieure à celle de la *Clochette*, quoique
le sujet fût plus difficile à traiter musicalement. Les
mélodies étaient beaucoup plus arrêtées et plus franches. Un trio surtout, celui des dormeurs au deuxième
acte, sera toujours cité comme un excellent morceau
de scène.

Puis vinrent *les Troqueurs*, petit acte d'une musique piquante, où l'on trouve deux ou trois airs très-spirituels, entre autres celui-ci : *Rien ne me semble aussi joli qu'un mari ;* et un trio en canon, dont la facture a été heureusement reproduite par l'auteur dans l'excellent trio du second acte du *Pré aux Clercs.*

L'*Auteur mort et vivant* est peut-être l'ouvrage le plus faible d'Hérold. Il n'y a rien de digne de son auteur dans cette partition, qui n'eut qu'un médiocre succès. Le *Muletier*, qu'Hérold donna ensuite, est, au contraire, un des meilleurs actes de musique qu'il y ait au théâtre. Tout est à citer, depuis l'ouverture, d'une instrumentation si nerveuse, où le thème du fandango est traité avec tant de talent, jusqu'au chœur final. Le morceau si original, où le battement du pouls est si habilement imité par les notes saccadées des cors, a été reproduit sur tous nos théâtres.

Le *Muletier* n'eut cependant qu'un succès très-contesté à son apparition ; ce n'est qu'après plus de vingt représentations que le public, qui s'était montré fort sévère pour tout ce qui touchait aux mœurs, pardonna aux gravelures de la pièce en faveur de la musique. Hérold ne put cependant parvenir à vendre sa partition ; il fut obligé de la faire graver à ses frais propres. Le *Muletier* compte maintenant plus de cent représentations.

L'acte de *Lasthénie*, joué à l'Académie royale de musique, fut beaucoup moins heureux. La révolution musicale n'avait pas encore eu lieu ; on était encore sous l'empire de l'*urlo francese*, et le compositeur était bien embarrassé pour faire chanter les virtuoses qu'il avait à sa disposition. Les mélodies de cet ouvrage sont généralement peu heureuses ; on y trouve cependant un joli duettino pour deux voix de femme, et un morceau en canon d'un bon effet.

Le *Lapin blanc* eut une chute complète à l'Opéra-Comique. Le sujet était celui de Tony, joué avec tant de succès depuis au théâtre des Variétés. L'ouverture de cet ouvrage a été employée pour *Ludovic*.

Hérold fit aussi, en société avec M. Auber, un opéra en deux actes, *Vendôme en Espagne*, représenté à l'Académie royale de musique, à l'occasion de la guerre d'Espagne ; le succès de cet ouvrage fut d'aussi courte durée que la réputation de grand capitaine du duc d'Angoulême qui l'avait inspiré ; il n'en est absolument rien resté.

Depuis longtemps Hérold n'avait donné que de petits actes au théâtre ; il devait prendre une revanche éclatante des légers échecs qu'il avait éprouvés ; il fit *Marie*.

Le succès ne fut pas aussi décisif qu'on pourrait le supposer en entendant cette délicieuse partition. L'Opéra-Comique était alors dirigé par un homme habile, qui comprit tout le mérite de cet ouvrage. Malgré la faiblesse des premières recettes, il fit rapidement succéder les représentations, et le public finit par venir apprécier cette musique qu'il avait d'abord presque dédaignée.

Hérold fit peu de temps après la musique d'un drame joué à l'Odéon, le *Siége de Missolonghi*, dont

l'ouverture est restée, grâce à un délicieux motif qui
est devenu populaire.

L'Illusion est un petit drame en un acte, où les événements, trop resserrés, ne laissent pas assez de développement à la musique : un finale parfaitement fait,
et où il y a une charmante valse, est le morceau capital
de cette partition.

Emmeline, en trois actes, n'eut point de succès ;
malgré quelques jolis motifs, la musique ne plut point
généralement.

Mais lorsque Hérold fit paraître *Zampa*, il fut aussitôt placé au rang des compositeurs. Il est peu d'ouvrages aussi estimés des connaisseurs que celui que
nous citons : le finale est des plus remarquables comme
musique et comme mise en scène. *Zampa* a eu un
prodigieux succès en Allemagne, où on le regarde à
juste titre comme le chef-d'œuvre de son auteur. En
France, nous ne pensons pas de même, et le *Pré aux
Clercs* obtient la préférence ; cela est tout naturel.
Zampa, plus sévère, convient mieux à l'imagination
un peu sombre des Allemands ; le *Pré aux Clercs*, où
les mélodies sont plus franches, quoique peut-être
moins distinguées, a plus d'attrait pour notre goût.

Je ne citerai que pour la mémoire la *Médecine sans
médecin*, petit acte sans conséquence où la musique
n'est qu'un très-mince accessoire.

Puis vint enfin le *Pré aux Clercs*, dont je crois pouvoir me dispenser de parler ; tout le monde le sait par
cœur.

Il faut encore ajouter à la liste des ouvrages d'Hérold

l'*Auberge d'Auray*, eu société avec M. Caraffa, le finale du troisième acte de la *Marquise de Brinvilliers*, et la musique d'*Astolphe et Joconde*, de la *Somnambule*, de *Lydie* et de la *Belle au Bois dormant*, ballets. Dans ce genre de musique, Hérold n'avait pas de rival. Tous ceux qui feront de la musique de danse chercheront à la faire aussi bien que lui, aucun ne pourra la faire mieux. Joignez à cette nomenclature un grand nombre de pièces pour le piano, dont plusieurs ont eu un grand succès.

On a donné depuis la mort d'Hérold un opéra (*Ludovic*), où il avait esquissé quelques morceaux, parmi lesquels il faut citer la ronde : *Je vends des scapulaires*. Le reste de cette partition appartient en entier à M. Halévy, qui a fait preuve d'un grand talent dans cet ouvrage où il y a des morceaux de maître, entre autres, le quatuor du premier acte et le trio du deuxième.

Hérold était d'un caractère naturellement enjoué ; sur la fin de sa vie, il était cependant devenu un peu mélancolique : il rêvait un nouveau voyage en Italie, que la mort ne lui a pas permis d'effectuer. Quoique à l'époque où il donna ses premiers ouvrages, les partitions se vendissent fort peu, il avait vécu avec tant d'économie qu'à l'époque de son mariage, il y a huit ans environ, il était déjà possesseur d'une somme assez considérable. Ce fait est d'autant plus à remarquer que Hérold, ainsi que la plupart des compositeurs de notre époque, ne reçut jamais aucune faveur du gouvernement. Il avait été longtemps accompagna-

teur au théâtre italien, puis un des chefs du chant à
l'Opéra. Il tenait singulièrement à cette place, et con-
çut un très-grand chagrin quand des mesures d'économie forcèrent l'administration à la lui retirer. Il fit
les démarches les plus actives pour y rentrer, et quand
il y réussit ce fut un véritable jour de fête pour lui.

Il avait l'habitude de composer en se promenant,
et les Champs-Élysées lui ont souvent servi de cabinet de travail. Que de gens qui le connaissaient peu
se sont formalisés de le voir passer près d'eux sans
avoir l'air de les apercevoir, et continuer sa route en
chantonnant! Comme il était très-spirituel, il laissait
quelquefois échapper des mots un peu piquants qui
ont blessé bien des susceptibilités ; mais son caractère
était excellent au fond. Il ne se livrait pas facilement ;
mais quand quelqu'un était réellement son ami, il lui
était entièrement dévoué. Il rendait justice à tous ses
confrères, et ne connut jamais l'envie. Quoique M. Auber eût commencé beaucoup plus tard que lui et eût
été beaucoup plus heureux au théâtre, il reconnais-
sait franchement que tous les succès de son rival
étaient mérités, et qu'il y avait sans doute dans sa
musique des qualités qui manquaient dans la sienne.
Nous n'entreprendrons pas de faire un parallèle entre
ces deux grands talents. Hérold a malheureusement
terminé sa carrière, et M. Auber en parcourra encore
une semée de succès. D'un seul mot on pourrait peut-
être résumer la différence qui les caractérise : M. Auber a plus de franchise, Hérold avait plus d'originalité.

Hérold est mort le 19 janvier 1833, à quatre heures du matin, au même âge et de la même maladie que son père. Depuis quelque temps il se plaignait de maux de poitrine, et semblait prévoir sa fin. Il mit un zèle extraordinaire dans ses répétitions du *Pré aux Clercs*. Les musiciens seuls savent combien un tel métier est fatigant. Il était exténué quand vint la première représentation. Il fut redemandé à la fin de la pièce, et quand on annonça au public qu'il ne pouvait se rendre à ses désirs, étant trop malade, on prit cette nouvelle pour une excuse banale. Elle n'était, hélas! que trop vraie.

Il rentra chez lui avec une fièvre ardente, causée sans aucun doute par l'extrême fatigue que lui avaient donnée ses répétitions, et l'émotion du plus grand, du seul très-grand succès qu'il eût obtenu depuis qu'il travaillait pour le théâtre. Le lendemain, il apprend qu'une maladie d'actrice arrête son ouvrage. Ce lui fut un coup mortel. L'Opéra offrit généreusement une de ses plus habiles cantatrices pour remplacer celle dont la maladie suspendait les représentations de la pièce. Il fallut qu'Hérold fît de nouveaux efforts pour aller montrer son rôle et faire de nouvelles répétitions. Cela l'acheva. Il se montra encore une ou deux fois au théâtre, faible et languissant, puis, aux derniers jours de décembre, il fut obligé de garder le lit qu'il ne quitta plus.

Hérold a laissé une jeune veuve et trois enfants, dont un garçon, et une malheureuse mère, dont toute l'existence avait été consacrée à ce fils auquel elle ne croyait

3

pas devoir survivre. Vous la voyez souvent errer autour de l'Opéra-Comique, consultant les affiches, pour
voir si l'on donne quelque ouvrage de son fils. Lorsqu'elle y aperçoit son nom chéri, elle se met à pleurer,
et se retire douloureusement dans sa demeure solitaire
pour revenir le lendemain pleurer de nouveau au
même endroit. C'est là toute sa vie. Son bonheur, c'é-
tait Hérold! sa seule consolation, c'est la gloire qu'il
a laissée!

LES CONCERTS D'AMATEURS

TRIBULATIONS D'UN MUSICIEN

Il y a un proverbe qui dit, qu'il n'y a rien de plus à redouter qu'un dîner d'amis et un concert d'amateurs. Les proverbes sont la sagesse des nations, et rien n'est en effet plus sage et plus véridique que la maxime que nous venons de citer. L'on doit s'estimer bien heureux lorsqu'on n'est pas frappé de ces deux fléaux à la fois ; mais il est bien rare qu'après avoir été forcé d'avaler le dîner d'ami, composé, pour l'ordinaire, du classique pot-au-feu, suivi de quelqu'un de ces bienfaisants légumes qui vous rappellent les beaux jours et les suc-

culents repas du lycée ; il est bien rare, dis-je, qu'a-
près ce maussade festin, vous ne soyez pas encore
régalé d'un petit concert impromptu après le dessert.
C'est la petite fille de huit ans qui va vous faire juger
de ses progrès. On ouvre le piano, à qui il ne manque
qu'une demi-douzaine de cordes, vu qu'il n'a pas été
accordé depuis la dernière soirée où l'on a dansé au
piano, et l'enfant chéri est prié de jouer quelque chose
pour faire plaisir à l'ami de la maison. Mais l'enfant
chéri, qui prend ordinairement sa récréation après le
dîner, ne trouve pas du tout amusant de donner un
échantillon de ses talents à une pareille heure, et fait
une moue longue d'une aune. « Allons, fais donc
voir à Monsieur que tu es une grande demoiselle à présent, » dit le papa, en traînant sa fille du côté du piano.
L'enfant résiste, le père se fâche, et la virtuose en
herbe se met à pleurer. La maman se met alors de la
partie : « Pourquoi la brutaliser ainsi ? dit-elle à son
mari ; tu sais combien elle est timide, elle n'osera plus
jouer, à présent. Allons, mon enfant, sois raisonnable,
et si tu joues bien ton morceau, tu iras embrasser le
monsieur qui aime beaucoup les petites filles qui sont
bien sages. » Douce perspective !

Vous croyiez en être quittes pour entendre un peu
de mauvaise musique, vous serez obligé, bon gré, mal
gré, d'aller embrasser cette charmante petite fille qui,
à l'aide du mouchoir de son père, est occupée dans
un coin à sécher ses larmes. Il faut bien vous résigner;
après bien des façons, vous avez le bonheur d'entendre : *Ah! vous dirai-je, maman! Je suis Lindor* ,

Triste Raison, et autres petits airs de cette fraîcheur, exécutés sans mesure, et avec un accompagnement obligé de fausses notes. Après ce charmant concert, vous êtes forcé de subir l'embrassade promise et de mêler vos compliments à ceux de la famille enchantée. N'est-ce pas qu'elle est vraiment étonnante? dit le père; oh! elle est organisée pour la musique comme on ne l'est pas. Elle retient tous les airs qu'elle entend... Elle n'a que deux ans de leçons. C'est sa mère qui lui montre. Elle est excellente musicienne. Est-ce que vous n'avez jamais entendu chanter ma femme? Elle a une voix magnifique. Dis-donc, bonne amie, il faut chanter quelque chose à Monsieur. Allons, ne vas-tu pas faire l'enfant, à présent? Il faut encore joindre vos instances à celles du mari, qui est allé décrocher une vieille guitare qu'il met un quart-d'heure à accorder. Puis, mêlant sa voix à celle de sa moitié, il vous rafraîchit les oreilles de *Fleuve du Tage* ou de *Dormez donc, mes chères amours* à deux voix. Ordinairement on prend son chapeau après le dernier couplet, et on se retire en remerciant le couple aimable de la délicieuse soirée qu'il vous a procurée, et l'on ne remet plus les pieds dans la maison.

Moi, qui ai les nerfs fort irritables, et qui, en ma qualité de musicien, ai la musique d'amateurs en abomination, j'ai toujours soin de m'informer si les gens avec qui je suis près de lier connaissance cultivent la musique; pour peu qu'ils aient le moindre goût pour exercer cet art enchanteur, votre serviteur... je n'en veux plus entendre parler, je me renferme en

moi-même, et, ferme comme un roc, je reste sourd
à toutes les supplications. Vous concevrez qu'avec de
pareils principes je déménage souvent. Je n'ai jamais
pu trouver un propriétaire qui consentît à exiger de
mes co-locataires un certificat d'incapacité musicale ;
et dès que, malgré des bourrelets à toutes les portes,
et mes fenêtres constamment fermées même en été,
le son d'un piano, d'un violon, d'un flageolet ou
d'une voix arrive jusqu'à moi, le lendemain je donne
congé. Je ne vous parlerai pas des orgues de Barbarie et des cors de chasse qui s'exercent à la fenêtre
des marchands de vin ; j'ai reconnu depuis longtemps
que c'était un fléau qu'il est impossible d'éviter dans
une ville un peu civilisée, et que tous les quartiers de
Paris y sont sujets. J'ai essayé des logements les plus
isolés, les orgues des rues ont été m'y poursuivre.
J'ai cru un jour en être quitte : j'avais loué une mai-
sonnette dans la plaine de Monceaux ; depuis trois
jours, j'y jouissais d'un silence absolu, lorsque, par
une belle matinée d'été, je suis éveillé en sursaut, à
quatre heures du matin, par la générale qu'on battait
sous mes fenêtres. Je me lève en toute hâte. Jugez de
mon désespoir lorsque, mettant le nez à la croisée, je
vois une vingtaine de tambours de la garde nationale
groupés autour de mon habitation, et faisant une répétition générale de tous les *fla* et les *rrra* qu'on peut
tirer de cet harmonieux instrument.

Je vis bien que le repos n'est pas fait pour l'homme
sur cette terre. J'ai déménagé ; je suis retourné au
sein de la grande ville. Je me calfeutre chez moi, et je

tâche de me boucher assez les oreilles pour me figurer que je suis sourd, quand il passe dans la rue
quelque chanteur ou quelque instrumentiste maudit. Je suis devenu misanthrope ; j'ai rompu avec le
genre humain depuis mon lever jusqu'à sept heures
du soir.

Je sors alors, et je m'achemine vers l'Opéra ou l'Opéra-
Comique, et je me sature jusqu'à mon coucher de vraie
musique qui n'ait aucune analogie avec la musique
d'amateurs. J'ai soin de me placer dans quelque coin
bien obscur, pour être isolé le plus possible : car les
amateurs vous poursuivent partout, et il y en a qui
ont l'habitude de battre la mesure (presque toujours
à contre-temps) ou de chantonner avec les acteurs :
ces gens-là me crispent les nerfs et me font d'un plaisir un supplice.

Je me suis brouillé avec toutes mes connaissances
qui avaient des familles musiciennes, et je n'ai conservé de relations qu'avec un huissier retiré, entièrement étranger aux beaux-arts, du moins à ce que je
croyais. Mais le traître vient de rompre le dernier
lien qui me rattachait à l'humanité, il s'est fait amateur, et cela sans savoir une note de musique, et qui
pis est, il m'a entraîné dans un horrible repaire où
l'on râcle, où l'on souffle, où l'on écorche les oreilles
et les musiciens de la façon la plus atroce, le tout
pour cent sous par mois. Écoutez le récit de mon
malheur !

Il n'y a pas tout à fait quinze jours, que mon vieil
huissier m'invita à venir partager son dîner. C'était

la première fois qu'il me conviait, et, bien qu'il m'eût prévenu que c'était un dîner d'ami, j'aurais été fort en droit de lui dire en sortant de table : Je ne me croyais pas si fort votre ami ; mais, comme cela n'est que le moindre des maux qui m'attendaient dans cette fatale soirée, je ne veux pas trop m'appesantir sur cette première calamité.

Le repas terminé, je m'apprêtais à quitter la chambre, sans feu, et éclairée d'une seule bougie (c'est par pudeur que je dis bougie), où nous avions dîné, pour aller à l'Opéra entendre *Robert le Diable*, quand mon vieux scélérat d'ami, me retenant par le pan de mon habit :

— Et pourquoi, diable! vous sauver si vite ? ne pouvez-vous pas me consacrer une soirée tout entière ? Vous vous imaginez, peut-être, que je n'ai pas songé à vous ménager un après-dîner agréable? Je vous ai réservé une surprise pour ce soir, laissez-moi le temps de prendre mon chapeau, laissez-vous conduire ; et si vous n'êtes pas content, vous serez bien difficile.

Je le laisse agir. Nous sortons, et nous arrivons rue des Petits-Champs.

— Maintenant nous allons attendre la voiture, me dit mon huissier.

— Quelle voiture ? pour où aller ?

— Mon jeune ami, laissez-moi faire. Je vous le répète, quand vous y serez, vous serez enchanté.

Après avoir attendu un quart-d'heure à la pluie et au froid, nous voyons, enfin venir de loin une de ces voitures monstres qui, la nuit, s'annoncent en faisant

flamboyer leurs deux gros yeux rouges, bleus ou
jaunes. Nous montons. Je donne mes six sous, ainsi
que mon compagnon de voyage, m'abandonnant à ma
destinée, que je ne sais quel pressentiment me faisait
cependant redouter. Après une demi-heure de marche, l'omnibus s'arrête : nous descendons.

— Où sommes-nous ? — Rue de la Harpe.

Singulier quartier pour une partie de plaisir ! Nous
sommes devant une grande vilaine maison , bien
haute, bien noire et bien sale, comme toutes celles
qui l'avoisinent.

— Voyez-vous cette lumière au quatrième ? c'est là
que nous allons, me dit mon guide.

Je le suis : nous montons à tâtons un escalier bien
roide qui nous conduit enfin devant une porte faible-
ment éclairée par une veilleuse placée sur une planche
voisine, et je lis ces mots écrits en grosses lettres : Concert. Ici, je l'avoue, les jambes me manquèrent, et
sans cette faiblesse peut-être aurais-je cédé à une horrible inspiration du démon qui me vint tout à coup.
J'eus une irrésistible envie de précipiter mon malencontreux ami en bas des quatre étages ; mais la vertu
l'emporta : je me contins, et je me contentai de m'en-
foncer les ongles dans la paume de la main, quand
j'entendis ce nouveau Méphistophélès me dire avec un
rire de triomphe :

— Heim ! vous ne vous attendiez pas à cela ?

La porte s'ouvrit devant nous, et j'entrai. Je ressentis alors en moi une de ces révolutions bien naturelles au cœur de l'homme. A cette inquiétude mortelle

3.

qui vous possède à l'approche d'un grand danger, succède tout d'un coup cette courageuse résignation qu'on éprouve quand le danger est venu. Il n'y avait plus moyen de l'éviter ; je pris le parti de rire de mon malheur, et de jouer le rôle d'observateur, pour pouvoir au moins tenir mes concitoyens en garde contre une pareille infortune. La première pièce où nous entrâmes n'avait rien de particulier ; mais la seconde était fort remarquable : au milieu était un piano couvert de partitions et de parties d'orchestre ; des pupitres étaient disposés tout autour, et contre les murs étaient appendus toutes sortes d'instruments des plus aigus aux plus graves. Une douzaine d'individus étaient déjà réunis dans cette salle. A notre entrée, ce furent des acclamations unanimes : Ah ! c'est M. Vincent ; bonjour donc, monsieur Vincent ; quel plaisir de vous voir, etc. Les poignées de mains et les félicitations venaient de toutes parts à mon compagnon qui ne savait auquel entendre.

Après toutes ces politesses sur l'assurance que le concert ne commencerait pas avant une heure, j'entraînai mon ami Vincent dans un petit coin, et voici les détails qu'il me donna sur l'assemblée où nous étions :

— Cette réunion a plus de trente années d'existence. C'est un fonds qui s'achète et se trafique comme tout autre genre de commerce. Ici, pour 5 fr. par mois tout amateur, de quelque instrument qu'il joue, peut venir une fois par semaine faire la partie dans les ouvertures et symphonies qu'on exécute. On fournit

aux exécutants la musique et les instruments, que vous
voyez tapisser cette chambre. On est chauffé, éclairé,
et l'on peut même amener un ami.

— Mais, lui dis-je, que venez-vous faire ici, vous?

— Moi, je viens faire ma partie.

— Vous jouez donc de quelque instrument?

— D'aucun, je ne sais même pas lire la musique, et
voilà justement d'où vient la considération que chacun
me témoigne ici. J'ai soin de ne jamais me mettre
qu'à un pupitre où il y ait au moins deux instrumentistes.

Le chef d'orchestre est un assez bon musicien qui
reconnaît parfaitement ceux qui font ce que vous appelez des brioches. Comme je me contente de faire
semblant de jouer, il ne m'a jamais remarqué comme
coupable d'un pareil méfait, et je passe ici pour être
d'une très-grande force. Vous me demanderez pourquoi je viens ici? C'est parce qu'il y fait chaud, que
cela ne coûte pas cher, et que la considération dont je
jouis me fait plaisir. La société est du reste parfaitement composée : ce sont des étudiants, des employés,
des commerçants qui préfèrent cette réunion aux
cafés et aux estaminets, et vous trouverez parmi eux
beaucoup de gens avec qui vous serez charmé de faire
connaissance.

Pendant que nous causions il était venu beaucoup
de monde; chacun était déjà à son pupitre, et depuis
cinq minutes le chef d'orchestre frappait en vain sur
son cahier avec son archet pour obtenir un peu de
silence.

— Allons, monsieur Vincent, nous allons commencer. De quel instrument jouez-vous aujourd'hui ? Tenez, nous avons des débutants parmi les flûtes, allez-moi un peu soutenir ces jeunes gens-là.

Mon compagnon jette un coup d'œil au pupitre où trois jeunes gens étaient armés de leurs instruments. Il empoigne une flûte pendue au mur derrière lui, et soufflant de tous ses poumons comme on ferait dans une clef, il en tire un horrible son de sifflet qu'on aurait entendu du pont Saint-Michel.

— Hein ! quelle belle embouchure ! dit en s'exclamant un des apprentis flûtistes.

M. Vincent sourit d'un air modeste ; et la symphonie commence.

Je ne perds pas des yeux mon huissier, qui encourage ses jeunes compagnons d'un air de protection, dans l'horrible charivari qu'on exécute. Les flûtes ne peuvent parvenir à se faire entendre ; mais, pendant un silence, voilà un malheureux alto en retard d'une mesure, qui se met à exécuter un solo auquel on ne s'attendait pas. Le chef d'orchestre bondit sur sa chaise, tout s'arrête :

— De grâce, Monsieur Vincent, passez donc à la partie d'alto, nous ne pourrons jamais marcher sans cela. M. Vincent ne se le fait pas dire deux fois ; il dépose sa flûte et prend un alto. On recommence, et cette fois rien n'accroche. M. Vincent prend du tabac, se mouche, ou arrange son jabot, pendant les passages du piano ; mais quand arrivent les *forte*, il râcle ses cordes à vide avec fureur, ses compagnons l'imitent,

les altos dominent tout l'orchestre, et à la fin du
morceau M. Vincent reçoit les félicitations du chef
d'orchestre et de tous les exécutants.

Plaignez-moi. J'ai été obligé d'entendre six ouvertures ainsi exécutées. Vous dire lesquelles, ce me
serait bien impossible, je n'en ai pas reconnu une
seule, bien qu'on m'ait assuré qu'elles étaient toutes
de nos premiers maîtres. A la fin du concert, la tête me
bourdonnait, force m'a été de prendre le bras de mon
vieil huissier pour retourner chez moi ; je me serais
fait écraser : le bruit des voitures et les cris de gare !
ne parvenaient plus à mon oreille ; j'étais complète-
ment assourdi.

En rentrant chez moi, je suis monté chez mon propriétaire, je lui ai payé ce que je lui devais, j'ai déménagé la nuit, et j'ai fait porter mes meubles hors
de Paris.

Au point du jour, je me suis trouvé dans un village, où j'espère que mon vieil huissier ne viendra pas
me relancer. J'y ai loué la moitié d'une petite maison
occupée par un maître d'école. Mais je prévois que je
serai bientôt obligé de transporter mes pénates en d'autres lieux ; car il est dit dans la nouvelle loi sur l'instruction publique, que le chant entre pour quelque
chose dans l'éducation élémentaire. Je suis maintenant
seul au monde ; le seul ami que j'avais s'est fait amateur de musique sans en savoir une note ; où trouver
maintenant une société ? Il y a quelques années qu'un
particulier demandait, dans les *Petites Affiches*, un
domestique qui ne sût pas chanter l'air de *Robin des*

Bois ; moi, je demande partout un ami qui n'aime pas la musique, qui ne la sache pas, et qui redoute surtout les concerts d'amateurs. Si vous rencontrez jamais cet homme rare, adressez-le-moi ; croyez qu'il trouvera en moi un dévoûment sans bornes ; et que pour un pareil trésor, il n'est pas de sacrifice que ne puisse faire un pauvre musicien.

LES MUSICIENS DE PARIS

— 1834 —

Il est peu de classes moins connues que celle des musiciens dans toutes ses subdivisions. Qu'un auteur de vaudeville ou de roman ait à vous présenter un jeune homme intéressant, ne devant sa fortune qu'à lui-même et qui, à la fin de l'ouvrage, deviendra l'époux de l'héroïne, dont il est l'amant aimé, à coup sûr ce sera un artiste. On n'en dira pas plus, mais par ce mot d'artiste, vous devinerez tout de suite que c'est un peintre. On dirait que ces messieurs les peintres, dessinateurs, sculpteurs, architectes et généralement tout ce qui tient aux arts du dessin, sont seuls artistes, et que les musiciens ne le sont pas. Effectivement, vous avez un journal des artistes, rédigé par des peintres et pour des peintres, et ne traitant guère que de matières de peinture. Si l'on dit : Le Gouvernement encourage les arts, cela veut dire : Le Gouvernement commande des statues, des tableaux, fait bâtir des monuments ; s'il y a au ministère un article du budget intitulé : Encouragement aux arts, il s'appliquera aux peintres, architectes, graveurs, etc. Des pauvres musiciens il n'en sera pas question.

Combien avez-vous de peintres à Paris? Je n'aurais pas le temps de les compter. Combien de compositeurs? Mais, je crois, quatre ou cinq. D'où vient cela? Serions-nous donc un peuple anti-musical, ainsi qu'on veut nous le persuader depuis si longtemps ? Non, gardez-vous de le croire. Interrogez l'Allemagne, pays de la musique, comme l'Italie est celui des chanteurs ; demandez-lui ce qu'elle pense de nos compositeurs. Elle s'avouera notre inférieure ; elle vous dira qu'un opéra nouveau est un événement chez elle, et qu'un succès est encore plus rare ; que, si ses théâtres existent, c'est grâce à nos compositeurs. Elle vous nommera tous les opéras de Méhul, qu'elle a appréciés avant nous, dont les partitions, que nous ne comprenions pas toujours, excitaient l'enthousiasme chez elle; elle vous citera tout le répertoire de Boïeldieu, d'Auber, d'Hérold, dont les ouvrages traduits, et non imités, comme on le fait si gauchement en Angleterre, sont exécutés sur tous les théâtres, et font toujours le plus grand effet. D'où vient donc qu'avec un tel succès au dehors, nous ayons si peu de compositeurs chez nous? C'est que les débouchés manquent, c'est qu'un jeune homme, lassé de frapper pendant des années à la porte de notre unique Théâtre-Lyrique (l'Opéra est et doit être réservé aux sommités), trouve qu'il est inutile de continuer plus longtemps à mourir de faim, et se met à donner des leçons, à courir le cachet; existence modeste, laborieuse, qui mène rarement à la fortune, mais à l'aisance. Il aurait été artiste, quelquefois homme de génie peut-être; ce sera tout uniment un musicien : il s'enfouira dans un orchestre, il aidera à l'exécution des chefs-d'œuvre des autres; pendant un an ou deux, il gémira de n'avoir pu parvenir, il quêtera un poème qu'on ne lui donnera pas; et puis, petit à petit, il se fera à sa nouvelle existence; il se mariera, il aura des enfants, et ce sera, en somme totale, un excellent citoyen payant son terme et ses impositions le plus exactement qu'il pourra, bon père, bon époux, et montant régulièrement sa garde, ou soufflant dans une clarinette ou un basson tous les douze jours, pour la défense de la patrie.

Quelle différence n'y a-t-il pas de ce portrait à celui d'un musicien d'orchestre du siècle dernier? Voyez les musiciens de l'Opéra, tremblant au fatal démanché, n'abordant l'*ut* qu'avec la plus extrême circonspection, et profitant du privilége qu'ils avaient de jouer avec des gants en hiver, et ne sortant du théâtre que pour aller au cabaret; car alors les musiciens se grisaient par grâce d'état, et peut-être seulement par cela qu'ils

étaient musiciens. Un musicien qui ne buvait pas était
plus mal vu de ses confrères que s'il jouait faux ou
contre mesure. On a beau dire, les mœurs ont terriblement changé. Nos orchestres sont peuplés d'artistes
distingués, hommes de bonne compagnie souvent, et
qui ne dépareront pas le salon où ils seront appelés
pour faire de la musique.

Il n'en est pas tout à fait de même chez nos voisins
d'outre-mer. J'entendis, un certain jeudi, un opéra
fort bien exécuté, par l'orchestre surtout, au théâtre
de Covent-Garden, à Londres; j'en allai faire compliment à l'arrangeur qui dirigeait lui-même la bande ;
et je lui dis que j'entendrais de nouveau l'ouvrage
avec plaisir, tant l'exécution m'avait satisfait. Si vous
revenez ici, me dit-il, choisissez une autre représentation que celle d'après-demain, parce que cela ira
fort mal. Comme je lui exprimais mon étonnement
de sa prévision, vous ne faites donc pas attention que
ce sera samedi, me répondit-il en souriant. En pays
étranger, on n'ose pas toujours paraître ignorant sur
certaines choses, aussi repris-je en m'écriant : Ah !
c'est juste, je l'avais oublié ! Le fait est que je ne me
doutais pas du tout du motif qui influerait si puissamment sur l'exécution, et pendant deux jours, je
me creusai la tête à le chercher, mais ma pénétration
fut toujours en défaut. Le samedi, je ne manquai pas
la représentation, comme bien vous pouvez croire, et
j'allai m'installer dans une *private-boxe*, où j'avais
obtenu une place. Une famille anglaise occupait les
premières places, et moi, dans le fond de la loge, je

me mis à écouter de toutes mes oreilles. Les premières
mesures de l'ouverture n'allèrent pas trop mal, mais
arrive un solo de hautbois, qui débute par un *couak*
des mieux conditionnés. Bon, dis-je, ce n'est qu'un
accident qui peut arriver à tout le monde. La clarinette, qui répétait la même phrase, crut apparemment
qu'il allait reproduire exactement comme son confrère le hautbois, et ne manqua pas de faire le même
couak, mais prodigieusement embelli, et d'une dimension vraiment disproportionnée ; puis le basson,
qui entrait ensuite, nous lâcha des ronflements
effrayants, pendant que la flûte roucoulait des *turlu-
tutu* qui n'en finissaient plus.

Les instruments de cuivre voulurent être de la partie ; les cors se mirent donc à corner, les trompettes
à trompetter, les trombones à tromboniser, la tim-
balle à rouler, le triangle à sonner, les cymbales à se
frotter, mais le tout d'une manière si désespérée, que
la grosse caisse, jalouse de ses droits, ne voulut pas
rester en arrière d'un si effroyable vacarme, et nous
assourdit de ses coups répétés, le tout contre mesure
bien entendu et avec une ardeur diabolique. Les violons ne perdaient pas leur temps non plus : les uns,
faisaient grincer leurs chanterelles dans les tons les
plus aigus, les autres raclaient leur quatrième corde
avec rage ; les altos jouaient, les uns *pizzicato*, les
autres avec le dos de leurs archets ; les violoncelles
faisaient des *trémolos* effrayants, et les contre-basses
faisaient mugir leurs cordes à vide. Un si effroyable
charivari me fit lever de ma place. Je jetai un coup

d'œil sur l'orchestre, par-dessus la tête de mes voisins,
m'attendant à voir le chef désespéré et tâchant de ramener l'harmonie parmi ses discordants subordonnés.
Pas du tout, il battait la mesure bien tranquillement,
comme si cela eût été le mieux du monde.

Je remarquai seulement que les musiciens avaient
la figure fort animée et le nez tout à fait sur leurs
cahiers ; ils n'étaient pas rangés symétriquement
comme à l'ordinaire, et cela me fit prendre ma lor-
gnette. Oh ! alors je vis le plus étrange spectacle qu'on
puisse imaginer ! Un musicien avait fourré le pa-
villon de sa trompette dans la poche de son camarade
assis devant lui, et ne paraissait nullement étonné du
son bizarre et inaccoutumé de son instrument, tandis
que le camarade regardait d'un air fort surpris d'où
pouvait venir le vent qui soufflait entre les basques
de son habit. Un contre-bassier, tenant son instrument d'une main, frottait gravement son archet sur
le tabouret placé entre ses jambes : mille folies pa-
reilles se faisaient remarquer dans chaque coin de
l'orchestre, et pas un spectateur n'avait l'air d'y faire
attention.

L'ouverture finie, on applaudit très-fort, et même
mon voisin dit à deux ou trois reprises : *Very good
band, very good band*. Le premier acte fut exécute
de la même façon, quant à l'orchestre au moins, et
toujours à la grande satisfaction du public. Dans
l'entr'acte, je voulus lier conversation avec le voisin
qui trouvait l'orchestre si bon ; j'eus l'air de partager
son admiration ; cependant je lui dis qu'il me sem-

blait que l'exécution avait été meilleure à la première représentation.

— Oh ! cela n'est pas étonnant, me répondit-il ; c'est aujourd'hui samedi.

Je n'osai pas encore avouer mon ignorance, et j'allai sur le théâtre ; je croyais trouver les chanteurs furieux d'avoir été si sauvagement accompagnés ; aucun d'eux n'y songeait. Je pris mon courage à deux mains, et m'approchant du régisseur :

— Monsieur, lui dis-je, je sais fort bien que c'est aujourd'hui samedi ; mais dites-moi, de grâce, en vertu de quelle loi les musiciens sont obligés d'exécuter aussi épouvantablement qu'ils le font, à ce qu'il paraît, d'ordinaire, ce jour-là ?

— C'est, Monsieur, me répondit-il, que dans nos théâtres on paie tous les samedis et que les musiciens ne manquent jamais de passer immédiatement de la caisse au *public house* (cabaret).

Je remerciai beaucoup le régisseur de son explication, et le laissai grandement édifié sur la tempérance des musiciens français, en lui apprenant qu'à Paris un opéra s'exécutait aussi bien lés jours de paiement que ceux où la caisse n'est pas ouverte. Revenons donc à nos compatriotes.

Ce mot de musicien n'est qu'un titre générique qui s'applique à une classe très-étendue d'individus dont les mœurs n'ont souvent aucun rapport entre elles. Car MM. Rossini et Meyerbeer sont tous deux musiciens, et le misérable qui vient faire leur désespoir, en tournant une odieuse manivelle sous leurs fenêtres, l'organiste barbare ou le vielleur maudit s'intitulent aussi musiciens. Par exemple , je ne prétends pas vous garantir la sobriété de cette classe estimable d'artistes ; non plus que celle des musiciens qui font danser à la courtille et chez les marchands de vins de la barrière ; il est tout naturel que le débitant qui les emploie les paie en nature , et la consommation est forcée. Nous aurons donc au premier rang de la hiérarchie musicale, les compositeurs dramatiques et ceux-là , certes , méritent le plus notre commisération.

Viennent ensuite les compositeurs de salon , classe élégante et musquée, accueillie partout avec empressement; car les compositeurs de ce genre sont presque tous exécutants , et n'ont besoin du secours d'aucun aide pour faire apprécier leurs ouvrages. Qu'un d'eux paraisse dans un salon, c'est une joie universelle, c'est à qui l'accueillera, le fêtera, le suppliera de faire entendre le délicieux morceau qu'il vient de composer, car le dernier morceau est toujours délicieux. Le compositeur sourit d'un œil qu'il croit fort modeste, ne se fait pas trop prier, cela est de mauvais ton, et ravit, transporte un auditoire toujours disposé à trouver excellente la musique qu'on lui donne par-dessus le marché entre le punch, la brioche et les glaces. Un chanteur de romances succède à l'instrumentiste, et ce sont encore d'autres transports d'admiration. Le même morceau, transporté au théâtre, mieux exécuté peut-être par Melle Jenny Colon ou Déjazet, passera inaperçu ; mais chez monsieur tel ou

tel, il est reconnu que l'on fait toujours d'excellente
musique, et tout doit être excellent. Quelquefois cependant l'enthousiasme n'est pas factice si le bonheur
veut que vous rencontriez M. Panseron ou M. A de
Beauplan, ou peut-être encore une ou deux célébrités
du genre ; vous pourrez passer une soirée fort agréable,
si M. Plantade vous régale de ses délicieuses bouffonneries, comme *Mme Gibou* dont il a l'honneur d'être
le père, et dont la réputation s'est étendue si prodigieusement depuis son heureuse translation sur le
théâtre des Variétés; de *la correspondance du Jean
Jean à Alger*, de *la Grasse fille aux yeux rouges*, ou
de quelque autre de ses grotesques chefs-d'œuvre, qu'il
sait rendre d'une manière si comique, vous ne pourrez
vous empêcher de le proclamer le Callot de la romance.

Après les compositeurs de salons , nous placerons
les donneurs de leçons, parmi lesquels vous trouverez
de jeunes et jolies personnes, ayant parfois un talent
d'instrumentiste fort distingué, et qui regardent l'é-
tablissement des omnibus comme la plus belle institution du siècle.

En effet, du Marais au faubourg du Roule, où sur
trois maisons on compte un pensionnat de jeunes demoiselles, la distance est bien grande; quelle heureuse invention pour les donneurs de leçons mâles et
femelles, que l'établissement de ces longs cachalots
qui, pour six sous, vous transportent au milieu du
fracas de Paris, du tranquille Marais au paisible faubourg du Roule ! Vous asseyez-vous quelquefois dans

ces immenses voitures? Vous avez sûrement remarqué quelque jeune personne mise simplement, mais non sans goût, coiffée d'un chapeau de carton-paille en été, ou de pluche en hiver, vêtue d'une robe de guingamp ou de mérinos foncé, tenant un rouleau de musique sous le bras, ayant la montre suspendue à la ceinture, y jetant l'œil à chaque minute, faisant la moue à chaque voyageur qui monte ou qui descend, et semblant accuser chaque voisin de la lenteur de la lourde machine. Jeune homme à un premier rendez-vous n'est pas plus pressé d'arriver; et cependant à quelle fête, à quelle partie de plaisir court-elle avec tant d'empressement? Elle va s'enfermer pendant cinq ou six heures de suite dans une chambre souvent sans feu, faire ânonner à une douzaine de petites filles les études de Bertini, les fantaisies de Herz; puis, après avoir fait redire vingt fois la même chose à ses indociles écolières, entendu douze fois les vingt-quatre gammes majeures et mineures, répété à chacune : Passez le pouce, Mademoiselle, ne mettez pas le petit doigt sur les dièzes; ou autres choses aussi réjouissantes, elle rentrera chez elle, pour travailler à son tour : là clouée devant son piano sur quelques morceaux difficultueux de Chopin ou de Kalkbrenner, elle essaiera d'exécuter les passages les plus difficiles, afin d'aller le lendemain recevoir sa leçon au Conservatoire où elle doit concourir. Aussi, quel bonheur si elle pouvait remporter le premier prix de piano ! C'est que pour elle, tout est là. Alors elle pourra trouver de meilleures leçons, être reçue dans les plus riches maisons, se donner plus d'aisance, trouver mille douceurs, et mieux que cela, mille fois mieux, peut-être un mari !

Vous détaillerai-je encore toutes les classes de musiciens qui viennent après celles-là ? cela serait trop long et les subdivisions trop grandes. Rangeons-nous sur la même ligne comme musiciens d'orchestre le pensionnaire de M. Véron, qui sert d'interprète aux inspirations d'Auber ou de Rossini, et le pauvre diable qui souffle dans une clarinette à quelques pieds au-dessous de la figure enfarinée de Deburau ou de la corde roide de Mᵐᵉ Saqui? Parmi les musiciens de bal, quel immense degré n'y a-t-il pas des exécutants dirigés par M. Tolbecque ou Musard, aux racleurs qui écorchent les oreilles des intrépides danseurs de nos guinguettes de barrière ! Vous peindrai-je l'individualité attachée à chaque instrumentiste, l'air pimpant et coquet d'un violon de l'Opéra, à côté de la tournure semi-ecclésiastique d'un organiste de paroisse, classe d'artistes bien dégénérée depuis la première révolution ? Où est le temps où les Séjan, les Charpentier, etc., charmaient la foule accourue dans les églises pour jouir de leurs sublimes accords? Les instruments existent toujours, mais la vie qui les animait, le génie qui faisait parler ces puissants orchestres, on ne les retrouvera plus. La Restauration, qui aurait voulu nous rendre dévots, n'a pas su employer les moyens convenables pour cela. C'est par l'introduction de la musique dans les églises qu'on aurait pu y attirer notre génération, généralement plus curieuse d'objets d'art que de dévotion ; mais le bon

4

Charles X avait un excellent orchestre à la chapelle,
et il disait apparemment comme le cadi de *le Dieu
et la Bayadère :*

> Je suis content, je suis joyeux,
> Chacun doit l'être hors de ces lieux.

Pendant qu'on régalait ses oreilles des chefs-d'œuvre de Chérubini exécutés par les premiers artistes de
la capitale, le bon peuple n'avait pour s'édifier pendant la messe, que le véritable plain-chant avec accompagnement de serpent obligé. Je ne vous dirai pas
que cela soit beaucoup mieux à présent ; mais au moins
personne n'est obligé d'y aller, et on peut se dispenser d'entendre la messe sans craindre une desti-
tution, et l'assiduité au confessionnal n'est plus un
titre pour obtenir un emploi dans l'État. Je désire-
rais cependant qu'on rétablît une chapelle, comme
objet d'art. La musique sacrée est un genre qui se
perdra tout à fait, si l'on n'y prend garde. Je voudrais donc, comme je l'ai dit, qu'on rétablît une chapelle : mais que ce fût au profit de tous, que les messes en musique s'exécutassent dans une église où le
public fût admis indistinctement, à Notre-Dame, par
exemple, si toutefois Mgr l'archevêque (1) le voulait
bien permettre, ce dont je ne suis pas très-persuadé ;
car je vous le dénonce comme le prélat le plus anti-
musical de la chrétienté, et je me rappelle fort bien

(1) Feu M. de Quélen.

que, sous la Restauration, il refusa souvent l'autori-
sation de faire de la musique dans différentes églises de son diocèse, le tout *ad majorem Dei gloriam.*
Mais, comme je ne suis pas parfaitement convaincu
qu'on ne puisse pas maintenant se passer de sa permission pour cela, je persiste dans mon projet. Que si
les gens du monde me demandent à quoi bon? je leur
répondrait qu'il faudrait le faire, ne fût-ce que pour
encourager l'art le moins encouragé de tous, et ouvrir
une nouvelle carrière aux compositeurs qui pourraient se former là; que si les dévots m'objectent que
la musique est trop mondaine, je leur dirai que je n'ai
jamais vu ce qu'il y avait d'édifiant à entendre chanter une triste psalmodie par des braillards à cent écus
par an, et qu'il me semble qu'un accompagnement de
violons est tout aussi moral qu'un accompagnement
de serpent. Que voulez-vous? je ne peux pas souffrir
de serpent, moi, ce n'est pas ma faute. Je trouve qu'il
est honteux, quand le plus petit prince d'Allemagne a
une chapelle, quand la moindre église de Belgique a
une musique passable, qu'à Paris, au centre des arts,
on ne puisse entrer dans une église sans être poursuivi par un et quelquefois deux serpents.

DE L'ORIGINE

DE L'OPÉRA EN FRANCE

———

Nous n'entreprendrons pas de faire connaître les différentes directions qui se succédèrent à l'Opéra, depuis la mort de Lully jusqu'à nos jours ; car notre but est moins de tracer l'histoire administrative de ce théâtre, que de suivre autant que possible les progrès le l'art à différentes époques.

Depuis le mois de novembre 1672, époque à laquelle Lully obtint le privilége de l'Opéra, jusqu'à sa mort (22 mars 1687), ce compositeur ne laissa représenter sur son théâtre d'autres ouvrages que les

4.

siens : aussi la musique ne fit-elle que bien peu de progrès dans cet espace de temps. Boileau disait un jour à Lully :

— Non-seulement vous êtes le premier, mais le seul musicien de notre siècle.

Quelques auteurs s'étaient cependant essayés sur des théâtres particuliers. Lalande et Marais avaient chacun fait représenter un opéra devant la cour, à Versailles, au grand chagrin de Lully, qui avait vainement tenté de s'y opposer. Un Opéra s'était établi à Marseille, un autre à Rouen, et on y avait joué des ouvrages composés par des musiciens du pays. A la mort de Lully, le théâtre fut quelque temps abandonné à de médiocres compositeurs, la plupart ses élèves, tels que Colasse, Louis et Jean-Louis Lully, Marais, Desmarests, Gervais, etc. Un seul homme de talent se fit remarquer : c'était Charpentier, qui s'était déjà fait connaître onze ans auparavant par la musique du *Malade imaginaire.* Ce musicien était un fort habile homme ; dans sa jeunesse, il avait été en Italie, où il avait étudié la composition sous Carissimi. De retour en France, il ne trouva aucun moyen de faire connaître ce qu'il était capable de faire, et il était déjà âgé de cinquante-neuf ans lorsqu'il donna son premier opéra, *Médée,* qui n'eut pas d'abord tout le succès qu'il obtint ensuite, parce que la musique en parut trop compliquée.

L'Opéra languit jusqu'à la venue de Campra, un des plus célèbres et des plus féconds musiciens français. Son premier ouvrage, *l'Europe galante,* fut un coup

de maître. A la mélodie traînante et monotone de
Lully et de ses successeurs, il fit succéder un rhythme
plus varié et une couleur moins triste. La plupart des
airs de l'*Europe galante* devinrent populaires.

Un des airs de danse qui eut le plus de succès est
venu jusqu'à nous ; c'est celui qui est connu sous la
dénomination ridicule de *Madelon Friquet*. Campra
fit représenter à l'Académie royale de musique dix-
huit ouvrages qui eurent tous de grands succès.

En 1700 il se fit une véritable révolution dans la
musique de théâtre par l'introduction d'un instrument sans lequel on a peine à imaginer qu'il ait pu
exister des orchestres. Monteclair fut le premier musicien qui introduisit la contre-basse dans l'orchestre
de l'Opéra. La partie de basse était auparavant confiée
à des basses de violes, instruments sourds et mous,
qui n'avaient aucune vigueur et qui ne pouvaient pas
soutenir l'harmonie aussi puissamment que le formidable adversaire qui vint les remplacer.

On compte aussi, parmi les compositeurs de cette
époque, une femme, Mᵐᵉ de Laguerre, épouse du sieur
de Laguerre, organiste de Saint-Séverin et de Saint-
Gervais. Voici comme un de ses contemporains s'exprime sur son compte : « Mᵐᵉ de Laguerre a composé
plusieurs ouvrages, on peut dire que jamais personne
de son sexe n'a eu d'aussi grands talents pour la composition de la musique et pour la manière admirable
dont elle l'exécutait soit sur l'orgue, soit sur le clavecin : elle avait surtout un talent merveilleux pour
préluder et jouer des fantaisies sur-le-champ ; et quel-

quefois pendant une demi-heure entière elle suivait
un prélude, avec des chants et des accords excessivement variés et d'un goût qui charmait les auditeurs.
Elle a excellé dans la musique vocale, de même que
dans l'instrumentale, comme elle l'a fait connaître
dans tous les genres de musique de sa composition,
savoir : l'opéra de *Céphale et Procris*, tragédie représentée en 1694, trois livres de cantates, un recueil de
pièces de clavecin, un recueil de sonates, un *Te Deum*
à grand chœur, qu'elle fit exécuter dans la chapelle du
Louvre pour la convalescence du roi, etc.

Destouches, qui florissait à la même époque, obtint
aussi de grands succès. Mais le compositeur le plus
apprécié de son temps, dans cette période qui sépara
Lully de Rameau, fut sans contredit Mouret, que l'on
avait surnommé le musicien des Grâces. Tous ses ouvrages ont une teinte de légèreté et de gaîté qui plurent extrêmement aux dilettanti du temps ; il avait
une très-grande facilité à composer, et, quoiqu'il soit
mort assez jeune, peu de musiciens ont donné autant
d'ouvrages que lui et dans tous les genres. Il composa
six opéras, plusieurs recueils de musique instrumentale, un grand nombre de divertissements pour les comédies françaises et italiennes, et plusieurs morceaux
de musique religieuse. Le joli air *De l'amour suivons
tous les lois,* le charmant duo *De l'amour suivons les
traces,* sont de Mouret.

C'est au mois de décembre 1715 que l'Opéra eut le
privilége de donner des bals masqués publics. Ce genre
de spectacle a toujours duré jusqu'à présent. Le prix

d'entrée en fut dès l'origine fixé à 6 livres par personne.

Nous devons dire aussi un mot des concerts spirituels comme annexes de l'Opéra. Le concert spirituel fut établi au mois de mars 1725 au château des Tuileries, par privilége du roi, accordé au sieur Philidor, ordonnateur de la musique de la chapelle royale, à la charge que ce concert dépendrait toujours de l'Opéra, et que Philidor lui paierait 6,000 livres par an.

Le premier concert eut lieu le dimanche de la Passion, 18 mars 1725. Voici quel en fut le programme : il commença par une suite d'airs de violons de Lalande, suivie d'un caprice du même auteur et de son *Confitebor*. On joua ensuite un concert de Corelli, intitulé la *Nuit de Noël*, et le concert finit par la cantate *Domino*, motet de Lalande. Il avait commencé à six heures du soir et finit à huit, avec l'applaudissement de toute l'assemblée, qui était très-nombreuse. Ce concert continua à avoir lieu aux Tuileries, dans la salle dite des Suisses. Cependant le roi étant venu à Paris en 1744, alla loger au château, et le service exigea que l'on détruisit toutes les loges et décorations de la salle de concert. Le 1er novembre, jour de la Toussaint, on avait affiché qu'il serait exécuté dans la salle de l'Opéra, mais l'archevêque de Paris le fit défendre, et il n'y eut point de concert ce jour-là. Le 8 décembre, jour de la conception de la Vierge, on donna le concert spirituel dans la même salle au château des Tuileries, mais il n'y avait point de loges, et seulement des chaises et des banquettes.

Le concert continua à avoir lieu dans la salle des

Tuileries jusqu'à la Révolution ; il fut rétabli sous l'Empire dans la salle de l'Opéra, et continué dans ce même emplacement jusqu'à la révolution de Juillet, qu'il fut entièrement aboli, on ne sait trop pourquoi; car, si ce concert était composé uniquement de musique d'église, maintenant qu'on n'en entend nulle part à Paris, il attirerait probablement un grand nombre d'amateurs, qui regrettent vivement d'être totalement privés d'un genre de musique qui a produit tant de chefs-d'œuvre. Revenons à l'Opéra. En 1733, parut le premier ouvrage de Rameau, *Hippolyte et Aricie*, qui produisit une sensation inexprimable. On eut d'abord de la peine à s'accoutumer à ce genre de musique, qui s'éloignait totalement de tout ce qu'on avait entendu jusque là. Mais la richesse et la variété des accompagnements, la force de l'harmonie, les nouveaux tours de chant, la coupe inusitée des airs de danse, toutes ces nouveautés finirent par jeter les spectateurs dans l'enivrement.

A *Hippolyte et Aricie* succédèrent les *Indes galantes*, qui plurent encore davantage. A une des reprises de cet opéra, Rameau y ajouta un nouvel acte, celui des Sauvages, dont tout le monde connaît la belle marche que Dalayrac a fort heureusement intercalée dans le deuxième acte d'*Asemia*. Puis vint *Castor et Pollux*, qui passe pour le chef-d'œuvre de son auteur, et où l'on trouve en effet d'admirables morceaux. Rameau, quoique âgé de cinquante ans, à son début dans la carrière dramatique, fit représenter seize opéras, bien qu'il eût renoncé au théâtre, les dix dernières années de sa vie. Il fut le premier qui employa les clarinettes à l'orchestre, dans son opéra d'*Acanthe et Céphise*, représenté en 1751 pour la naissance du duc de Bourgogne.

En 1752, une grande innovation eut lieu à l'Opéra; des comédiens italiens vinrent donner des représentations à l'Académie royale de musique; ils débutèrent le jeudi 1er août 1752, par la *Serva Padrona*. Le grand succès qu'ils obtinrent leur suggéra de nombreux antagonistes; c'est alors que prit naissance la guerre des Bouffonistes et des Lullistes; ces derniers eurent l'avantage en 1754, et les Italiens retournèrent dans leur pays. Leur séjour en France ne fut pourtant pas sans influence sur la musique française, qui prit dès lors une allure plus franche et plus enjouée. Malgré son immense succès, le *Devin de Village* ne fit point naître d'ouvrages du même genre à l'Opéra, mais l'Opéra-Comique prit naissance par les traductions et même par les ouvrages nouveaux qu'on commença à jouer à la Comédie-Italienne. Pendant vingt ans le grand Opéra fut dans un état de décadence qui le mit à deux doigts de sa perte, et l'on croyait bien qu'il ne pourrait jamais se relever de sa victoire sur les Bouffons italiens, lorsqu'enfin Gluck parut en 1774.

L'*Iphigénie en Aulide* fut suivie de près d'*Orphée et Alceste*. Piccini, précédé de la plus brillante réputation, vint faire jouer à Paris son *Roland*. Le succès de cet opéra suscita une nouvelle guerre musicale, dont profitèrent les amateurs raisonnables qui savaient applaudir ce qui était réellement beau, quelle que fût la nation de

l'auteur. Gluck riposta à *Roland* par *Armide* et *Iphigénie en Tauride ;* Piccini répondit à ces deux chefs-
d'œuvre par *Didon.* Puis vint Sacchini ; Sacchini, déjà
célèbre en France par la traduction de quelques-uns
de ses ouvrages, arriva à Paris en 1783, âgé de près
de cinquante ans. Ses premiers ouvrages, *Renaud,
Chiméne* et *Dardanus,* n'excitèrent pas le même enthousiasme que les premiers ouvrages de Gluck et de
Piccini, parce qu'on était déjà familiarisé avec ce genre
de musique, et que l'attrait de la nouveauté n'en était
pas aussi grand. Il n'en fut pas de même d'*Œdipe à
Colonne ;* l'intérêt du poëme permit de sentir toutes
les beautés de cette ravissante musique, si simple, si
suave et si dramatique en même temps. Croirait-on
cependant que cette représentation rencontra tant
d'obstacle, que Sacchini, dégoûté par là du séjour de
Paris, prit le parti d'aller jouir en Angleterre du
fruit de ses travaux ? La mort ne lui en laissa pas
le temps : il succomba à une attaque de goutte le
7 octobre 1786. On donna après sa mort l'opéra
d'*Avire et Evelina,* dont Rey, chef d'orchestre de l'O-
péra, avait achevé la musique. Les compositeurs français rentrèrent en possession du théâtre de l'Opéra
après la mort de Sacchini ; mais la révolution musicale était achevée, et tous les ouvrages nouveaux
étaient écrits dans le système de ceux de Gluck et de
Piccini. On distingua quelques opéras de Catel, Mehul,
Lesueur, Berton, Grétry, etc. Mais depuis longtemps
on n'avait entendu aucun de ces ouvrages qui font
époque, lorsqu'enfin Spontini parvint avec des peines

infinies à faire représenter sa *Vestale* en 1807. On peut encore se rappeler quelle sensation excita l'apparition de cet ouvrage. *Fernand Cortez* fut moins heureux; ce ne fut même qu'à sa reprise, en 1816, que la réussite en fut complète.

Spontini quitta bientôt Paris pour aller diriger l'opéra de Berlin. Le peu de succès de son dernier ouvrage, *Olympie*, pouvait faire supposer que son génie s'était épuisé dans ses deux premiers ouvrages, et cette perte ne fut que médiocrement sentie.

Cependant l'art du chant, qui avait fait de grands progrès en France, était resté complétement stationnaire à l'Opéra, et l'on y chantait il y a dix ans absolument de la même manière que quarante ans auparavant. Rossini, arrivé depuis peu à Paris, et engagé à écrire pour notre Opéra, exigea avant tout qu'on lui donnât des chanteurs qu'on pût faire chanter, et l'on fit débuter Mlle Cinti.

Ce fut le premier pas vers la révolution qu'opérèrent à ce théâtre le *Siège de Corinthe*, le *Comte Ory*, *Moïse*, les débuts de Levasseur, la retraite de Derivis père et les progrès d'Adolphe Nourrit. M. Auber donna la *Muette*, et le succès de cet ouvrage fut immense; *Guillaume Tell* fut moins heureux à son apparition, mais aujourd'hui, toutes les beautés de ce chef-l'œuvre sont appréciées et le public ne peut se lasser de l'entendre.

En 1830, l'Opéra subit une grande révolution administrative. Cessant d'être exploité par le gouvernement, il devint l'objet d'une entreprise particulière.

5

Chacun sait le degré de prospérité où il s'éleva, sous M. Véron, grâce à l'habileté du directeur, à l'immense succès de *Robert le Diable* et à la réunion miraculeuse des talents de Nourrit, Levasseur, Mmes Damoreau, Dorus Gras, Falcon, et de Perrot et Taglioni. — Les directions qui ont succédé à celle de M. Véron, sont loin d'avoir été aussi heureuses et l'expérience ne peut manquer de prouver que l'Opéra doit retourner à l'Etat. La suppression des pensions a rendu l'exigence des sujets telle que les appointements sont parvenus à un taux trop exorbitant pour pouvoir subsister. On ne pourra cependant les ramener à une limite plus raisonnable, qu'en offrant une compensation par la perspective d'une pension : c'est ce que ne peut faire une direction passagère ; il faut une administration durable et l'Etat ou la ville de Paris peuvent seuls arriver à ce résultat.

L'ARMIDE DE LULLY

L'édit de Nantes venait d'être révoqué : pendant que la désolation se répandait dans toute la France, la cour ne s'occupait que de fêtes et de plaisirs, persuadée que le nouvel édit ne pouvait atteindre que le peuple ; mais bientôt la persécution s'étendit jusqu'à la noblesse, et l'alarme se répandit à Versailles. Ouvertement, c'étaient des éloges pompeux de la grandeur du roi, qui, non content de faire le bonheur de ses sujets, s'occupait encore si efficacement du salut de leurs âmes ; mais en secret, on se confiait ses craintes. C'en est fait, se disait-on, le temps des plaisirs est passé, bientôt nous serons

tous encapuchonnés, et au lieu d'opéras nous aurons la
messe et les vêpres pour tout divertissement.

De pareils propos ne pouvaient parvenir aux oreilles
du roi, mais Mme de Maintenon ne les ignora pas longtemps. Elle comprit combien il était de son intérêt de
distraire tout l'entourage du roi de si sombres pensées,
et que ce n'était que par des fêtes éclatantes, des spectacles pompeux qu'elle pourrait détourner l'attention et
faire renaître l'apparence de la confiance. Mais quel
spectacle donner ? Des carrousels, des loteries ? Cela
coûtait si cher et durait si peu ! et puis, l'argent devenait rare. Un sonnet à la gloire du roi convertisseur,
s'était payé plus cher que ne l'aurait été autrefois une
fête qui aurait occupé la cour pendant une semaine ;
les abjurations avaient d'autant plus coûté que le prix
en était ordinairement fixé en pensions; c'est ainsi que
Dacier et sa femme, qui s'étaient faits catholiques, venaient de recevoir 500 écus de pension. Depuis la mort
de Molière, les comédies n'avaient que peu d'attraits;
Racine n'était pas assez gai pour la circonstance, il
fallait quelque chose qui contrastât avec la disposition
générale des esprits.

Le roi, que depuis plusieurs mois on avait obsédé
pour les affaires de la religion, n'avait pas eu le temps
de s'occuper à l'avance de ses plaisirs, et aucun divertissement n'était préparé. Elle se souvint pourtant qu'il
lui avait parlé d'un opéra commandé par lui à Lully et
Quinault, et dont il avait même fourni le sujet. Si cet
ouvrage avait pu être prêt, c'était un coup de fortune !
Mais comment s'en assurer ? Il fallut bien qu'elle se

résolût à le demander elle-même à l'un des auteurs, et
après s'être fait préalablement donner l'absolution,
elle se détermina à faire venir Lully auprès d'elle pour
savoir où il en était de son ouvrage.

Lully, toujours bien vu du roi, qui l'aimait beaucoup, venait rarement à Versailles, et seulement quand
son service l'y appelait ; d'abord, parce que son théâtre, à Paris, dont il était le directeur et le seul compositeur, l'occupait beaucoup ; mais ensuite, parce qu'à
Paris il avait plus de liberté pour mener la vie dissi-
pée et fort peu régulière qu'il affectionnait; et surtout
parce qu'il savait déplaire à un grand nombre de personnes de la cour qui ne lui épargnaient pas les raille-
ries quand elles le rencontraient, ce qu'il détestait
singulièrement, étant très-railleur lui-même, et ne
souffrant pas facilement, suivant l'usage, qu'on fît à
son égard ce qu'il s'était si souvent permis envers les
autres. Voici à quel sujet il s'était attiré tous ces bro-
cards :

Depuis longtemps Lully avait reçu des lettres de
noblesse du roi, et se faisait partout appeler et impri-
mer M. de Lully, lorsque quelqu'un vint à lui dire
qu'il était fort heureux pour lui que, contre l'usage,
le roi l'eût dispensé de se faire recevoir secrétaire
d'Etat, car plusieurs personnes de cette compagnie
avaient toujours dit qu'elles s'opposeraient à son admission. Après cette révélation, le musicien ne dor-
mit plus tranquille et n'eut plus de cesse qu'il ne
fût reçu. Voici le moyen qu'il employa pour obtenir
l'assentiment du roi. En 1681 on dut donner à Saint-

Germain une représentation du *Bourgeois - gentilhomme*, joué pour la première fois à Chambord,
onze ans auparavant, et dont Lully avait fait la musique. Lully était excellent bouffon, et plus d'une fois
Molière lui avait dit : Viens, Lully, viens nous faire
rire. Il résolut de profiter de cet avantage auprès du
roi, qui ne lui connaissait pas ce talent.

Son physique grotesque s'y prêtait à merveille; il
était court de taille, un peu gros, et avait un extérieur généralement négligé ; de petits yeux bordés
de rouge, qu'on voyait à peine et qui avaient peine à
voir, brillaient cependant d'un feu sombre qui mar-
quait tout ensemble beaucoup d'esprit et de malignité.
Un caractère de plaisanterie était répandu sur son vi-
sage, et certain air d'inquiétude régnait dans toute sa
personne. Enfin sa figure entière respirait la bizarrerie, et au premier aspect, on n'aurait pas manqué de
lui rire au nez, si la finesse de son regard n'eût montré sur-le-champ qu'il n'était pas homme à avoir le
dernier, et qu'il était bien capable de rire et de faire
rire à vos dépens.

Sans en prévenir personne, il résolut de représenter
lui-même le personnage du Muphty et d'attirer l'attention du roi par ses bouffonneries. Malheureusement
pour lui le roi était de mauvaise humeur ce jour-là,
et rien ne pouvait le dérider; aussi la représentation
était-elle d'un froid mortel, les personnages si émi-
nemment comiques de M. et Mme Jourdain et de leur
servante Nicolle, la ravissante scène des professeurs
du Bourgeois-gentilhomme, rien n'avait pu chasser

l'ennui qui régnait dans la salle, lorsque commença
la cérémonie qui termine le quatrième acte.

Lully s'était affublé la tête d'un turban qui avait
près de cinq pieds de haut, de telle sorte que sa figure
avait l'air d'être au milieu de son ventre ; ses petits
yeux clignotant encore plus qu'à l'ordinaire, parce que
l'éclat des bougies les fatiguaient davantage, lui faisaient faire une si plaisante grimace, qu'à son apparition inattendue il y eut un oh ! de surprise, suivi d'une
violente envie de rire générale, qui fut aussitôt com-
primée, parce qu'on vit que le roi ne riait pas encore.

Lully s'aperçut de la difficulté de sa position, et
ne fit que redoubler de plaisanteries. Au *Donnar Bas-
tonara* il accabla de coups le malheureux acteur qui
représentait M. Jourdain, et qui, n'étant nullement
prévenu de cette addition à son rôle, souffrit d'abord
assez patiemment les grands coups du livre représentant le Coran qu'on lui administrait sur le dos et sur
la tête ; mais voyant succéder aux coups de livre les
gourmades et les coups de poing, il commença à se
fâcher, et dit tout bas au muphty :

— Finissez cette plaisanterie, ou je vous assomme.

— Tant mieux, lui répondit de même Lully, qui du
coin de l'œil avait vu le roi commencer à sourire, c'est
ce que je demande, battez-moi le plus fort que vous
pourrez.

L'acteur ne se le fit pas dire deux fois, et, profitant
de sa colère, il administra un énorme coup de poing
au muphty, qui se baissa vivement et le reçut dans
son turban. Ce fut alors une course comme celle de

Pourceaugnac, à cette différence près que M. Jourdain, doublement irrité, y mettait une ardeur inconcevable, qu'excitait encore le fou rire de tous les spectateurs, qui ne pouvaient plus se contenir. Chaque fois qu'il s'avançait vers le muphty, celui-ci, baissant la tête comme un bélier, le repoussait à l'autre bout du théâtre avec son interminable coiffure, dont il se défendait comme un taureau de ses cornes. Le pauvre M. Jourdain crut enfin mieux prendre son temps; il se précipita tout d'un coup vers son adversaire, croyant pouvoir l'étreindre entre ses bras; mais celui-ci s'était si vivement jeté à terre, qu'il parvint à mettre le pauvre Jourdain à cheval sur son monstrueux turban, et, pendant qu'il roulait à terre embarrassé dans ce nouvel obstacle, il se dégagea lestement, et, faisant semblant de tomber, il se précipita dans l'orchestre et entra jusqu'à mi-corps dans le clavecin qui y était, et fit encore mille folies en achevant de le briser comme s'il ne pouvait parvenir à en sortir. Le roi n'avait pas attendu ce dernier lazzi pour déposer sa mauvaise humeur : depuis cinq minutes il riait comme un roi ne rit pas, et disait, en s'essuyant les yeux, que jamais il ne s'était tant amusé de sa vie.

Après la représentation, Lully se mit sur son passage, et le roi lui dit les choses les plus flatteuses, l'assurant qu'il était l'homme de France le plus divertissant qu'il connût. Le musicien prit alors l'air le plus affligé qu'il put :

— Voilà précisément, lui dit-il, ce qui me rend fort à plaindre; car j'avais dessein de devenir secrétaire de

Votre Majesté, et MM. les secrétaires ne voudront plus me recevoir, à présent que je suis monté sur un théâtre.

— Ils ne voudront pas vous recevoir, reprit le roi, ce sera bien de l'honneur pour eux. Allez de ma part voir M. le chancelier; je vous l'ordonne aujourd'hui, et de plus je vous fais 1,200 fr. de pension.

La belle chose qu'une monarchie absolue! 1,200 livres de pension pour avoir sauté dans un clavecin ! Si les pensions s'obtenaient au même prix aujourd'hui, toutes les manufactures d'Erard et de Pleyel n'y suffiraient pas.

Dès le lendemain Lully courut chez le chancelier Le Tellier, qui le reçut fort mal. Le musicien alla porter ses plaintes à M. de Louvois, qui reprocha à Lully sa témérité, lui disant qu'elle ne convenait pas à un homme comme lui, qui n'avait d'autre mérite et d'autre recommandation que de faire rire.

— Eh ! tête-bleu ! vous en feriez autant si vous pouviez, repartit Lully.

Le roi, ayant appris toutes ces difficultés, exigea qu'on reçût le Florentin, et alors tous les obstacles s'aplanirent devant lui. Le jour de sa réception, il donna un magnifique repas aux anciens de la compagnie, et le soir les régala de l'opéra, où l'on représentait *le Triomphe de l'Amour*. Ils étaient là trente ou quarante qui avaient les meilleures places, et ce n'était pas un spectacle peu curieux de voir deux ou trois rangs d'hommes graves en manteaux noirs et en grands chapeaux aux premiers bancs de l'amphithéâtre, et écoutant avec un sérieux admirable les courantes et les rigaudons du nouveau secrétaire du roi. Quelques jours après M. de Louvois rencontra Lully à Versailles. — Bonjour, mon confrère, lui dit-il en passant. Cela s'appela un bon mot de M. de Louvois; chacun voulut se l'approprier, et il n'y eut pas si grand seigneur qui apercevant de loin le musicien, ne l'apostrophât d'un : Bonjour, mon confrère. Cette plaisanterie fut tellement répétée, que depuis longtemps il n'allait à Versailles que quand il ne pouvait faire autrement.

Il était à dîner avec quelques-uns de ses acteurs et de ses musiciens, au cabaret du Cerceau-d'or, sur la place du Palais-Royal ; le repas avait été fort gai, et le vin n'avait pas été épargné. Il faisait à ses camarades un de ces bons contes qu'il racontait si plaisamment et qui l'avaient fait autrefois rechercher des plus grands seigneurs, quand on vint l'avertir que sa femme le faisait demander au plus vite, parce qu'un carrosse de la cour le venait chercher pour l'amener à l'instant à Versailles. « Oh ! se dit-il, cela m'a bien l'air d'être un tour de Madeleine, qui n'aime pas que je reste trop longtemps à table quand je dîne hors du logis. Il faut cependant y aller voir, mais si elle me fait vous quitter pour rien, je réponds que je ne rentre pas de huit jours. » Il s'achemina en chancelant vers sa demeure, et vit qu'effectivement sa femme ne l'avait pas trompé. Il se hâta de monter en voiture, s'endormit dans la route, et ne s'éveilla qu'au moment d'arrêt du carrosse. Un abbé se présenta alors à la portière et lui dit, les yeux baissés : « M. de Lully, je suis chargé de vous conduire auprès d'une dame qui désire vous entretenir en particulier. » Notre musicien se crut alors en bonne fortune ; il jeta un coup d'œil de dépit sur sa toilette plus que négligée, son rabat chiffonné et ses vêtements en désordre, puis il tâcha de découvrir à quel hasard il pouvait devoir un semblable bonheur.

Après bien des détours dans une partie du palais qui lui était tout à fait inconnue, il fut enfin introduit dans une pièce meublée avec simplicité, mais d'une manière sévère ; partout, des tableaux de saints garnissaient la tapisserie. Il se perdait en conjectures, quand une porte s'ouvrit ; une dame, d'un extérieur imposant, s'avança vers le musicien, qui, grâce à sa mauvaise vue, ne la reconnut nullement et alla tout aussitôt se jeter à ses pieds. Mᵐᵉ de Maintenon fut un peu surprise d'abord de cette manière de se présenter, mais elle pensa qu'un aussi grand pécheur, qu'un homme qui passait sa vie avec des excommuniés, devait cet hommage à une vertu comme la sienne.

Aussi ne laissa-t-elle pas échapper cette occasion de faire un sermon :

— M. de Lully, lui dit-elle, on prétend que vous menez une mauvaise conduite.

A cette voix, Lully releva la tête ; il reconnut alors à qui il avait affaire, et il vit bien qu'il avait fait une sottise, mais il repartit promptement :

— Moi, du tout, Madame, je mène le théâtre de l'Opéra et voilà tout.

— Je sais, dit Mme de Maintenon, que votre position vous met en rapport avec nombre de personnes d'une condition peu sortable, mais le roi n'en est pas moins fort mécontent de vous, et vous aurez beaucoup à faire pour rentrer dans ses bonnes grâces.

Le musicien était anéanti ; il cherchait par quel méfait il avait pu s'attirer ce malheur ; d'un mot, le roi qui lui avait tout donné pouvait tout lui retirer, et ce coup imprévu parut l'accabler. Mme de Maintenon l'ayant amené au point où elle voulait :

— Maintenant, continua-t-elle, je puis vous donner un moyen de rentrer en faveur. Dans huit jours il faut ici qu'on ait un opéra nouveau, donnez-nous celui dont le roi vous a chargé, et je ne doute pas qu'à cette occasion vous ne trouviez le moyen de rentrer en grâce.

— Dans huit jours, mon *Armide!* s'écria le musicien, oh ! Madame, c'est impossible, il me reste tout un acte à faire, et Quinault n'en finit pas pour les changements que je lui demande.

— Vous le ferez plus vite que les autres et tout peut être prêt : ou bien donnez-nous seulement ce qu'il y a de fait, reprit Mme de Maintenon impatientée.

— Moi, mutiler un chef-d'œuvre, le donner pièce à pièce ! s'écria le musicien désolé. Oh ! non, Madame, Sa Majesté se fâchera tant qu'elle voudra, mais avant un mois, je ne puis espérer de donner mon *Armide*... C'est que vous ne savez pas, Madame, que je n'ai jamais rien fait de plus beau, qu'il y aura là dedans...

— Eh ! bien donc, Monsieur, n'en parlons plus :

aussi bien je sais que Lalande s'occupe d'une pièce en
musique, et le petit Marais me fait tourmenter depuis
longtemps pour faire entendre de sa musique au roi :
l'un des deux saura bien être prêt.

— Qu'est-ce à dire, Madame ? on exécuterait devant
Sa Majesté d'autres opéras que les miens ? Non, non,
il n'en sera pas ainsi; vous aurez un opéra dans huit
jours ; ce ne sera pas *Armide*, par exemple...

— Eh ! peu m'importe, *Armide* ou un autre, cela
m'est indifférent.

— Eh bien ! donc, dans huit jours, vous aurez un
nouvel opéra-ballet, musique de Lully, paroles de
Quinault. Voudriez-vous m'en fournir le sujet ?

—Monsieur, reprit Mme de Maintenon avec hauteur,
vous devriez savoir que je ne me mele point de ces
sortes de choses.

— Pardon, Madame, répondit le musicien en câli-
nant, c'est le roi qui a fourni le sujet d'*Armide*, vous
auriez pu proposer celui-ci. *Armide* sera l'opéra du
roi, celui-ci serait l'opéra de la...

Il s'arrêta craignant d'en avoir trop dit, mais la
marquise n'avait pas l'air fâché; elle lui dit, au
contraire avec bonté :

— J'y consens. Votre ouvrage sera votre réconcilia-
tion : nommez-le le *Temple de la Paix.*

— Madame, dans huit jours la première représentation.

Il se retira en saluant profondément, et se fit tout
de suite conduire à Paris chez Quinault.

—Mon cher ami, lui dit-il en entrant, je viens

vous prévenir que c'est d'aujourd'hui en huit la première représentation de notre opéra du *Temple de la Paix*, et qu'il faut nous mettre en mesure.

— Qu'est-ce à dire, dit Quinault, quelle est cette nouvelle folie? Vous savez que j'ai à travailler; voilà la quatrième fois que vous me faites refaire le cinquième acte d'*Armide*, et je n'en peux venir à bout; laissez-moi donc en repos, au lieu de me venir casser la tête avec vos sornettes.

— Oh! oh! mon confrère en Apollon, nous sommes de mauvaise humeur; tant pis, morbleu, tant pis! car il ne s'agit plus d'*Armide* pour le moment, mais bien du *Temple de la Paix*.

— Cesserez-vous bientôt de me parler par énigmes?

— Eh bien donc! sachez que, sous peine de déplaire mortellement à notre illustre maître et à sa très-peu illustre maîtresse, la veuve Scarron, je viens de promettre de donner dans huit jours, à Versailles, un opéra-ballet, fait, composé, appris et monté.

— Eh bien! est-ce que cela me regarde? dit tranquillement Quinault.

— Oh! il n'y a pas de doute que cela vous regarde fort peu, car c'est tout simplement vous, M. Philippe Quinault, auditeur des comptes, membre de l'Académie française et chevalier de l'ordre de Saint-Michel, qui en devez composer les paroles.

— Et pourquoi cela?

— Eh parbleu! parce que je l'ai promis. D'ailleurs, vous savez bien notre marché: je vous donne 4,000 livres pour vos grandes tragédies, et 2,000 livres pour vos opéras-ballets ; voyez si vous voulez gagner 2,000 livres d'ici à huit jours ?

— Mais, mon Dieu, s'écrie Quinault, qui s'était singulièrement radouci, comment voulez-vous être prêt dans un si court espace de temps? En supposant que je le fusse, le serez-vous, vos acteurs sauront-ils leurs rôles? Mais à quel propos cet opéra, pourquoi ce titre niais et banal?

— Ce titre niais et banal, c'est la veuve Scarron qui me l'a fourni : ainsi, il y aurait probablement peu de prudence à lui donner ces épithètes hors d'ici. Le motif qui me fait entreprendre cet ouvrage est la colère où le roi est contre moi, je ne sais pas trop pourquoi, par exemple, et le désir de rentrer dans ses bonnes grâces.

— Comment! quelle colère du roi? que voulez-vous dire? J'allai hier à Versailles lui présenter mes quatre premiers actes d'*Armide*, que suivant son usage, il veut examiner avant que je les envoie à la petite Académie, et il m'a encore parlé de vous avec une bonté infinie.

— Ouais, dit Lully, la veuve Scarron se serait-elle jouée de moi! c'est que je pourrais bien la laisser là avec son opéra... Ah! oui ; mais Lalande et le petit Marais, qui ne demandent pas mieux que de se produire... Non... non! il faut absolument faire cet ouvrage, mon cher ami, tout cela importe peu : ma parole est donnée, je suis engagé d'honneur; ainsi, je compte tout à fait sur vous.

—Mais, mon bon Lully, c'est impossible... huit jours! et puis le *Temple de la Paix ;* que diable voulez-vous que je fasse là-dessus?

—Oh! mon Dieu! il n'y a rien de si facile... le *Temple de la Paix?*... Voyons... D'abord la scène représente le théâtre de la guerre. La première entrée, ce sont des guerriers qui frappent sur leurs boucliers, cela fera un très-bon effet, et puis Mars viendra chanter un air où il dira :

> Je suis le plus cruel des dieux,
> Je porte la mort en tous lieux.

Deuxième entrée, des guerriers avec des javelines. Chœurs de bergers éplorés, de bergères désolées, d'amours échevelés et de grâces désespérées. Le fond du théâtre s'ouvre, la paix descend du ciel, dit qu'elle vient rendre le bonheur à la terre ; un ou deux changements à vue, une chaconne, trois menuets, une gigue, une courante, deux rigaudons, une passe-caille, et puis le chœur final :

> Dansons, chantons tous à la fois,
> Louis est le plus grand des rois.

Cela sera magnifique, et nous aurons le plus grand succès.

—Allons, fou que vous êtes, croyez-vous avancer la besogne avec toutes ces balivernes? Parlons un peu raison, si vous en êtes capable un instant.

—Voilà ce qu'il convient de faire, dit sérieusement

Lully. Nous avons composé ensemble plusieurs entrées de ballets, dansés à la cour devant le roi, cousez-moi tout cela ensemble tant bien que mal avec quelques récitatifs, et je me charge de tout faire aller pour le mieux. Si cela n'est pas trop mauvais, nous le ferons jouer à Paris en attendant *Armide,* que cela va un peu retarder.

— Revenez donc demain matin, lui dit Quinault, et je serai bien avancé. Voyez d'avance vos acteurs et vos danseurs.

— Oh! pour mes danseurs, cela ne m'inquiète guère ; je les prendrai tous à la cour, de cette façon on les trouvera tous bons.

Le lendemain, Quinault avait broché une espèce d'amphigouri, auquel à la rigueur on pouvait donner le titre du *Temple de la Paix,* quoique au fait on eût pu tout aussi bien lui appliquer celui du *Temple de la Gloire,* du *Temple de l'Hymen* et de tous les temples imaginables.

Trois jours après, on répétait à Versailles le nouvel ouvrage de Lully. M. de Conti devait danser un pas avec la duchesse de Bourbon, mademoiselle de Blois avec le danseur Pecourt, et le danseur Fabvier avec la marquise de Mouy. Le chant n'était que fort accessoire dans cet ouvrage, mais on avait encore trouvé moyen d'y intercaler quelques morceaux à effet pour les demoiselles Aubry et Verdier, et les sieurs Beaumavielle et Reignier, fameux chanteurs du temps.

Le jour de la représentation, Lully qui avait surveillé tous les détails, croyait n'avoir rien oublié,

quand tout à coup au moment de commencer, on lui
fit apercevoir dans la décoration un emblème qui pouvait sembler de mauvais augure au roi, et qu'il fallait
faire disparaître sur-le-champ. Vous comprenez que,
pour un opéra improvisé en huit jours on n'a pas le
temps de faire des décors neufs ; on avait donc cherché
ce qu'on avait de moins usé et de moins connu. Ainsi,
pour le temple de la paix, on avait été prendre un
temple de la sagesse qui n'avait pas servi depuis longtemps, mais sur le fronton duquel s'étalait malheureusement l'oiseau favori de Minerve, une énorme
chouette. Il fallait au plus vite faire disparaître l'oiseau de mauvais augure, et le remplacer par un soleil,
l'emblème de Louis XIV. Mais où trouver un peintre,
quand tout était préparé, le décor mis en place, et le
roi dans sa loge, trouvant que le spectacle était bien
long à commencer ? Le pauvre Lully s'arrachait les
cheveux, il courait partout sur le théâtre, demandant
à grands cris un peintre, un décorateur, un badigeon-
neur. Rien ne venait qu'un officier des gardes qui lui
avait déjà dit deux fois : « M. de Lully, le roi attend. »
Enfin on trouva un peintre qui se mit à l'instant en
besogne : il avait à peine commencé, que l'officier revient de nouveau à la charge :

—M. de Lully, j'ai eu l'honneur de vous dire que le
roi attendait.

— Eh ! ventrebleu ! repartit celui-ci, que voulez-
vous que j'y fasse, moi ? Le roi peut bien attendre, il
est le maître ici et personne n'a le droit de l'empêcher
d'attendre tant qu'il voudra.

Chacun se mit à rire de cette repartie dont la hardiesse faisait le principal mérite. Mais malheureusement pour Lully, son mot eut trop de succès, on se le redit tellement qu'il vint aux oreilles mêmes du roi. Le monarque absolu, qui avait dit un jour : « J'ai failli attendre ! » ne pouvait pas prendre en bonne part la saillie de son musicien ; aussi, malgré le succès qu'obtint la représentation, n'adressa-t-il pas un seul mot de compliment à Lully, et le lendemain il fut décidé qu'on monterait l'opéra de Lalande.

Le pauvre Lully retourna l'oreille basse à Paris. Depuis huit jours il s'était donné une peine inimaginable pour regagner des bonnes grâces qu'il n'avait pas perdues, et tous ses efforts n'avaient abouti qu'à le mettre fort mal avec le roi, avec qui il était fort bien auparavant. « Foin des grands seigneurs et de la cour, se dit-il, le vent change trop souvent de direction dans ce pays-là, je ne saurais me faire à son climat. Vivent mes bons bourgeois de Paris ! C'est pour eux seuls que je vais travailler maintenant : ils auront un chef-d'œuvre dans mon *Armide*, et ils n'en applaudiront pas moins ma musique parce qu'un entr'acte aura été un peu long. »

Il se remit dès le lendemain au travail, et jamais peut-être il ne fut mieux inspiré. Le fameux monologue : *Enfin il est en ma puissance !* qui pendant près d'un siècle, passa pour le chef-d'œuvre de la déclamation musicale, le duo *Aimons-nous*, le fameux duo de *la Haine*, que Gluck lui-même apprécia tellement qu'il ne fit, pour ainsi dire, qu'en rajeunir les formes, lorsque, quatre-vingt-dix ans plus tard, il refit la musique d'*Armide;* le *Sommeil de Renaud,* et plusieurs autres morceaux que je pourrais citer, devaient assurer au nouvel opéra un succès plus grand encore que celui de toutes les productions précédentes des mêmes auteurs. Quinault, de son côté, n'avait peut-être jamais mieux réussi : le spectacle que comportait la pièce était magnifique; rien n'avait été négligé, comme costumes, décors, etc... Tout faisait donc espérer à Lully que les applaudissements de la ville le dédommageraient de ses infortunes à la cour. Le jour de la répétition générale, bien avant l'heure fixée, Lully était à son théâtre, surveillant, inspectant tout; car il ne s'agissait pas que de la musique; directeur et propriétaire de l'Opéra, il ne s'en rapportait qu'à lui pour les moindres détails. Quinault, qui recevait une somme fixe pour ses ouvrages, s'inquiétait fort peu de leur sort à venir, et ne venait que rarement aux répétitions; mais Lully était toujours là. Ce théâtre, il l'avait pour ainsi dire créé; tous les acteurs étaient ses élèves, lui seul les avait formés, non-seulement dans l'art du chant, mais il leur avait appris à marcher, à gesticuler; les danseurs même avaient souvent reçu de lui d'excellents conseils, et plus d'un pas avait été réglé par l'auteur de la musique sur laquelle il devait être dansé; tous les musiciens de l'orchestre avaient reçu de ses leçons, car, avant lui, il n'y avait pas un seul instrumentiste passable en France et pas un seul orchestre n'y existait; le premier, il y avait introduit et marié aux violons, les flûtes, les hautbois, les bassons, et même jusqu'aux tambours et aux trompettes : grâce à lui, les violonistes français

étaient devenus les premiers de l'Europe, et il suffisait
de nommer L'Alouette, Colasse, Verdier, Baptiste, le
père, Joubert, Marchand, Rebel, Lalande, etc., comme
ses élèves, pour prouver que Lully était aussi habile
professeur que savant compositeur.

Aussi pas un musicien de l'orchestre n'osait murmurer devant lui, quelque dure et brutale que fût sa
manière d'être à son égard. On savait d'ailleurs que
ses colères ne duraient pas longtemps. Il avait l'oreille
si fine, que d'un bout du théâtre à l'autre, il distin-
guait de quel côté de l'orchestre était partie une fausse
note : il entrait alors dans une fureur terrible ; il s'é-
lançait sur le malheureux musicien à qui il arrachait
son violon, et plus d'une fois il le lui brisa sur la tête ;
mais après la répétition, il se repentait de sa vivacité,
sa colère était oubliée ainsi que la faute qui l'avait fait
naître ; il allait demander pardon à son pensionnaire,
lui payait son instrument et l'emmenait dîner avec
lui. Aussi, il était adoré de ses musiciens, qui aimaient
autant sa personne qu'ils admiraient son talent.

Ordinairement, personne n'était admis à la répétition générale, sauf toutefois quelques gens de la cour,
à qui on ne pouvait refuser cette faveur : cette fois pas
un ne se présenta ; le maître souverain avait fait mauvaise mine au musicien, personne de la cour ne se serait avisé d'aller écouter sa musique.

— Tant mieux, dit Lully, me voilà débarrassé de
tous ces beaux donneurs de conseils, et mon affaire
n'en ira que mieux.

Cependant, au milieu de la répétition on vint l'avertir que quelqu'un qui refusait de dire son nom demandait à lui parler.

— Je n'ai pas le temps, dit le musicien; qu'il m'envoie dire qui il est pourtant, et nous verrons alors.

Un instant après on lui apporta un petit morceau de papier bien gras et bien sale, où étaient écrits ces trois mots: Un ancien ami.

— Eh bien! dit Lully, répondez que je n'ai pas d'amis les jours de répétition générale, un autre jour.....

Puis, il oublia tout à fait cet incident. Le lendemain, jour de la première représentation, comme il montait au théâtre, on lui remit encore un billet d'une tournure à peu près aussi élégante que celui de la veille et ainsi conçu : « Tu n'as pas voulu me voir hier, je t'attendrai ce soir à la fin de ton opéra; » pas de signature et fort peu d'orthographe. A ce dernier signe, Lully crut un instant que ces mots lui étaient adressés par quelque grand seigneur, mais le papier chiffonné et mal plié où ils étaient tracés lui fit abandonner cette idée ; il roula la missive entre ses doigts, la jeta à terre et n'y pensa plus.

La salle commençait à se garnir, mais bien des vides s'y faisaient pourtant remarquer. Les places occupées ordinairement par les personnes de la cour restaient toutes vides. Les bons bourgeois venaient en foule, toutes les places inférieures et supérieures étaient envahies; mais les derniers venus remportaient leur argent, quand on leur disait à la porte qu'il ne

restait plus de place qu'aux bancs du théâtre et aux
premières loges ; pas un n'aurait eu l'audace de se
montrer à ces places qu'occupaient ordinairement les
personnes titrées, et l'on aimait mieux s'en retourner
chez soi. Le public parut d'abord surpris de cette soli-
tude inaccoutumée. Lully avait beaucoup de talent,
par conséquent il ne manquait pas d'ennemis ; on répandit bientôt le bruit qu'il était tout à fait disgracié,
que le roi l'avait chassé de sa présence, et avait défendu à toute la cour de mettre les pieds à son théâtre.
Peu s'en fallut que ceux qui assistaient à l'opéra ne se
crussent compromis par leur seule présence ; quelques
bourgeois timorés essayèrent même de sortir ; mais
comme on refusa de leur rendre leur argent, ils ai
mèrent encore mieux risquer leur sûreté personnelle
que de perdre leurs 40 sous. C'est en présence d'un
public ainsi disposé que la superbe *Armide* allait se
représenter.

Le prologue, tout à la louange de Louis XIV, comme
de raison, fut, on ne peut pas mieux reçu. Le chœur
si gracieux,

> Dès qu'on le voit paraître,
> De quel cœur n'est-il pas le maître ?

fut accueilli par des applaudissements unanimes ; là,
on pouvait approuver sans se compromettre, et le
sens des paroles servait de prétexte pour rendre
justice au charme de la musique. Mais , passé le
prologue , les marques de satisfaction devinrent

plus rares. La fameuse le Rochois, qui remplissait
le rôle d'*Armide*, était petite de taille, avait la peau
noire et la figure assez commune. Elle paraissait
dans le premier acte entre les deux plus belles actrices, et de la plus riche taille qu'on eût encore vues
sur le théâtre, les demoiselles Moreau et Desmâtins,
qui lui servaient de confidentes. Mais dès le moment
où la demoiselle le Rochois ouvrit les bras et leva la
tête d'un air majestueux en chantant :

> Je ne triomphe pas du plus vaillant de tous,
> L'indomptable Renaud échappe à mon courroux;

Ses deux confidentes furent éclipsées ; on ne vit
plus qu'elle sur le théâtre qu'elle paraissait remplir ;
elle fut sublime dans tout son rôle.

Au moment où elle s'anime pour poignarder Renaud, on vit tout le monde saisi de frayeur, demeurer
immobile, l'âme tout entière dans les oreilles et dans les
yeux, jusqu'à ce que l'air de violon, qui finit la scène,
donnât permission de respirer. Alors les spectateurs,
reprenant haleine avec un bourdonnement de joie et
d'admiration, se sentirent transportés unanimement,
mais pas un applaudissement ne se fit entendre, personne n'osa donner le signal, et l'opéra finit de la manière la plus froide en apparence qu'on puisse imaginer.

Lully était désolé. « Me serais-je trompé? pensait-il.
Mon génie serait-il éteint? Ne saurais-je plus communiquer mes sensations au public par le secours de ma
musique? Non, cependant : je sens quelque chose en

moi qui me dit que j'ai fait aussi bien, mieux peut-
être qu'à l'ordinaire. » Il descendait lentement l'escalier du théâtre, lorsqu'il se sentit tiré par la manche.
Il prit d'abord pour un pauvre l'homme assez mal
vêtu qui cherchait à attirer son attention.

— Laissez-moi, lui dit-il avec humeur, je ne puis
rien faire pour vous.

— Baptiste, lui dit cet homme, je t'ai écrit que je
viendrais te voir après ton opéra. Arrête-toi un instant au moins, ne me reconnais-tu pas ?

Lully chercha en vain à rappeler ses souvenirs.

— C'est juste, continua l'inconnu, il y a bien près
de quarante ans, et toi-même, si je ne t'avais entendu nommer, je ne t'aurais jamais reconnu ; nous
nous aimions bien autrefois, cependant ; te souviens-
tu de Petit-Pierre ?

— Petit-Pierre, s'écria Lully, il serait possible, vous
seriez ?... Tu serais ?... Oh ! non, cela ne se peut pas,
il doit être mort depuis si longtemps ; ne m'avoir pas
donné de ses nouvelles, vous me trompez, vous n'êtes
pas Petit-Pierre.

— Vous en doutez encore ? Eh bien ! rappelez-vous
notre dernière entrevue, c'était en 1647 ; je fus cependant fouetté et chassé, qui plus est, pour vous, vous
ne pouvez pas l'avoir oublié ?

— Oh ! non, certes, je me le rappelle parfaitement.
Oui, oui, je te reconnais maintenant ; viens, viens
chez moi, nous causerons, nous nous raconterons tout
ce qui nous est arrivé, notre bon temps, celui où nous
avions quinze ans ; viens, mon pauvre Pierre.

6

Et M. de Lully prit par-dessous le bras le pauvre homme dont le costume ne pouvait guère faire soupçonner l'intimité qui régnait entre lui et le célèbre musicien ; il ne pensait déjà plus au peu de succès de son ouvrage, mille souvenirs venaient l'assaillir en foule, et à peine se fut-il enfermé avec son compagnon qu'il lui dit :

— Voyons, parlons de notre jeune temps, car j'y voudrais être encore.

— Comment toi, reprit Petit-Pierre, tu es riche, considéré, entouré de tout ce qui peut rendre la vie agréable, et tu regrettes le temps où nous écumions les marmites dans les cuisines de mademoiselle de Montpensier ?

— Certainement, répondit Lully, car alors j'avais quinze ans, et j'en ai aujourd'hui cinquante-trois. Pauvre enfant, amené à dix ans de Florence à Paris, le duc de Guise me donna comme un joujou à mademoiselle de Montpensier ; j'étais assez gentil, je savais à peine quelques mots de français, et mon baragouin amusait singulièrement ma noble maîtresse ; mais au bout de six mois, je parlais aussi bien français que tous les enfants de mon âge : je n'avais plus d'originalité, j'étais absolument comme tout le monde. On se dégoûta de moi, et ne sachant que faire du jouet qui avait passé de mode, on me relégua dans les cuisines où je te connus. Te rappelles-tu les bons tours que nous jouions à notre chef et même au maître d'hôtel ? te souviens-tu du vin que nous allions boire en cachette ?

— Je crois bien, poursuivit Petit-Pierre; et ces six bouteilles que nous volâmes ensemble et que j'allai vendre pour ton compte, pour t'acheter un violon?

— Certainement, continua Lully, ce fut là la source de ma fortune. Je m'exerçais seul sur cet instrument, dont j'avais reçu les premières leçons dans mon pays, d'un bon cordelier, qui m'avait aussi appris à jouer un peu de la guitare.

—Le dernier jour où nous nous vîmes, reprit Petit-Pierre, fut celui où l'on nous avait chargés tous deux de veiller sur le rôti de la princesse. Ennuyé de tourner la broche depuis une demi-heure, tu allas chercher ton violon; moi j'étais en extase à t'écouter, et puis tout à coup un grand seigneur parut derrière nous, il t'emmena, et je ne t'ai plus revu. Mais pendant que je t'admirais de toutes mes oreilles, le rôti avait brûlé, et quand le chef revint, j'eus le fouet et je fus chassé à l'instant même.

— Le grand seigneur qui m'emmenait était le comte de Nogent, continua Lully, des appartements il avait entendu mon violon, et attiré par ses accords, il était descendu jusqu'à notre rôtisserie; il me mena à la princesse, qui parut fort surprise de mon talent. On me donna un maître, je devins habile en peu de temps, et je fus maître à mon tour.

J'avais à peine 19 ans, que le roi voulut m'entendre et me retint à la cour; il créa une nouvelle bande de violons, dont on me donna l'inspection; enfin j'eus du talent et du bonheur, et tu vois où je suis arrivé. Mais toi, qu'es-tu devenu?

— J'entrai, répondit Petit-Pierre, au service d'un seigneur anglais qui retournait dans son pays, je n'étais qu'un marmiton, qu'un galopin, comme on nous appelait en France ; mais en Angleterre, je passai pour un très-bon cuisinier. Je suivis mon maître partout, même en Italie, à Florence, où il vient de mourir, en me laissant 800 livres de pension. J'entendais souvent parler de M. de Lully, et j'osais à peine croire que ce fût mon pauvre Baptiste. Aussi ce n'est qu'en tremblant que je t'ai écrit hier, et je n'ai osé signer ; j'avais peur que tu ne voulusses pas me recevoir.

— Oh ! tu m'avais mal jugé, tu es et tu seras toujours mon ami. Mais j'y pense, tu reviens d'Italie, tu dois avoir entendu de la musique dans ce pays. Je veux te faire juge de la mienne, et tu pourras te vanter d'avoir été traité comme jamais prince ne l'a été. Je ferai jouer mon *Armide* pour toi, pour toi seul ; nous l'écouterons ensemble et tu me diras ce que tu en penses. Mais à ton tour, je veux que tu me donnes un plat de ton métier.

— Avec grand plaisir, reprit Petit-Pierre, car j'ai du talent à présent, je suis bon cuisinier, et je possède à fond la cuisine française et italienne.

— L'italienne aussi, s'écria Lully ; ah ! mon ami, viens que je t'embrasse. Pas un de ces damnés empoisonneurs de Paris n'est en état de faire un mâcaroni qui ait le sens commun.

— Sois tranquille, répondit Petit-Pierre, tu auras des macaroni, des ravioli, de la polenta, tout ce que tu voudras.

— A demain, lui dit Lully en le reconduisant, nous dînerons ensemble au cabaret du Cerceau-d'Or, puis nous irons voir *Armide*, et nous reviendrons ici manger le souper que nous accommoderons ensemble.

Le lendemain tous les acteurs de l'Opéra avaient été prévenus qu'on ferait une représentation où le public ne serait pas admis. Lully leur présenta Petit-Pierre comme un grand seigneur italien, grand amateur de musique, et chacun s'inclina devant le cuisinier; puis Lully et son ami allèrent s'installer au milieu du parterre, et la pièce commença. Petit-Pierre parut enchanté, et Lully, charmé d'être si bien apprécié par son ancien camarade, ne put s'empêcher de s'applaudir lui-même. « Bravo! bravo! Lully, criait-il à la fin de chaque morceau, tu n'as jamais rien fait de si beau et tu es un grand homme! » Les acteurs jouèrent en conscience, et le musicien leur fit de grands compliments, auxquels ils répondirent de leur côté; ce fut un triomphe de famille, et Lully se retira plus ravi de s'être rendu justice que si toute la cour l'était venue applaudir.

De retour chez lui, il s'enferma dans une chambre avec Petit-Pierre qui avait préparé tous ses ustensiles de cuisine, et le compositeur aida le cuisinier dans toutes ses préparations culinaires; puis ils se mirent tous deux à table, et firent tellement honneur au festin, qu'au bout d'une heure ils étaient complétement gris. Les deux amis pleuraient de tendresse, et s'embrassaient avec une effusion de cœur admirable; ils se prodiguaient les louanges à l'envi.

6.

— Ah! quelle admirable musique, s'écriait Petit-
Pierre !

— Quel délicieux macaroni ! répondait Lully.

— Que c'était beau ! reprenait Petit-Pierre.

— Que c'était bon ! continuait Lully.

— M. de Lully, vous êtes un bien grand musicien.

— M. de Petit-Pierre, vous êtes un bien habile cuisinier.

— Nous sommes deux bien grands hommes.

— Oui, certes, et bien faits pour s'apprécier mu-
tuellement.

— Et pour boire à la santé l'un de l'autre.

Et l'on rebuvait de plus belle : cet agréable passe-
temps occupait tellement les deux amis, qu'ils n'en-
tendaient pas que depuis cinq minutes on heurtait
violemment à la porte. Cependant Petit-Pierre crut
entendre quelque chose, et dit à Lully :

— Je crois qu'on frappe. Faut-il ouvrir?

— Qu'est-ce que ça me fait, lui répondit Lully, que
que tu ouvres ou que tu n'ouvres pas? on finira par
entrer, on enfoncera la porte.

— Eh bien ! n'ouvrons pas, ce n'est pas la peine de
nous déranger.

Ainsi que le prévoyaient les deux ivrognes la porte
ne tarda pas à céder aux efforts de ceux qui la pous-
saient du dehors, et un groupe de jeunes seigneurs se
précipita dans l'appartement à travers les bouteilles,
les plats et les casseroles.

— Qu'est-ce que tout cela? dit l'un d'eux à Lully,

ne peux-tu ouvrir à ceux qui t'apportent de bonnes nouvelles ?

— Je ne connais pas d'autres bonnes nouvelles, répondit le musicien, que d'avoir retrouvé mon ami Petit-Pierre.

— Qu'est-ce que c'est que Petit-Pierre?

— C'est, continua Lully, un grand seigneur italien qui fait à merveille le macaroni, et qui va m'enseigner la cuisine.

— A condition que tu me montreras la musique, interrompit Petit-Pierre.

— C'est juste, repartit Lully, je te ferai compositeur, et tu me rendras cuisinier.

Les nouveaux arrivés s'aperçurent facilement de l'état d'ivresse de leur hôte; un d'eux, pensant le dégriser, lui dit à l'oreille :

— Nous venons de la part du roi !

-- Est-ce que j'en veux, du roi? reprit Lully, il ne se connaît seulement pas en musique! ce n'est pas comme mon ami Petit-Pierre, ce n'est pas lui qui se ferait jouer un opéra de Lalande.

— Vous vous trompez, M. de Lully, lui dit un des seigneurs, en s'avançant, le roi se connaît parfaitement en musique; car il nous envoie vers vous pour vous faire compliment de votre Armide. Il a appris son peu de succès, mais il vient de savoir aussi que vous vous étiez fait jouer cet ouvrage pour vous seul, et que vous l'aviez applaudi avec transport : comme Sa Majesté pense que vous vous y connaissez mieux que personne, elle s'en est rapportée à votre jugement, et

elle veut entendre votre Armide le plus tôt possible :
voilà ce qu'elle nous a chargés de vous dire.

— Vive le roi ! s'écria Lully. Ah ! messeigneurs,
pardonnez-moi ce que j'ai pu dire contre un si grand
maître, contre un prince si éclairé : c'est l'état où m'a
mis ce vaurien de Petit-Pierre ; il faut absolument
que je m'en débarrasse : si quelqu'un de vous veut un
excellent cuisinier....

— Je le prends sur ta recommandation, s'écria l'un
des courtisans, je fais comme le roi, je m'en rapporte
à ton jugement, et je sais que tu te connais aussi bien
en cuisine qu'en musique. Mais tu ne te griseras plus
avec lui ?

— Oh ! jamais, je vous le jure, répondit Lully.

Puis il ajouta tout bas à Petit-Pierre :

— Quand tu voudras, nous recommencerons, mais
chez toi : là au moins on ne viendra pas nous déranger.

La deuxième représentation d'Armide eut un succès
prodigieux ; jamais ouvrage de musique n'eut une
telle durée, car il fut représenté pendant quatre-vingts
ans avec un égal succès ; mais Gluck vint enfin faire
une révolution musicale, et le chef-d'œuvre de Lully
fut tout à fait oublié. Malgré ses incontestables beautés, l'Armide de Gluck ne se joue plus beaucoup.

Durera-t-elle plus longtemps que celle de Lully ?
Nous le saurons dans trente ans.

UN DÉBUT EN PROVINCE

Les Parisiens ne comprennent pas l'importance des débuts dans les villes de province. Peu importe à l'habitant de Paris qu'un acteur tombe ou réussisse, qu'il soit engagé ou non : si l'acteur lui déplaît, il ira dans un autre théâtre où les sujets seront plus de son goût, le directeur de Paris peut engager à son gré des artistes peu aimés du public, parce qu'à Paris le public se divise entre vingt théâtres, et la concurrence suffit pour forcer les directeurs à une bonne composition de troupe. Celle de l'Opéra-Comique, par exemple, est très-faible, à part quelques sujets : établissez un

second théâtre de ce genre, et les talents ne manque-
ront plus. En province, au contraire, le public se montre très-difficile pour les débuts ; il faut que trois fois,
et dans des rôles différents, un acteur réussisse pour
être définitivement admis ; l'on conçoit de quel intérêt
il est pour les habitués du théâtre de ne pas recevoir
légèrement un acteur. Une fois les trois débuts termi-
nés, et l'admission prononcée, en voilà pour un an :
le public n'a plus le droit de se plaindre, l'acteur qu'il
a accueilli doit forcément lui plaire, et il lui faut l'en-
durer jusqu'au renouvellement de l'année théâtrale.
Aussi les débuts sont-ils un événement important,
même dans les plus grandes villes : à cette époque de
l'année, on ne parle que de cela dans les cafés, dans les
réunions ; la politique, les commérages, les petites in-
trigues, tout est oublié ; les débuts, voilà la grande
affaire, l'unique occupation des oisifs, et il n'en manque pas en province ; les partis se dessinent, l'un applaudit l'Elleviou ; la première chanteuse et la Dugazon ont aussi leurs partisans et leurs détracteurs. Le
jour de l'ouverture du théâtre, le parterre se partage
en deux camps ; on n'a pas encore entendu les artistes,
et déjà il y a cabale pour ou contre eux : on ne les juge
encore que sur leur physique, parce qu'on a été les
examiner au café de la Comédie : leurs mises, leurs
habitudes, leur conversation, tout a été un objet d'é-
tude et a contribué à prévenir le jugement des habitués.

On voit quelquefois un acteur qui n'a pas le moindre
talent, et que le parterre soutient toujours en dépit des

loges et de la galerie, parce qu'il est ce qu'on est convenu d'appeler un bon enfant.

Être un bon enfant peut se traduire ainsi pour
un acteur de province : c'est d'abord se lier facilement avec les jeunes gens de la ville, savoir force
anecdotes et calembours, ne jamais se faire prier
pour les raconter ni pour accepter un petit verre de
quelque part qu'il vienne, et le rendre à l'occasion ; être fort au billard et aux dominos, et cependant se laisser quelquefois gagner; être de toutes les
parties de garçon, si c'est dans une province éloignée,
parler le patois du pays, traiter de bégueules et de
chipies les actrices qui se conduisent convenablement,
gratifier d'une épithète un peu moins sucrée, celles
qui agissent différemment; tenir ses connaissances
au courant de toutes les nouvelles, de toutes les in-
trigues du théâtre, et se laisser tutoyer par le plus
de monde possible : il n'est pas mauvais non plus
d'être un peu crâne et de savoir bien tirer l'épée. Avec
cela, un acteur devient quelquefois, en peu de temps,
l'idole du parterre et l'effroi de son directeur : les habitués des loges finissent par s'accoutumer à lui, et
bientôt il devient un meuble attaché au théâtre, et imposé à toutes les directions qui se succèdent : il est
toujours choyé et fêté par ses camarades, car il ne
fait pas bon l'avoir pour ennemi : c'est le joli cœur
de la troupe, l'enfant chéri du parterre, et tout lui est
permis dans les circonstances difficiles et malheureusement trop fréquentes en province, où la direction se
trouvant en contact avec le public, souvent les régis-

seurs et le directeur lui-même, accueillis par des huées et des sifflets, n'ont pu parvenir à se faire entendre : c'est alors à notre comédien qu'on a recours : on connaît son influence, on sait combien il est aimé, et l'on ne doute pas que sa médiation ne soit toute-puissante : il se fait d'abord un peu prier, puis enfin il consent à paraître. A son entrée sur le théâtre il salue avec aisance au milieu d'une triple salve d'applaudissements : il ne vient pas prendre la défense de la direction dont il est le premier à reconnaître les torts, il proteste de son profond respect pour le public, ce qui fait toujours le meilleur effet, parce qu'il n'y a pas de goujat dans la salle qui ne soit très-flatté de voir un acteur protester de son respect pour le public dont il est une fraction : puis notre comédien ajoute qu'il ne vient que comme conciliateur, qu'il espère que l'indulgence qu'on lui accorde ordinairement s'étendra sur son camarade ou sur son directeur : bref, la difficulté s'aplanit, et quand il rentre dans la coulisse, il est embrassé, remercié, porté en triomphe, et ce jour-là le directeur est enchanté de l'avoir pour pensionnaire : peu s'en faut qu'il ne lui offre de l'augmentation pour l'année prochaine.

Mais nous voici bien loin des débuts, hâtons-nous d'y revenir.

C'était dans les derniers jours du mois d'avril 1823, qu'un grand jeune homme de vingt à vingt-cinq ans faisait son entrée dans la ville du Havre, escorté d'une jolie petite fille de cinq à six ans. On n'aurait jamais pu croire qu'il fût le père de cette jolie enfant, si elle n'avait eu soin d'accompagner chacune de ses questions d'un *mon papa*, qui ne laissait aucun doute sur leur lien de parenté. Notre jeune homme venait au Havre pour tenir l'emploi des Martin, si important dans le répertoire d'opéra-comique. C'était la première ville de France où il allait jouer. Récemment échappé des chœurs de l'Opéra, des Bouffes et de Feydeau, il avait été essayer sa jolie voix à La Haye d'abord, puis dans quelques villes de la Suisse, où il avait obtenu de grands succès ; mais ses triomphes, dans les petites localités, ne le rassuraient pas sur le sort qui lui était réservé dans une ville plus considérable, au Havre surtout où le public passe pour être presque aussi exigeant que celui de Rouen, où, au dire des artistes, on trouve le parterre le moins facile à contenter de toute la province.

Aussi n'était-ce pas sans émotion qu'il arrivait dans cette ville, où son avenir allait se décider peut-être pour toujours ; mais à vingt-trois ans, les rêves de l'imagination, sont toujours riants : pourquoi n'en est-il plus de même dix ans plus tard ? Et puis, il était artiste dans l'âme, et la conscience de son talent le soutenait : il se rappelait l'effet qu'il avait produit dans quelques-uns de ses rôles, le plaisir que sa belle voix avait fait éprouver à ses auditeurs, et c'était moins le public qu'il craignait que ses nouveaux camarades qui lui étaient tout à fait inconnus, et dont il redoutait les cabales et les prétentions. Son physique était fort agréable : il avait une figure charmante, était droit, bien fait, mais d'une taille un peu trop

7.

élancée : et comme il était fort maigre, il paraissait encore plus grand, il n'y avait eu à l'Opéra-Comique
que Féréol qui fût à peu près de la même grandeur que
lui, et il paraissait fort curieux de voir ses nouveaux
camarades, espérant en rencontrer quelqu'un d'une
taille au moins approchant de la sienne.

— Où diable ! se disait-il, mon père a-t-il eu l'idée
de me bâtir ainsi ? Qu'est-ce que cela lui aurait fait de
me donner deux ou trois pouces de moins ? C'est que
c'est fort incommode dans ces petits théâtres : on a la
tête dans les frises et on touche le ciel avec ses cheveux.
Au moins, ici, j'ai lieu d'espérer que je trouverai une
salle de spectacle plus convenable que dans ces petites
villes de la Suisse où les théâtres sont si mesquins.
Allons ! prenons courage, je réussirai j'en suis sûr :
n'est-ce pas, Titine, que j'aurai du succès ici ? L'enfant
lui répondit par un de ces sourires d'ange qui rendent
un père si heureux, et il puisa un nouvel espoir dans
le baiser qu'il donna à sa fille. Cependant, après s'être
assuré d'un logement, il se rendit au Café de la Comédie, espérant y rencontrer quelques nouveaux arrivés comme lui, et pressé de faire connaissance avec
ceux qui allaient être ses camarades pendant une année. Il se mit devant une table, dans un coin du café,
sa fille s'assit auprès de lui, ouvrant ses grands yeux
pour examiner tous ceux qui l'entouraient, surprise de
voir tant de nouvelles figures. Pendant qu'il lisait ou
avait l'air de lire un journal, non loin d'eux, plusieurs jeunes gens étaient attablés et jouaient aux
dominos. Il prêta l'oreille à leur causerie, désirant

savoir si c'étaient des comédiens : la conversation roulait effectivement sur le théâtre.

— Aurons-nous une troupe passable cette fois-ci ? disait l'un d'eux.

— Hum ! je n'en sais trop rien, reprenait l'autre, beaucoup de noms inconnus : il faudra voir. Mais d'abord, Messieurs, pas d'indulgence dans les débuts : il en coûte trop cher d'accueillir facilement des chanteurs médiocres ; il y a des personnes qui disent à la première fois : Oh ! il ne chante pas très-bien, parce qu'il a peur, mais la confiance viendra, et il vaudra mieux ; et puis ils applaudissent. Je ne suis pas du tout de cet avis-là. Nous avons eu des acteurs à qui, apparemment, la confiance n'est jamais venue, car ils chantaient aussi mal à leur clôture qu'à leurs débuts. Tant pis pour les poltrons ; d'ailleurs les acteurs sont assez chers à présent pour que nous nous montrions un peu difficiles, et puisqu'on les paie si bien, ils n'ont pas le droit d'avoir peur.

— C'est parfaitement juste, reprit un troisième interlocuteur, et les nouveaux venus n'auront qu'à bien se tenir.

Ces propos ne paraissaient pas fort rassurants à notre pauvre jeune homme ; il se faisait le plus petit qu'il pouvait dans son coin, le nez baissé sur son journal qui avait l'air d'absorber toute son attention.

— A propos, reprit un de ces voisins, qui donc aurons-nous pour Martin ?

— Oh ! mon cher, répondit l'autre, ce sera détestable, je le parie, personne ne sait qui il est, ni d'où il vient. C'est quelque pauvre diable, qui se sera donné pour un morceau de pain, et qui est peut-être bien sûr de tomber; mais il touchera ses avances et son premier mois, et il ira en faire autant dans quelque autre ville. Il y en a qui font ce métier-là toute l'année.

Le journal parut encore plus vivement intéresser notre jeune homme qui commençait à trouver sa position fort embarassante. Cependant la petite fille s'était ennuyée de regarder lire son père, et s'étant laissée glisser de son tabouret, elle avait été se placer près des joueurs. Sa petite tête se trouvant à la bauteur de leur table, elle aperçut les dominos.

—Oh! les jolis joujoux, s'écria-t-elle tout d'un coup, et étendant sa petite main sur les objets de sa convoitise, elle brouilla toute la partie, en jetant la moitié du jeu à terre.

—L'exclamation des joueurs força le père à interrompre sa lecture simulée, et rompant son silence obstiné:

—Titine, qu'est-ce que vous faite donc là? Pourquoi n'êtes-vous pas restée à côté de moi?

L'enfant revint près de son père avec une petite moue toute drôle, l'air fort désappointé. S'adressan alors aux joueurs:

—Mille pardons pour cette enfant, Messieurs, leur dit-il, ce n'est pas sa faute, c'est la mienne; mais la lecture de ce journal m'occupait tellement, que je ne l'avais pas vue s'éloiger de moi.

Les joueurs acceptèrent de bonne grâce ses excuses: mais dès ce moment il devint le point de mire de leurs regards, et probablement le sujet de leur entretien qui se fit alors à voix basse, de sorte que notre pauvre artiste n'en pouvait saisir un mot. Petit à petit, cependant, les voix s'élevèrent un peu, et il put comprendre que c'était de lui qu'il s'agissait.

— Ce doit être lui, disait l'un.

— Parfait, reprenait l'autre.

— Hein ! quel physique !

— C'est un gaillard bien découplé.

— Oh ! c'est charmant ; pour celui-là, je suis bien sûr de son succès sans l'avoir vu jouer.

— Nous ne pouvions rien espérer de mieux

— Oh! il y a vingt rôles où il sera excellent; je voudrais déjà y être.

Ces paroles encourageantes avaient tout à fait dissipé les alarmes du jeune homme.

— Diantre! se disait-il, il paraît que je fais de l'effet ici : eh ! bien, ce n'est pas trop mal commencer. Et sa figure, de sombre qu'elle était auparavant, était devenue riante et tranquille. Il s'était fait donner un jeu de dominos, et bâtissait des maisons et des pyramides à sa petite fille qui riait aux éclats, quand elle renversait les édifices que son père élevait devant elle.

Cependant d'autres jeunes gens étaient entrés dans le café, et s'étaient approchés du groupe des joueurs.

— Venez donc, disaient ceux-ci aux nouveaux venus, en voilà déjà un d'arrivé : et pour celui-là, je crois que nous en serons enchantés.

— Où donc est-il ?

— Là, dans le coin avec cette petite fille.

— Eh ! bien, qui est-ce ?

— Parbleu ! ne le devinez-vous pas? qui voulez-vous que ce soit, si ce n'est le trial ?

A ce mot, notre jeune homme fit un bond sur sa banquette et devint rouge comme une cerise, puis tout d'un coup pâle comme un linceul.

— J'espère qu'il a le physique de l'emploi, celui-là. Oh ! comme nous allons rire ! sera-t-il drôle dans *Zozo*, de *la maison isolée !* et dans *Aly*, de *Zémire*, et *Azor !*

— Et dans le niais, de *Camille ?*

— Et dans le château de *Montenero* donc ! dans *Longino !* Oh ! Longino ! parfait ! mais ce rôle-là a l'air d'avoir été fait pour lui. Longino ! oh ! c'est bien cela, il faudra qu'il débute par là ! ce nom lui convient parfaitement. Il sera admirable dans Longino !

Et les éclats de rire se succédaient, provoqués par l'espérance de le voir briller dans Longino.

— Allons-nous-en, Titine, je ne me sens pas bien, dit l'artiste en se levant, et il regagna tristement sa demeure assailli par les plus sombres pensées. Il avait la fièvre, sa tête était brûlante et il se coucha ; mais il ne put fermer l'œil.

— Ce sera donc ici comme à Paris, se disait-il. A l'Opéra, ils m'ont trouvé trop maigre, les héros grecs n'étaient pas si minces que moi, à ce qu'ils prétendaient. A Feydeau, ils m'ont trouvé trop grand, et cependant la première fois qu'ils m'ont entendu, quel accueil ne m'ont-ils pas fait !

— Bravo ! s'écriaient-ils, voilà une voix ravissante, vous êtes notre homme, il faut rester avec nous ; surtout, n'allez pas vous gâter en province, il faut seule-

ment prendre l'habitude du théâtre. Pour commencer,
vous entrerez dans les chœurs, puis nous vous ferons
jouer de petits rôles qui vous amèneront à en jouer
de plus grands ; et pour me donner l'habitude du
théâtre, ils m'ont fait chanter 18 mois dans les chœurs,
sans seulement me faire porter une lettre. Ils attendaient probablement que je prisse du ventre pour me
faire débuter. Ils auraient attendu trop longtemps, et je
suis parti. Partout où j'ai été, j'ai cependant eu du succès : ce ne sera donc que dans mon pays, qu'en France,
qu'on ne voudra pas de moi. Ma foi tant pis pour eux,
il faudra bien qu'ils m'écoutent, et s'ils me sifflent,
ils auront tort, ils en trouveront un moins grand, mais
qui n'aura peut-être pas ma voix.

Son amour-propre d'artiste l'avait emporté pour
un moment sur le chagrin que lui causait sa déconvenue
du matin ; mais il retombait de temps en temps dans
ses premières appréhensions, et le découragement
succédait à ses rêves d'ambition.

Cependant la troupe était à peu près réunie : on
faisait les premières répétitions, et la vue du théâtre,
où il était appelé à exercer ses talents ne l'avait guère
rassuré. Cette salle était provisoire et établie dans
une espèce de grange, où l'on avait tant bien que mal
arrangé un théâtre avec quelques rangs de loges et
de galeries. Cependant l'architecture extérieure était
restée la même, malgré les modifications faites à l'intérieur du bâtiment, et de nombreuses fenêtres donnant sur la rue éclairaient le théâtre pendant la journée. Notre artiste ne se rendait qu'en tremblant à ces

répétitions ; car plusieurs fois il avait rencontré dans
son chemin quelques-uns des jeunes gens qu'il avait
déja vus au café, et jamais ceux-ci ne manquaient de
rire du plus loin qu'ils l'apercevaient, et le nom terrible de Longino venait résonner à ses oreilles : c'était
comme un cauchemar qui le poursuivait tout éveillé,
et lui ôtait tous ses moyens. Quand il arrivait au théâtre après de telles rencontres, il était tout démoralisé ;
c'est à peine s'il pouvait chanter : il avait perdu son
aplomb ; ses nouveaux camarades l'intimidaient.
Sont-ils heureux, pensait-il, de ne pas être grands
comme moi ! j'aimerais mieux être un nain, je met-
trais des talons, et je porterais une coiffure d'un pied
de haut, mais le moyen de se rapetisser !!!

Les répétitions allaient toujours leur train, mais le
directeur ne paraissait pas enchanté de ses nouvelles
acquisitions : il craignait que les débuts ne fussent
pas heureux, et pour que le public ne prît pas de pré-
ventions défavorables, il décida que personne, amateur ou abonné, ne serait admis aux répétitions. Le
grand jour, celui de l'ouverture, fut enfin fixé. La
grande répétition, celle avec l'orchestre, devait avoir
lieu la veille.

La nuit précédente, notre jeune artiste eut un sommeil fort agité. Les songes les plus bizarres le tour-
mentèrent une partie de la nuit, il rêvait qu'il débu-
tait, mais ce n'était plus dans son emploi de Martin,
c'était dans celui des trials, où, à son entrée, sa longue
taille excitait des rires unanimes ; puis, quand il voulait parler, il ne pouvait dire un mot de son rôle ; il se

tournait vers le souffleur, et il apercevait dans le trou
une horrible tête de Gorgone, qui lui lançait de toutes
ses forces le mot Longino. Ce mot magique, il le répétait involontairement, et soudain tout le public répétait en chœur :

— Bravo, Longino! bravo, Longino !

Il essayait en vain d'articuler d'autres paroles, ce
mot seul pouvait sortir de sa poitrine : et chaque fois
qu'il le prononçait, c'était avec une nouvelle énergie,
et le public reprenait avec rage :

— Bravo, Longino ! bravo, Longino !

Puis il apercevait des êtres fantastiques volti-
geant autour de lui, sur le théâtre et dans la salle,
affectant les formes les plus grotesques et les plus in-
cohérentes ; il croyait parfois reconnaître quelqu'un
de sa connaissance parmi les fantômes ; il s'approchait, et voyait alors distinctement quelque figure de
sociétaire de Feydeau, qui lui disait : Il faut prendre
l'habitude du théâtre, et chanter dans les chœurs pendant 35 ans, après quoi on vous confiera de petits rôles,
et le chœur infernal reprenait d'une voix formidable :

— Bravo, Longino !

Il voulait se sauver du théâtre; les mêmes cris
le poursuivaient; il allait sur le port, il voyait un bâtiment près de mettre à la voile, il s'y embarquait et
y trouvait pour passagers tous ses anciens camarades
des chœurs de l'Opéra qui l'accueillaient avec de grandes
démonstrations de joie en fêtant son retour parmi eux,
et pour mieux célébrer sa bienvenue, ils lui propo-
saient de lui chanter un nouveau morceau composé

7.

en son honneur ; alors ils entonnaient tous ensemble
une mélodie satanique dont les paroles étaient : Bravo,
Longino ! A ce dernier trait, sa tête se perdait, et il se
précipitait dans la mer, dont il atteignait bientôt le
fond. Le choc fut rude, car il se réveilla en sursaut
couché par terre entre son lit et celui de la petite Titine qui reposait paisiblement pour lui ; il était couvert d'une sueur glacée, et il fut quelque temps avant
de reprendre ses esprits.

Quand il se remit dans son lit, son parti était pris.
Je ne débuterai pas, se dit-il ; dès demain je pars ; je
retourne à Paris : on me rendra certainement ma
place à l'Opéra et aux Bouffes, c'est toujours du pain
d'assuré, et puis j'ai encore d'autres ressources : le
dimanche je jouerai du serpent à Saint-Eustache, et
les jours de revue, du trombone dans la garde nationale : on ne regarde pas à la taille, là, et ils seront
bien heureux de me retrouver, car je n'ai certainement pas été remplacé, et je ne le serai de longtemps
pour ces instruments-là. Cette résolution lui donna du
calme, il ne tarda pas à se rendormir, et si de nouveaux rêves se présentèrent à son imagination, ils
étaient d'une tout autre nature. Il se voyait à Paris
premier sujet d'un grand théâtre, il ne se reconnais-
sait pas, il avait pris de l'embonpoint, sa figure était
devenue plus mâle. Titine était toujours avec son père,
mais ce n'était plus une petite fille, c'était une grande
et jolie demoiselle, et lui, jeune encore, était fier d'a-
voir une si charmante fille. Les auteurs et compositeurs s'empressaient autour de lui, on le suppliait

d'accepter des rôles, et lui, toujours bon garçon, ne
se donnait pas d'importance, comme font d'ordinaire
les acteurs à succès ; il était toujours modeste et affable
avec tout le monde, et au lieu d'avoir l'air de faire
une grâce à ceux qui lui confiaient des rôles, il re-
merciait les auteurs dont il faisait réussir les ouvrages. Le public se pressait en foule au théâtre quand
il devait chanter ; les applaudissements éclataient de
toutes parts ; les couronnes et les bouquets pleuvaient
sur sa tête ; on le redemandait après la pièce, mais
sous son véritable nom, et non plus sous cette odieuse
dénomination de Longino. Ce rêve lui avait rafraîchi le
sang ; quand il s'éveilla, il faisait grand jour : c'était
une belle matinée du mois de mai ; le soleil dardait
ses rayons à travers les croisées, et venait frapper sur
le petit lit de la jolie enfant, qui ne tarda pas non plus
à s'éveiller.

Il faut ne pas connaître un cœur d'artiste pour
croire que le découragement puisse être de longue
durée chez lui : un rien peut l'abattre, mais un rien
le relève. Aussi notre jeune homme ne songeait-il
plus le moins du monde à son voyage de Paris : au
contraire, l'avenir le plus riant se présentait à lui ; et
c'est le cœur content, et rempli d'espoir, qu'il se rendit au théâtre.

L'orchestre était réuni depuis longtemps et essayait
en vain depuis une heure de mettre ensemble l'ouverture du *Chaperon* que l'on devait jouer le lendemain. Les instruments à vent ne pouvaient faire exactement leurs rentrées. Le chef d'orchestre avait perdu

la tête et faisait d'infructueux efforts pour rétablir
l'harmonie dans sa troupe indisciplinée ; enfin, de dépit, il pose son violon sur son pupitre, déclarant que
cette ouverture est injouable, et qu'il y faut renoncer.
Notre jeune homme examinait depuis longtemps cette
scène qui était peut-être fort comique pour les indif-
férents, mais pas pour le pauvre directeur, qui ne
savait plus à quel saint se vouer ; il s'approche. alors
de ce dernier : J'ai longtemps été à Paris, et je sais cet
ouvrage par cœur ; voulez-vous me laisser faire répéter une fois l'ouverture, je vous réponds qu'elle ira
toute seule avant une demi-heure. Le chef-d'orchestre
ouvre de grands yeux.

— Eh ! mon cher ami, qu'est-ce que vous entendez
à cela ? j'y perds mon latin, moi.

— Il ne s'agit que d'avoir un peu de patience,
reprend notre jeune artiste, passez-moi la partition.

On recommence l'ouverture : dès les premières
mesures, il s'aperçoit qu'il y a des fautes dans les parties, des mouvements mal indiqués, de fausses rentrées ; tout est rectifié en un instant. Un cor ne peut
parvenir à attaquer une note difficile.

— Vous vous y prenez mal, lui dit notre jeune
homme : serrez les lèvres de cette façon, et le son
viendra hardiment.

— Mais, Monsieur, cela n'est pas faisable, répond
le corniste.

— Donnez-moi votre instrument, et soudain il lui
exécute le passage avec précision. Les musiciens com-

mencent à reprendre de la confiance, l'émulation s'en mêle, on fait la plus grande attention, et l'ouverture s'achève sans encombre.

Le chef d'orchestre reprend son violon pour conduire le chœur d'introduction, et le directeur se frotte les mains.

— Allons ! se dit-il, je n'ai peut-être pas fait une si mauvaise acquisition que je croyais. S'il tombe comme Martin, il me fera un excellent second chef d'orchestre.

La répétition continue, mais il fait une chaleur étouffante, et l'on a ouvert les fenêtres qui donnent sur la rue. Quelques flâneurs ont été attirés par les sons de la musique; les curieux en amènent d'autres, et, sans s'en douter, les acteurs ont dans la rue un nombreux auditoire.

Cependant notre jeune homme s'est enhardi par le petit succès qu'il vient d'obtenir : son dernier rêve lui trotte dans la tête.

— Allons! dit-il, je tomberai peut-être demain, aujourd'hui je me sens en voix, je veux chanter en conscience, comme à la représentation.

— En effet, à l'entrée du comte Rodolphe, il entonne d'une voix assurée le bel air : *Anneau charmant, si redoutable aux belles.* Sa voix large et bien timbrée se déploie avec charme sur cette belle mélodie. Les acteurs qui ne l'avaient jamais entendu jouir de la plénitude de ses moyens, redescendent tous sur le bord du théâtre pour le mieux entendre; le directeur ne sait s'il dort ou s'il est éveillé : les musiciens voyant à qui ils ont affaire l'accompagnent avec un soin extrême. Notre jeune homme voit l'effet qu'il produit; il se monte peu à peu, son organe s'étend, reprend toute son énergie, ses moyens semblent s'accroître. il se sent en verve, il met toute la chaleur dont il est susceptible dans la péroraison de son air et quand il l'a achevé, acteurs, directeur, musiciens, chacun le félicite, le complimente ; quand tout à coup, un tonnerre d'applaudissements éclate sans qu'on devine d'où cela peut venir. Chacun se regarde stupéfait : on songe alors aux fenêtres ouvertes, on s'y précipite, et l'on voit la foule réunie qui se donnait les jouissances du spectacle gratis. Le directeur ne craint plus pour ses débuts, il permet à quelques habitués de monter au théâtre. Ce n'est pas sans terreur que notre jeune homme reconnaît parmi eux un de ses joueurs de dominos qui, en entrant, demande avec empressement qui vient de chanter ainsi. On lui montre notre pauvre artiste tout tremblant devant celui qui s'était si bien promis d'être sévère envers les débutants.

— Comment, s'écrie-t-il, c'est Longino !

— Allons ! encore Longino, dit notre artiste désespéré ; mais il se sent entraîné vers la fenêtre par celui qu'il prend encore pour son ennemi.

— Mes amis, dit ce dernier, en le montrant à la foule réunie au-dessous d'eux, voilà celui que vous venez d'entendre, c'est Longino, celui que nous avons pris pour le trial.

— Bravo, Longino ! s'écrient les cent voix du parterre en pleine rue.

— Mais je ne m'appele pas Longino, je me nomme Chollet.

— Alors, bravo ! Chollet ! reprennent les mêmes voix, bravo, cent fois ! à demain, oh ! vous auréz un fameux succès ! et la répétition s'achève au bruit des applaudissements de la foule qui grossit à chaque instant. Chacun parle de la belle voix du Martin, il n'est question que de lui dans le Havre. Le lendemain, la salle est comble, et à son entrée, Chollet est reçu par une triple salve d'applaudissements, comme un acteur en représentation. Son succès fut immense, il fut redemandé après la pièce aux cris de : plus de débuts ! plus de débuts ! Le directeur l'engagea sur-le-champ pour l'année suivante avec le double d'appointements, et pendant deux ans, le Havre posséda le meilleur ténor d'opéra-comique que nous ayons en France.

Ne croyez pas que j'entreprenne de vous retracer la carrière dramatique de cet artiste qui a signalé partout son passage par les plus grands succès. Si, parmi mes lecteurs, il se trouve quelqu'incrédule qui ne conçoive pas l'enthousiasme des habitants du Havre, qu'il aille à l'Opéra-Comique, un jour où l'on jouera *Zampa*, l'*Éclair* ou *le Postillon*, et je suis sûr qu'il sortira du spectacle en répétant : bravo ! Longino ! bravissimo ! Chollet !

LE VIOLON DE FER-BLANC

On voit peu d'instruments qui aient autant varié de
nom, de forme et de matière que le violon. Depuis la
lyre d'Apollon, que quelques peintures antiques nous
représentent comme un véritable violon, depuis le re-
bec du moyen âge jusqu'aux chefs-d'œuvre des Amati
et des Stradivarius, que de transformations! Malgré
la puissance des instruments à vent de moderne invention, le violon s'est toujours maintenu et se main-
tiendra probablement toujours le roi de l'orchestre et
la base de toute combinaison symphonique. Bien des
essais ont été tentés pour arrondir le son de cet instru-

ment, et il est peu de matières qu'on n'ait essayé
d'employer à sa confection. A la vente après décès de
l'ancien et célèbre munitionnaire Séguin, on vit avec
surprise une multitude de boîtes de violon de l'invention du défunt; il y en avait en carton, en pâte, en
pierre, en bois de toutes sortes : si l'asphalte avait
été à la mode alors, il y en aurait certainement eu en
bitume. Depuis longtemps on fait des archets en acier,
et Séguin n'eût pas manqué d'en faire confectionner
en fer galvanisé. La forme de ces boîtes n'était pas
moins bizarre que leur matière : les unes étaient per-
cées de trous comme une chaufferette, d'autres étaient
carrées comme une souricière, cela ressemblait à tout ce
qu'on voulait, rarement à un violon cependant ; mais
il fallait bien leur donner ce nom-là, puisque Séguin
les appelait ainsi, quand il vous en faisait l'exhibition.

Un Anglais qui assistait avec moi à cette vente, s'ex-
tasiait à la vue de ce musée grotesque d'un nouveau
genre, et ma surprise ne fut pas petite, quand il demanda au commissaire-priseur, si parmi tous ces violons, il n'y en aurait pas au moins un en fer-blanc.
Toutes les recherches furent inutiles, et l'on ne put
en découvrir un seul de cette matière.

— J'en suis fâché, me dit l'Anglais, cela m'aurait
peut-être fait gagner un bel instrument.

— Comment cela ?

— Ah ! me répondit-il, cela se rattache à l'histoire
d'une autre vente ; à celle de Viotti, dont j'ai été l'un
des plus grands admirateurs. J'aurais donné tout au
monde pour posséder un des instruments dont il s'é-

tait servi, et malheureusement des affaires de famille
me tenaient éloigné de Londres où l'on vendait ses
violons après sa mort; j'appris beaucoup trop tard
l'époque de cette vente; je crevai plusieurs chevaux,
et j'arrivai au moment où l'on venait d'adjuger le
dernier de ses instruments à un amateur qui l'empor-
tait en triomphe. Je lui offris vainement le double du
prix qu'il l'avait payé, il ne voulut jamais me le céder, et il eut même l'impolitesse de se moquer de
moi. Ecoutez, me dit-il, il y a encore un violon plus
extraordinaire que tous ceux que l'on a vendus, et
qui n'a pas même été mis en vente, vous pourrez l'a-
voir facilement. Et en me disant ces mots, il me montra du doigt un objet bizarre que je n'avais pas encore
remarqué : c'était un violon en fer-blanc ! Comprenez-
vous cela ? en fer-blanc ! Je tenais à avoir un des instruments de Viotti, et je me fis adjuger celui-là pour
quelques shellings, au rire de tous les assistants. Mon
antagoniste, fier de son beau violon, me dit alors :

— L'existence de ce bizarre instrument au milieu
de cette riche collection doit avoir une cause étrange,
et je serais si curieux de la connaître que je donnerais
volontiers le violon que je viens d'acheter pour avoir
le mot de cette énigme.

— Soit, repris-je vivement, concluons un arrangement : vous me céderez votre violon quand je vous
apprendrai l'origine du mien; j'irai voyager partout
où a été Viotti, je prendrai tous les renseignements possibles, et peut-être serai-je assez heureux pour découvrir ce mystère, et vous gagner votre violon.

— Le marché fut conclu. Depuis ce temps je n'ai
pas cessé de poursuivre mes investigations. J'ai su
qu'Armand Séguin avait été très-lié avec Viotti, qu'il
avait voulu en recevoir des leçons, et que comme le
grand artiste était très-occupé, il venait chez lui à
cinq heures du matin pour être sûr de le prendre au
saut du lit, qu'il était aux petits soins pour lui, em-
ployant tous les moyens pour capter sa bienveillance ;
qu'un jour même Viotti s'étant plaint à son domestique que son café était mal fait, Armand Séguin n'a-
vait plus voulu qu'un mercenaire se chargeât de cet
office, et que c'était lui-même qui, chaque matin, pré-
parait le déjeuner du violoniste ; j'ai pensé alors que
le violon de fer-blanc pouvait bien être un don d'Armand Séguin, et j'espérais en fournir la preuve en en
voyant un semblable dans cette vente ; mais voilà
toutes mes espérances renversées.

— Je consolai du mieux que je pus mon Anglais de
sa *misfortune,* et j'appris, au bout de quelques jours,
qu'il était parti pour le Piémont, patrie de Viotti,
courant toujours après les renseignements qui lui
échappaient.

Cette conversation m'était presque entièrement sortie de la tête, lorsqu'il y a deux mois environ, je me
trouvai à un dîner de la commission dramatique, placé
à côté d'un de mes collègues, Ferdinand Langlé, mon
ancien camarade de collége, et un de mes bons amis.
Vous savez tous que Ferdinand Langlé est un des plus
spirituels garçons que nous connaissions ; mais si vous
lui avez entendu chanter une de ses jolies chansons de

la voix la plus fausse qu'ait jamais possédée un vau-
deviliste, vous ne vous êtes guère douté qu'il est
d'origine musicienne, et que son père, Marie Langlé,
italien malgré la désinence toute française de son
nom, était un des habiles contrapuntistes du dernier
siècle, qui eut l'honneur d'être le maître de Dalayrac.
Je m'adressai donc à Ferdinand Langlé pour lui demander si, dans les papiers de son père, il n'aurait
pas trouvé quelques documents sur Dalayrac, dont il
n'existe pas de biographie complète. Après avoir répondu à ma demande, F. Langlé ajouta :

— Si tu veux, je pourrai te raconter quelques anecdotes musicales que j'ai entendu dire à ma mère, et
qui pourront t'intéresser.

— Je le remerciai vivement de sa proposition, et
comme on n'est jamais plus seul qu'au milieu de vingt
personnes qui parlent tout haut, je le priai de ne
pas tarder davantage à m'apprendre quelqu'une des
particularités qu'il pourrait savoir.

— Tiens, me dit-il, veux-tu que je te raconte l'histoire du violon de fer-blanc ?..

Vous jugez de l'intérêt que ce mot seul ne manqua pas d'exciter en moi. Je me rappelai sur-le-champ
la vente de Séguin, et mon camarade l'Anglais qui
courait toujours après l'histoire que j'allais sans doute
apprendre. Je fus donc tout oreilles au récit de F. Langlé que je regrette de ne pouvoir vous rendre, comme
il me l'a fait.

« Un beau soir d'été, mon père et Viotti allèrent se
promener aux Champs-Elysées, et finirent par s'asseoir

sous les arbres pour respirer l'air et la poussière de cette promenade. La nuit était venue, Viotti qui était très-rêveur, s'était laissé aller à ces émotions intimes qui l'isolaient complétement au milieu du cercle le plus nombreux ; et mon père qui travaillait alors à son opéra de *Corisandre*, repassait dans sa tête quelques motifs de son ouvrage, lorsque tous deux furent assez désagréablement distraits par un son faux et criard qui leur fit dresser la tête et ouvrir les oreilles. Tous deux se regardèrent en ayant l'air de se dire : Qu'est-ce que cela ? ils s'étaient si bien compris sans se parler que Viotti rompit le silence en s'écriant :

— Ce ne peut-être un violon, et cela y ressemble.

— Ni une clarinette, dit Langlé, et cependant il y a de l'analogie.

Le moyen le plus sûr de s'en assurer était d'aller vers l'endroit d'où partaient les sons discordants qui avaient attiré leur attention. A défaut de l'oreille, l'œil aurait pu les guider par la lueur tremblottante d'une maigre chandelle brûlant devant un pauvre aveugle accroupi à une centaine de pas d'eux. Viotti y était le premier :

— C'est un violon ! s'écria-t-il en revenant en riant près de Langlé. mais devinez en quoi ? en fer-blanc ! Oh ! cela est trop curieux, il faut que je possède cet instrument, et vous allez demander à l'aveugle de me le vendre.

— Bien volontiers, reprit Langlé, et s'approchant de l'aveugle : Mon ami, lui dit-il, vendriez-vous bien votre violon ?

— Pourquoi faire ? il faudrait en racheter un autre, et celui-là me sert ; c'est tout ce qu'il me faut.

— Mais vous pourriez en avoir un meilleur avec le prix que nous vous en donnerions, et avant tout pourriez-vous nous expliquer pourquoi votre violon n'est pas comme tous les autres ?

— Oh ! vous voulez dire pourquoi qu'il est en fer-blanc ? ça ne sera pas long. Voyez-vous mes bons messieurs, on n'a pas toujours été aveugle, et j'étais autrefois un bon vivant qui faisais gentiment sauter les jeunes filles à notre village ; mais je suis devenu vieux, et je n'y ai plus vu clair. Je ne sais trop comment j'aurais pu vivre sans ce bon Eustache, le fils de feu mon frère. Ce n'est qu'un pauvre ouvrier qui gagne à peine sa vie ; eh ! bien, il m'a pris avec lui et m'a nourri tant qu'il a pu ; mais à la fin, l'ouvrage a manqué : on ne faisait plus qu'une journée de trente sous par semaine, et c'était pas assez pour deux. Mon Dieu, que je lui dis, si j'avais tant seulement un violon ; j'en savais jouer dans mon jeune temps, et je pourrais le soir rapporter à la maison quelques pièces de deux sous qui nous aideraient un peu. Eustache ne dit rien, mais le lendemain je vis bien qu'il était plus triste qu'à l'ordinaire, et la nuit, comme il croyait que je dormais, je l'entendis murmurer : Oh ! le vieux serpent, ne pas vouloir me faire crédit de six francs ; mais c'est égal, mon oncle aura son affaire, ou je ne m'appellerai pas Eustache. Effectivement, au bout de huit jours, voilà mon garçon qui vient en triomphe, et me dit : Tenez, v'là un violon et un fameux ; c'est moi qui l'ai fait ! vous ne craindrez pas qu'il se casse en le laissant tomber, celui-là ; et il me remit le violon, que vous voyez. Eustache est ferblantier et son bourgeois lui avait donné de quoi me faire mon instrument avec des rognures de l'atelier, et puis il avait économisé de quoi avoir des cordes et du crin. Dam ! jugez si je fus content, ce pauvre garçon qui s'était donné tant de peine ; aussi le bon Dieu l'a récompensé : dès le matin il me mène à cette place en allant à la journée, et puis il vient me reprendre le soir ; et il y a des jours où la recette n'est pas trop mauvaise ; tellement que quelquefois il n'a pas d'ouvrage, et c'est moi qui fais aller la maison, c'est gentil ça.

— Eh bien! dit Viotti, je vous donne vingt francs de votre violon; vous pourrez en acheter un bien meilleur avec ce prix-là, mais laissez-moi un peu l'essayer.

Et il prit le violon. La singularité du son l'amusa ; il cherchait et trouvait des effets nouveaux, et ne s'apercevait pas qu'un public nombreux, attiré par ces sons étrangers, s'était amassé autour d'eux. Une foule de gros sous, parmi lesquels se trouvaient même quelques pièces blanches, vint tomber dans le chapeau de l'aveugle ébahi, à qui Viotti voulut remettre ses vingt francs.

— Un instant! s'écria le vieux mendiant, tout à l'heure je voulais bien vous le donner pour 20 francs, mais je ne le savais pas si bon ; à présent je demande le double.

Viotti n'avait peut-être jamais reçu un compliment plus flatteur, aussi ne se fit-il pas prier pour la surenchère qu'on lui imposait. Il se glissa au milieu de la foule avec son violon de fer-blanc sous le bras;

mais à une vingtaine de pas de là, il se sent tirer par
la manche : c'était un ouvrier qui, le bonnet à la main,
lui dit, les yeux baissés :

— Monsieur, je crois qu'on vous a fait payer ce vio-
lon-là trop cher, et si vous êtes amateur, comme c'est
moi qui l'ai fait, je pourrai vous en fournir tant que
vous voudrez à six francs.

C'était Eustache qui avait vu conclure le marché,
et qui ne doutant plus de son talent pour la lutherie,
voulait continuer un commerce qui réussissait si bien.
Il fut cependant obligé d'y renoncer, car Viotti se contenta du seul exemplaire qu'il avait si bien payé. »

— Et que fit Viotti du violon de fer-blanc? deman-
dai-je à F. Langlé.

— Il l'a toujours gardé et l'emporta avec lui quand
il se retira en Angleterre.

— Eh bien ! mon cher, dis-je à Ferdinand, tu ne te
doutes guère du service que tu viens de rendre à un
de mes amis ; ton histoire va lui faire gagner un violon magnifique. Et je lui dis à mon tour l'histoire de
la vente de Viotti, et d'A. Séguin.

J'ai fait depuis toutes sortes de démarches pour savoir dans quelle partie du globe se trouve maintenant
mon Anglais ; mais toutes mes recherches ont été inutiles, et comme les livres sont lus dans tous les pays,
j'ai pris le parti de consigner ces renseignements dans
celui-ci, espérant que le hasard les fera tomber
sous les yeux de mon ami et lui fournira les moyens
de gagner son violon.

UN MUSICIEN DU XVIIIᵉ SIÈCLE

——————

Dans les premiers mois de l'année 1733, au deuxième étage d'une haute et noire maison de la rue du Chantre Saint-Honoré, habitait un ménage qui pouvait passer pour le modèle de ceux du quartier. Le mari était un grand homme sec et flegmatique d'environ cinquante ans, ne parlant jamais à personne de la maison, et dont la conduite avait toujours paru si exemplaire, que les plus mauvaises langues n'avaient pu jusque là y trouver à redire. Quoique musicien de profession, il était d'une extrême sobriété, sortait le matin pour al-

ler donner ses leçons, rentrait exactement à l'heure de
ses repas, car il soupait rarement en ville, et une fois
rentré, on n'entendait jamais aucun bruit chez lui; il
se retirait dans un cabinet, où il écrivait fort assidûment, et bien rarement son clavecin ou son violon
troublait le silence habituel de la maison. Les dévots
même n'auraient en rien pu attaquer sa morale religieuse, car, en sa qualité d'organiste de l'église Sainte-
Croix-de-la-Bretonnerie, il était très-assidu à toutes
les fêtes, et sa femme l'accompagnait toujours à l'é-
glise. Cette dernière, de vingt ans plus jeune que son
mari, était d'une figure agréable, et son caractère paraissait extrêmement doux ; toujours occupée de quelque ouvrage d'aiguille quand elle était à la maison, elle
ne sortait guère dans la semaine que pour faire ses
provisions de ménage, ne se mêlant jamais des commérages de la maison, parlant peu aux personnes
qu'elle rencontrait dans ses allées et venues, mais ré-
pondant toujours fort honnêtement à ceux qui l'inter-
rogeaient, et accompagnant ses paroles d'un petit mouvement de tête et d'un sourire si doux, que ceux qui
la quittaient étaient aussi satisfaits de ses laconiques
réponses que si elle leur eût tenu les plus beaux discours du monde. Aussi malgré la sauvagerie du mari,
et le préjugé peu favorable attaché alors à la profession
de musicien, le couple était-il en grande vénération
dans le quartier, et le marchand cirier qui occupait la
boutique près de l'allée sombre qui donnait entrée à la
maison, ne manquait-il jamais de retirer son bonnet
fourré, lorsque le grand homme sec et sa petite femme

rondelette passaient devant sa porte; le salut était scrupuleusement rendu, mais pas un mot n'était échangé pour cela, et le marchand cirier ne pouvait jamais s'empêcher de dire :

— Ce sont de bien honnêtes gens, mais il est tout de même un peu fier, ce grand sécot.

Une seule personne des habitants de la maison avait ses entrées libres chez nos deux époux. C'était une vieille demoiselle de soixante ans, vivant aussi fort retirée ; mais comme elle avait environ trois mille livres de rente, et que cette petite fortune (et c'en était une il y a cent ans), lui donnait dans son esprit une grande supériorité sur les autres locataires, elle s'était hasardée à faire une démarche auprès du couple qui demeurait au-dessus d'elle. Voici en quelle circonstance. La vieille demoiselle, qui se nommait Mlle de Lombard, avait dans son salon une épinette, dont elle touchait passablement, et sur laquelle elle s'occupait souvent à répéter les symphonies de Lully, et tous les airs de son jeune temps. A son retour d'un petit voyage à sa campagne, elle se sentit un jour en goût de musique, et fut fort désagréablement surprise en trouvant son épinette tellement fausse et démontée qu'il était impossible de s'en servir. La patience n'était pas la vertu de notre vieille musicienne, elle voulut qu'on lui accordât tout de suite son instrument, et ayant entendu dire qu'il y avait un musicien dans la maison, elle envoya sa servante lui chercher ce monsieur pour remettre son épinette en état. Sa servante vint bientôt lui dire que la seule réponse qu'on lui eût faite était,

8.

que le voisin n'était pas accordeur et qu'elle eût à chercher ailleurs.

— Ma mie, dit Mlle de Lombard, vous êtes une sotte, et vous ne savez pas vous y prendre. Il fallait promettre une pièce de trente-six sols, comme c'est l'usage, et cet homme serait venu à l'instant.

— Mais, répondit la servante toute confuse, c'est que ce n'est pas un homme, c'est un monsieur.

— Oh ! alors, si c'est un monsieur, ajouta Mlle de Lombard, il faut donc que j'y monte moi-même.

Et en effet, elle se mit à trottiner à travers l'escalier, et bientôt elle sonna à la porte du second étage.

— Madame, dit-elle à la petite femme qui vint lui ouvrir, est-ce qu'il ne demeure pas un musicien céans ?

— Pardonnez-moi, Mademoiselle, c'est mon mari.

— Eh bien ! Madame, voici une pièce de trente-six sols pour qu'il vienne accorder mon épinette.

— Mademoiselle, mon mari n'est pas accordeur, d'abord ; ensuite, il travaille, et je ne saurais le déranger en ce moment.

— Qu'importe ! qu'il soit accordeur ou non ; du moment qu'il est musicien, il est bien capable de remonter un instrument, et je désire qu'il vienne le plus prochainement possible.

— Mademoiselle, je vous répète qu'il m'est tout à fait impossible de le déranger.

La petite femme n'eut pas le temps d'achever sa phrase, car avec une vivacité dont on ne l'eût certes pas soupçonnée, la vieille demoiselle s'élança vers une

porte, qu'elle ouvrit précipitamment, et se trouva dans
le cabinet du musicien. Le grand homme maigre était
assis , enfoncé dans un large fauteuil, devant une table couverte de musique, et de papiers chargés de chiffres. Son travail l'absorbait tellement, qu'il ne s'ap-
perçut pas de l'arrivée de Mᴵᴵᵉ de Lombard.

— Monsieur, lui dit-elle en entrant, voilà trente-
six sols pour venir accorder mon épinette.

Pas de réponse,

— Mademoiselle, dit la jeune femme, vous voyez
qu'il ne vous entend pas, si par malheur vous attirez
son attention, il vous recevra fort mal.

La vieille demoiselle, sans tenir compte de l'avis, se
mit alors à crier à tue-tête.

— Monsieur, voilà trente-six sols...

Cette fois le grand homme maigre releva la tête, il
regarda fixement la vieille demoiselle qui, enchantée
de son succès, continua alors d'une voix beaucoup plus
douce.

— Pour venir accorder mon épinette.

Mais l'homme paraissait ne l'avoir pas comprise.

— Qu'est-ce donc, Louise, dit-il à sa femme, pourquoi me laissez-vous ainsi déranger?

— Mon ami, répondit la jeune femme presque en
balbutiant, ce n'est pas ma faute, c'est mademoiselle
qui veut absolument que vous lui accordiez son épinette.

— Mademoiselle, vous êtes folle; voici la seule réponse que je puisse vous faire.

A ces mots la vieille demoiselle ne se contint plus.

— Monsieur, dit-elle, savez-vous bien que vous parlez à M{le} de Lombard ?..

— Et vous, Mademoiselle, connaissez-vous bien Philippe Rameau, pour venir lui offrir trente-six sols pour remonter votre épinette ?.....

Malheureusement la vieille demoiselle n'était guère au fait de la musique moderne; elle ne connaissait ni la *Démonstration du principe de l'harmonie*, ni *Les quatre pièces du clavecin*, les seuls ouvrages que Rameau eût encore publiés; aussi cette réponse fit-elle peu d'effet; elle craignit cependant de s'être trompée, et que l'homme à qui elle s'adressait ne fût pas un musicien; sa contenance parut si embarrassée au grand homme que, pour la rassurer, il ajouta :

— Je ne suis pas accordeur, il est vrai, et je n'ai d'ailleurs pas le temps de m'occuper de votre instrument; mais si vous le voulez, passez dans la pièce à côté, et vous pourrez vous exercer sur mon clavecin tant que bon vous semblera.

Cela dit, il se remit dans les calculs, et ne s'aperçut nullement des révérences sans nombre que M{le} de Lombard adressait à son fauteuil. La vieille demoiselle, pour n'avoir pas de démenti, essaya un peu le clavecin, puis elle redescendit chez elle. Mais le lendemain elle fit demander à ses nouvelles connaissances à quelle heure on pourrait la recevoir. Rameau, qui ne travaillait pas à ce moment, alla lui-même la chercher ; ils causèrent longtemps musique ; M{le} de Lombard avait reçu des leçons du célèbre Couperin et était bonne musicienne. Elle se mit au courant de la musique moderne, apprécia, autant que le peuvent faire les vieilles gens, celle de son voisin et l'intimité s'établit bientôt.

Mᵐᵉ Rameau fut celle à qui cette société fut le plus agréable. Son mari détestait les nouvelles connaissances, et était fort peu communicatif. La pauvre femme s'ennuyait beaucoup; mais elle n'aurait jamais osé le dire : elle savait que le bonheur de son mari était de la croire heureuse; en lui laissant voir qu'elle ne l'était pas, elle n'ignorait pas le chagrin qu'elle lui aurait causé et elle n'aurait jamais osé lui proposer de changer de genre de vie; car quoique foncièrement bon, il était excessivement opiniâtre, et il avait souvent des accès de mélancolie qu'elle aurait craint de rendre plus fréquents. Une fois par semaine, il allait souper chez M. de la Popinière, fermier-général, qui s'était déclaré son protecteur, et un autre jour il recevait un de ses amis à dîner, c'était le célèbre organiste Marchand, dont il avait reçu des leçons et dont il estimait grandement le talent. Rameau ne donnait ses leçons de clavecin qu'à contre-cœur, il se sentait quelque chose en lui qui n'avait pas encore pris son essor, et il savait bien que les leçons ne le mèneraient à rien; mais c'était avec plaisir qu'il allait toucher son orgue de Ste-Croix de la Bretonnerie. Sa publication des *Principes d'harmonie* lui avait donné la réputation de savant musicien, et il tenait à prouver qu'il était quelque chose de plus qu'un savant. Aussi recevait-il avec joie les compliments de ses confrères, qui venaient l'entendre à son orgue; mais c'était ceux du public

qu'il ambitionnait, et à l'église, le public ne manifeste
pas ses sensations musicales; il aurait voulu des applaudissements, et ceux qu'on lui prodiguait, quand il
touchait du clavecin, ce qu'il faisait avec une grande
supériorité, ne le flattaient que médiocrement, parce
qu'il sentait qu'il était capable de faire plus. En un
mot, il n'aspirait qu'à travailler pour le théâtre, et
quoiqu'il n'eût jamais communiqué ce désir à qui que
ce fût, c'était néanmoins le but de toutes ses pensées.

Cependant, il avait près de cinquante ans, et sentait
bien que s'il tardait davantage, sa carrière était perdue. Il tenta une fois d'écrire à Houdard de Lamotte,
pour lui demander un poëme; mais les gens de lettres,
même ceux qui font des tragédies lyriques, étant généralement peu versés dans la musique, le poëte con-
fondit cette demande avec cent autres du même genre
qu'il recevait journellement, et ne répondit pas. Rameau en ressentit un profond chagrin, ses accès de
mélancolie en devinrent plus fréquents; il s'enfermait
des journées entières dans son cabinet. Il consultait
les partitions de tous les opéras nouveaux, et après
avoir lu avec attention ces différents ouvrages, il restait abîmé dans ses réflexions. Sa figure sévère et an-
guleuse s'animait alors d'une expression bizarre où le
génie et la colère étaient confondus :

—Comment! disait-il, voilà les gens qu'on me pré-
fère; mais dans la moindre de mes pièces de clavecin, il y a plus d'idées que dans tout ce fatras de musique.

Depuis l'immortel Lully, il n'y a pas eu un seul

grand musicien en France, à l'exception peut-être de
Lalande, qui n'a guère travaillé que pour l'église. On
ne joue déjà plus les opéras de Colasse. Que nous
reste-t-il donc? M. de Blamont, Mouret qu'ils ont surnommé le musien des Grâces; au moins celui-là a-t-il
quelques idées. Mais Destouches, mais Campra !

Puis, saisi de fureur, il courait quelquefois à son
clavecin, où il improvisait des heures entières. La
fantaisie d'écrire ce qui lui passait par la tête, lui pre-
nait-elle un instant, il y renonçait bien vite en se disant :

— A quoi bon faire cela ? qui pourrait l'exécuter,
qui pourrait le comprendre ? Ils feraient comme il y a
vingt ans à Avignon, un peu avant mon voyage d'Italie : ils méprisèrent mes premiers essais, parce que
c'était au-dessus de leur portée ; et cependant il y a
d'habiles musiciens en Italie ; ceux-là ont compris ma
musique... Non, il me faut un théâtre, un orchestre,
un public, pour avoir le mot de cette énigme. Je crois
qu'on peut faire autrement que Lully, et faire bien
encore. Oh ! j'y viendrai...

Puis il sortait pour prendre l'air, comme si l'atmosphère de sa chambre eût été trop lourde pour lui, et
quand il rentrait le soir, il se couchait sans dire un
seul mot à sa pauvre Louise, qui gémissait d'un chagrin qu'elle ne pouvait partager, et dont elle ne pouvait deviner la cause.

Une circonstance inattendue décida entièrement Rameau à s'adonner au théâtre. Il y avait un concours
pour la place d'organiste à l'église de Saint-Paul. Ra-

meau fut vaincu par Daquin qui ne le valait cependant
pas. Rameau ne put supporter cet affront de sang-
froid, et il parut s'être opéré une révolution en lui. Il
prit alors un genre de vie tout différent de celui qu'il
avait mené jusque-là. Tout d'un coup il abandonna ses
leçons, se mit à aller à l'Opéra tous les jours de spectacle, rentrant fort avant dans la nuit, l'air continuellement préoccupé. Quand il s'enfermait dans son
cabinet, ce n'était plus pour faire des calculs de chiffres
comme autrefois. On l'entendait, à travers la porte,
chanter, jouer du violon, danser, tantôt rire aux éclats,
tantôt donner de grands coups contre les meubles, puis
se dépiter, et on le voyait alors, lui si méthodique auparavant, sortir de chez lui quelquefois sans épée, la
perruque de travers, et le chapeau sur le coin de l'o-
reille. Les voisins s'aperçurent bientôt de ce changement : les caquets et les commérages allèrent leur
train, et la pauvre Mme Rameau ne fut pas la dernière à gémir du dérangement de son mari. Il ne lui
parlait presque plus, ne l'emmenait plus à l'église, et
dînait et soupait presque tous les jours dehors.

Le jour de Pâques vint. A dix heures, Rameau était
encore dans son cabinet (il s'était levé à cinq). Madame Rameau venait d'aller entendre une basse messe
à une chapelle de la rue Saint-Honoré ; quel ne fut pas
son étonnement en rentrant de s'apercevoir que son
mari n'était pas encore sorti pour aller à son orgue.
Elle se précipite dans son cabinet, et le trouve en robe
de chambre, son bonnet de coton sur le haut de la
tête, en pantoufles, un bas sur les talons, et dansant

sur l'air qu'il se jouait lui-même sur son violon.

— Mais, Philippe, lui dit-elle, à quoi songez-vous donc ? la grand'messe est commencée, vous allez manquer vos *Kyrie*, car la procession est sûrement rentrée au chœur : dépêchez-vous donc.

— Laisse-moi donc tranquille, avec tes *Kyrie*, lui dit Rameau ; écoute-moi ce passe-pied, et dis-moi un peu si on ne dansera pas bien sur cet air-là.

Et il se remit à jouer et à danser. Mme Rameau crut son mari fou.

— Mais, mon ami, réfléchissez donc, vous perdrez votre place ; et il ne nous manquait plus que cela à présent que vous avez abandonné toutes vos leçons.

— Ma place, eh ! ma chère, voilà bientôt trois mois que je ne l'ai plus : j'ai donné ma démission. Allons, laisse-moi tranquille, puisque tu ne veux pas écouter mon passe-pied.

Madame Rameau fut anéantie, la place d'organiste était leur unique ressource. Elle se mit à pleurer.

— Mais, se dit-elle, quand nous aurons mangé ces 800 livres, que nous avons de côté, que deviendrons-nous ? Ah ! je veux les serrer moi-même : cet argent est maintenant trop précieux.

Elle court vers une commode où était renfermé le petit pécule : hélas ! des 800 livres les trois quarts étaient dénichés : il restait 200 livres en tout.

La pauvre Louise ne savait plus que penser ; elle descendit tout de suite chez Mlle de Lombard, à qui elle conta tous ses chagrins : son cœur était trop

gros, il y avait trop longtemps que sa douleur était
renfermée, aussi fit-elle explosion chez la vieille demoiselle qui ne se doutait de rien, et qui fut bien surprise en apprenant les déréglements de M. Rameau.
Elle consola du mieux qu'elle put la jeune femme,
mais ses consolations n'avaient rien de bien rassurant;
elle ne pouvait expliquer cette inconduite que de trois
manières : ou M. Rameau était joueur, ou il buvait,
ou bien il avait des maîtresses. Or, ses fréquentes sorties lui faisaient bien penser qu'il avait au moins une
maîtresse, sa danse et sa gaîté ne laissaient aucun
doute sur l'abus du vin qu'il faisait, et la disparition
des 600 livres était bien la preuve qu'il était dominé
par la funeste passion du jeu : il lui était donc claire-
ment démontré que l'unique cause des désordres de
M. Rameau était le vin, le jeu et les femmes. La
pauvre Louise remonta chez elle un peu plus désespérée qu'auparavant; elle retrouva son mari dans le
même costume et se livrant à la même occupation ;
seulement au lieu d'un passe-pied, c'était une gavotte
qu'il jouait sur son violon.

Cependant le 1er mai, le jour de la Saint-Philippe
approchait ; il était d'usage que quelques amis se réunissent ce jour-là chez Rameau ; Mme Rameau fit
donc ses invitations comme à l'ordinaire. On dînait
alors à une heure et demie. A une heure, Rameau, sorti
depuis le matin, n'était pas encore rentré. La pauvre
Louise tremblait que son mari ne restât toute la journée
dehors, et sa figure trahissait toute son inquiétude,
quand Mlle de Lombard rompit le silence :

— Il est temps que cela finisse, dit-elle, en s'adressant aux autres convives; il faut absolument qu'au dessert M. Rameau nous donne l'explication de sa conduite. Voilà une pauvre petite femme qui, si cela continue, deviendra bientôt aussi maigre et aussi sèche que son vaurien de mari, et c'est un scandale qu'il faut empêcher.

Cette harangue fut unanimement approuvée, et chacun s'apprêta à chanter sa gamme à l'hôte dont on allait manger le dîner. Les convives étaient M. Marchand, l'organiste; M. Dumont, marguillier de Sainte-Croix de la Bretonnerie, que l'on avait eu bien de la peine à décider à venir, tant il était furieux contre son organiste démissionnaire, et M. Bazin, le marchand cirier, qui avait été invité comme principal locataire de la maison, Mme Rameau ayant sagement pensé qu'il serait prudent d'être bien avec lui, quand viendrait le premier terme à échoir.

A une heure un quart, Rameau arriva, il avait la figure radieuse. Il parut d'abord surpris de voir ses amis réunis, il allait en demander l'explication quand sa femme lui présenta un nœud d'épée, et une paire de manchettes brodées de sa main. La mémoire lui revint alors.

— Bonne Louise, dit-il, tu n'oublies rien, toi; tu sais bien quand c'est ma fête. Ce n'est pas comme moi, je ne peux jamais me souvenir du jour de la tienne, que quand j'entends tirer le canon, parce que c'est aussi celle du roi; aussi, j'ai toujours oublié de t'avoir quelque chose pour te la souhaiter. Mais sois tran-

quille, cette année il n'en sera pas de même, je
t'assure.

Il en disait autant tous les ans, et cependant Louise
fut tellement émue de ces marques de tendresse auxquelles elle n'était plus accoutumée, qu'elle sentit ses
yeux se mouiller de larmes. Après avoir embrassé sa
femme, Rameau salua respectueusement Mᴵˡᵉ de Lombard, tendit la main à M. Marchand, et fit une incli-
nation à M. Dumont le marguillier, à qui l'odeur du
rôti donnait envie de sourire, et qui faisait une horrible grimace pour avoir l'air sévère ; puis, enfin, à
M. Bazin qui lui rendit son salut en s'inclinant tout
d'une pièce, comme aurait fait un des cierges de sa
boutique. On se mit à table, et tout le commencement
du repas fut très-gai ; mais une certaine gêne se fit
remarquer parmi les convives, quand vint le dessert.
Rameau avait été si aimable pendant le dîner, son bon
vin de Bourgogne qu'il appelait son compatriote, avait
été prodigué de si bon cœur que pas un ne se sentait le
ccurage de commencer les hostilités envers un hôte de
si bonne humeur.

Mᴵˡᵉ de Lombard qui avait promis d'attacher le gre-
lot, tâchait de trouver un interprète de sa sainte indignation, et c'est sur M. Bazin qu'elle avait jeté son
dévolu ; mais malgré les signes d'yeux qu'on lui faisait, M. Bazin qui avait mangé comme quatre, et qui
pensait assez judicieusement que du moment qu'on se
disputerait, on ne boirait plus, faisait semblant de ne
rien entendre, et allait toujours son train. Mᴵˡᵉ de
Lombard eut alors recours au grand moyen de l'avertir

par un léger coup de pied sous la table. Malheureusement les longues jambes du maître de la maison tenaient tant de place, que ce fut contre elles que vint échouer l'avertissement destiné à M. Bazin. Rameau fit une grimace terrible en demandant qui s'amusait à lui marbrer ainsi les jambes. Mlle de Lombard rougit jusqu'aux oreilles, craignant qu'on ne soupçonnât sa moralité de cette agacerie, et les convives se regardaient tous dans le blanc des yeux, sans rien comprendre à cet incident, quand le bruit inaccoutumé d'une voiture dans la rue du Chantre détourna toute attention. Cette voiture s'étant arrêtée devant la maison, on entendit bientôt des pas dans l'escalier, la sonnette retentit, et un coureur se précipitant dans la salle à manger, annonça d'une voix retentissante :

— M. de la Poplinière !

En entendant prononcer le nom de M. de la Poplinière, les convives de Rameau se lèvent, se bousculent, et un bon gros petit homme, vêtu d'un habit de velours nacarat garni de brandebourgs d'or, s'avance alors au milieu des convives en désarroi.

— Comment, Monsieur, dit Rameau, vous daignez venir chez moi, et cela sans m'en prévenir ?

— Parbleu, il est joli, celui-là ! répondit le gros petit homme ; pour vous prévenir, il faudrait vous voir, et on ne sait plus ce que vous devenez. Ah çà, qu'est-ce que je viens d'apprendre ? vous voulez donc faire un opéra ? vous avez été demander une audition ce matin à Mlle Petit-Pas. Eh bien ! quand vous mettrez-vous à l'œuvre ? Ah çà, il est bien entendu que c'est chez moi que se fera la première audition. Vous savez que mon orchestre est à vos ordres. Quant à la copie, cela me regarde aussi; et dès que vous aurez quelque chose de fait, vous n'avez qu'à l'envoyer à mon hôtel.

— Mais, Monsieur, dit Rameau, tout est fait; voilà bientôt trois mois que j'y travaille.

— Comment, tout est fait? Et qui donc a pu vous donner des paroles?

— M. l'abbé Pellegrin, moyennant 600 livres qu'il a exigé que je lui avançasse comme garantie.

— Comment! ce gueux de Pellegrin vous a demandé 600 livres? Mais je le ferai bâtonner par mes gens.

— Mais c'était tout naturel, il ne sait pas si je suis capable.

— C'est vrai, au fait, ce que vous me dites là. Eh bien! je lui sais beaucoup de gré de vous avoir donné sa poésie pour 600 livres. Quand vous le verrez, invitez-le à venir dîner chez moi. Comment cela s'appellera-t-il?

— *Hippolyte et Aricie.*

— Beau sujet, superbe sujet. Eh bien! quand voulez-vous faire votre audition, votre répétition?... je ne sais comment vous appelez cela.

— Mais je pense que dans huit jours on pourrait essayer le premier acte.

— Dans huit jours, donc. Adieu, je suis enchanté d'avoir fait connaissance avec votre famille, votre petite femme qui est, parbleu, charmante, et madame votre mère qui paraît bien respectable, ajouta-t-il, en regardant Mlle de Lombard.

— Du tout, se hâta d'interrompre Rameau, Mademoiselle est une de nos voisines et amies.

— Pardon, pardon, Mademoiselle, dit le gros fermier général, voulant réparer sa faute et diminuer l'air refrogné de la demoiselle ; pardon de vous avoir prise pour la mère de Rameau ; c'est l'âge, voyez-vous, qui me faisait supposer... Ah çà, et ce monsieur là, qui est-ce ?

— M. Dumont, marguillier.

—Oh ! très-bien ; et cet autre petit, dans le coin ?

— C'est mon maître, le célèbre Marchand.

— Diantre ! M. Marchand ; touchez donc là, je vous en prie ; enchanté de vous connaître. Ah çà, j'espère que nous nous reverrons, et que vous me ferez l'honneur de venir à mes concerts du vendredi.

M. Marchand s'inclina. Le fermier général apercevant alors M. Bazin qui, depuis son entrée, n'avait pas encore interrompu ses révérences :

—Eh ! mon Dieu, dit-il, quel est celui-là ? C'est donc le mouvement perpétuel en personne ?

—Nullement, dit Rameau, c'est M. Bazin, marchand cirier et mon propriétaire.

— Allons, c'est bien, dit en sortant le gros petit homme ; Rameau, de demain en huit je vous attends ; vous m'amènerez Pellegrin ; M. Marchand, je compte aussi sur vous ; Mesdames, je vous salue.

Après son départ, Louise courut se jeter dans les bras de son mari :

— Mon ami, dit-elle, j'ai besoin que vous me par-
donniez ; j'ai été injuste envers vous.

— Nous tous aussi, nous avons besoin de pardon,
ajouta Mlle de Lombard, car nous vous avions mé-
connu : nous ne savions pas que vous fissiez un opéra,
et votre conduite singulière nous avait inspiré des
soupçons qui, grâce au Ciel, sont tous dissipés.

— Mes bons amis, dit Rameau, je voulais vous cacher le but de mon travail, jusqu'à ce que je fusse
certain du succès. Mon secret est trahi maintenant ;
ne m'en voulez pas de l'avoir gardé si longtemps, je
craignais les reproches, les conseils. A présent que
j'ai terminé mon opéra, voulez-vous passer dans mon
cabinet ? Marchand et moi, essaierons de vous en faire
entendre les principaux morceaux, et vous nous en
direz votre avis.

— Adopté, s'écria M. Bazin, qui était un peu gai ;
j'aime beaucoup la musique, moi ! Y aura-t-il une
chanson à boire dans votre opéra ?

Rameau se contenta de sourire, et tout le monde le
suivit dans son cabinet.

Marchand se mit au clavecin ; Rameau déploya devant son pupitre la partition de ses cinq actes, et, l'ai-
dant tantôt de la voix, tantôt de son violon, il parvint
à donner à ses auditeurs une idée de son opéra. Quelque imparfaite que fût l'exécution d'une œuvre si gi-
gantesque par deux personnes, ce petit concert produisit néanmoins beaucoup d'effet. Mlle de Lombard
déclara qu'il n'y avait que Rameau ou Lúlly capable
de faire de si belles choses.

— Mademoiselle, dit Rameau, on ne saurait me faire de compliment plus flatteur; le grand Lully n'a pas de plus sincère admirateur que moi. Toujours occupé de sa belle déclamation et du beau tour de chant qui règnent dans ses récitatifs, je tâche de l'imiter, non en copiste servile, mais en prenant comme lui la belle et simple nature pour modèle.

Mᵐᵉ Rameau pleurait de joie et de plaisir; M. Dumont, le marguillier, trouvait tout cela charmant, quoique regrettant au fond du cœur que toutes ces belles choses fussent destinées à un usage profane, quand on aurait pu en faire de si jolis motets pour les saluts de sa paroisse. M. Bazin, qui s'était endormi dès les premières mesures, se réveilla au bruit des félicitations qu'on adressait à Rameau; il y vint joindre les siennes.

— Ma foi, dit-il, je n'ai jamais rien entendu de si gentil : il est vrai que je n'ai jamais été à l'Opéra ; mais il y a un commencement à tout, et c'est une dépense que je me permettrai pour aller entendre la petite drôlerie de M. Rameau.

Quant à Marchand, il était dans le ravissement.

— Mon cher ami, disait-il, je vous connaissais comme un bien habile organiste, comme un bien savant musicien, mais je ne vous aurais jamais cru capable de faire de si belles choses. Tout est neuf, dans votre ouvrage ; si les symphonistes parviennent à vous bien exécuter, cet opéra fera une révolution en musique ; mais cela me semble bien difficile. Dans cet admirable trio des Parques, au deuxième acte, il y a

un passage enharmonique qui leur donnera bien de
la tablature.

— Soyez tranquille, répondit Rameau, ils en viendront à bout avec du temps et de la patience. Rappelez-vous que quand Lully voulut écrire son premier opéra, il n'y avait à Paris que douze violons. Un an après, la bande des vingt-quatre existait, et nous avons fait de bien grands progrès depuis ce temps-là. Soyez tranquille, vous dis-je, tout cela s'exécutera, je m'en charge.

Le lendemain, M. de la Poplinière envoya chercher la partition pour la faire copier. Rameau ne livra que le prologue et le premier acte, pensant que cela suffirait pour l'audition. Pendant les huit jours employés à la copie des parties, il courut chez les principaux chanteurs, pour leur faire essayer ses morceaux, car pour être reçu à l'Opéra, il n'était pas besoin alors d'être grand musicien, ni même de savoir chanter : il suffisait d'avoir ce qu'on appelait une grande voix. Les ressources de la voix de tête, et de la voix mixte, étaient tout à fait inconnues, et les notes les plus élevées s'exécutaient toujours à plein gosier. Aussi dut-il seriner ses airs aux chanteurs qui ne savaient pas lire la musique.

— Cependant on devait un terme à M. Bazin et quelle qu'eût été son admiration pour la musique de son locataire, il venait de temps en temps lui rappeler sa dette ; toutes ses démonstrations ne le convainquaient que fort peu.

— Comment se fait-il, mon voisin, lui disait-il,

qu'un homme comme vous n'ait pas une si chétive somme à sa disposition?

— Je l'avais, et au delà, répondit Rameau, mais j'ai été obligé de déposer 600 livres comme garantie d'un billet de pareille somme que j'ai fait à M. Pellegrin, en cas de non-succès de mon opéra; comme je suis convaincu qu'il réussira, je vous paierai avec cet argent.

Force était à M. Bazin de se contenter de cette réponse, mais il n'était pas trop satisfait, et le témoignait en grommelant chaque fois qu'il rencontrait Mme Rameau.

Le jour de l'audition vint enfin. M. de la Poplinière avait réuni chez lui ce qu'il y avait de plus distingué à la cour et à la ville pour entendre la musique de son protégé. Rameau était très-connu comme musicien de théorie, les ouvrages qu'il avait publiés sur la division du corps sonore, lui avaient acquis plus de renommée à l'académie des sciences que dans le monde, et on était assez peu favorablement prévenu sur le début d'un homme de cinquante ans dans une carrière qui demande avant tout de la vivacité et de la fraîcheur d'imagination. L'ouverture, comme toutes celles du temps, était un morceau fugué qui ne produisit que peu d'effet. Le premier chœur du prologue : *Accourez, habitants des bois,* fut mieux accueilli; l'assemblée paraissait indécise, les grands seigneurs n'osaient se compromettre en applaudissant les premiers : les morceaux suivants furent donc écoutés avec un silence religieux. Rameau, qui conduisait la symphonie,

voyait avec chagrin le peu d'effet que produisait sa
musique ; le découragement se peignait dans ses traits,
lorsqu'après l'air charmant : *Plaisirs, doux vain-
queurs*, un homme se lève dans un coin du salon et
montant sur un tabouret :

— Très-bien ! crie-t-il de loin à Rameau, c'est admirable, et je vous garantis que cela réussira grandement.

Tous les yeux se tournèrent vers le petit homme
qui venait d'interrompre si brusquement la répétition.
Il était déjà redescendu à sa place ; au peu de luxe de
ses vêtements, on crut un instant que c'était un intrus qui s'était glissé dans l'assemblée ; mais tout d'un
coup Rameau lui répond de sa place :

— Merci, merci, M. Marchand, votre suffrage m'est
plus cher que tous les autres et il me suffira.

Au nom du célèbre organiste, chacun comprit
toute la portée de cet assentiment donné en public, et
à la fin du joli chœur : *A l'amour rendons les armes*,
qui termine le prologue, les applaudissements éclatè-
rent de toutes parts. Les dispositions peu bienveillantes de l'auditoire étaient totalement changées, et
tous les morceaux du premier acte furent applaudis
et appréciés comme ils méritaient de l'être. Rameau
recevait les félicitations les plus empressées. M. de la
Poplinière rayonnait de joie, quand un homme assez
pauvrement vêtu s'approcha du musicien ; il tira un
papier de sa poche, et le déchirant sur-le-champ :

— Monsieur, dit-il, vous pouvez retirer vos 600 livres, quand on fait de pareille musique, on n'a pas

besoin de donner de garanties; voilà votre billet.

Chacun applaudit au procédé de Pellegrin, dont on connaissait la pauvreté, et le poëte partagea les éloges qu'on prodiguait au musicien.

Dès le lendemain, il fut question à l'Opéra de mettre à l'étude *Hippolyte et Aricie.* Les rôles furent distribués aux premiers chanteurs de l'époque, Chassé, Jelgot, Mlles Lemaure et Petitpas. Mlle Camargo voulut danser dans l'ouvrage; malgré toutes ces protections, les événements, les cabales reculèrent de beaucoup la première représentation. Le sieur Thurer succéda au sieur Lecomte comme directeur de l'Opéra. Les musiciens en pied firent tout ce qu'ils purent pour entraver le nouveau venu : M. de Blamont, tout puissant comme surintendant de la musique du roi, obtint qu'on remontât son ballet des *fêtes grecques et romaines,* joué dix ans auparavant. La première représentation était cependant fixée au 1er septembre, lorsque vint l'ordre de donner plusieurs concerts aux Tuileries dans le courant d'août. Les répétitions furent suspendues pendant tout ce mois, et Rameau sollicita vainement de faire entendre quelques morceaux de son opéra dans un de ces concerts. M. de Blamont s'arrangea de manière à ce qu'on n'y exécutât que de sa propre musique. M. de la Poplinière vint encore au secours de son protégé.

M. le marquis de Mirepoix allait épouser Mlle Bernard de Rieux, petite-fille du fameux Samuel Bernard, et par sa mère du célèbre comte de Boulainvilliers. Le chevalier Bernard faisait préparer pour cette noce une fête dont la splendeur devait surpasser tout ce qu'on avait vu jusqu'à ce jour. M. de la Poplinière fit obtenir à Rameau la direction du concert qu'on devait y donner. La fête eut lieu le 16 août dans l'hôtel du chevalier Bernard, rue Neuve-Notre-Dame-des-Victoires. A sept heures du soir toutes les façades de l'hôtel furent illuminées d'une quantité prodigieuse de lampions et de terrines. Cette magnifique illumination ne se bornait pas à l'hôtel; pour éclairer plus loin les carrosses, on avait garni le mur du jardin des Petits-Pères de terrines posées sur des consoles, depuis l'église jusqu'à l'angle, et très-avant dans la rue Neuve-Saint-Augustin. On n'aura pas de peine à s'imaginer le brillant de cette illumination, quand on saura que tous les lampions et terrines étaient garnis de cire blanche, précaution que l'on avait cru devoir prendre pour éviter la mauvaise odeur et préserver les habits des dames et autres conviés qui étaient obligés de passer sous des arcades illuminées. Le concert qui ouvrit la fête fut des plus magnifiques; Rameau avait mis son amour-propre à faire choix des plus habiles exécutants et des meilleurs morceaux. Après le concert, les conviés passèrent dans une immense salle construite exprès dans les jardins de l'hôtel, où était dressée une table en fer à cheval de plus de soixante-dix couverts. Pendant tout le repas, on entendit une symphonie mélodieuse, placée dans les tribunes, interrompue par intervalles par des fanfares de trompettes et de timbales. Au milieu du souper, les sieurs Charpentier et Danguy, célèbres concertants, l'un sur la musette et l'autre sur la vielle, vinrent au milieu du fer à cheval exécuter des morceaux que Rameau avait composés exprès pour cette occasion. A minuit on se rendit à l'église Saint-Eustache, qui était aussi magnifiquement illuminée que l'hôtel qu'on venait de quitter.

Rameau avait obtenu de M. Forcroy, organiste de la paroisse, de lui laisser toucher l'orgue pendant la célébration du mariage. Il le fit avec une grande supériorité ; c'étaient ses adieux à cet instrument, et jamais il n'avait été si bien inspiré. Le lendemain, il reçut du chevalier Bernard, une gratification de 1,200 livres pour les soins qu'il s'était donnés. Depuis longtemps M. Bazin était payé, et M$_{me}$ Rameau était on ne peut plus heureuse. La bonne M$_{lle}$ de Lombard partageait toute sa joie. On avait beaucoup parlé des fêtes du mariage du marquis de Mirepoix, et la bonne exécution du concert avait fait le plus grand honneur à Rameau. Son opéra devait le lancer tout à fait, les répétitions partielles étaient très-satisfaisantes ; mais l'envie ne dormait pas ; la jalousie des musiciens répandait partout que c'était une musique bizarre, incompréhensible, s'éloignant de toutes les règles reçues, et bonne tout au plus pour les savants et les amateurs de l'extraordinaire. La grande répétition vint enfin ; les musiciens dont se composait l'orchestre de l'Opéra étaient à leur poste. Malgré la mauvaise volonté qu'on avait eu soin d'exciter parmi les exécutants, tout alla assez bien jusqu'au second acte, celui de l'enfer ; mais quand arriva le passage enharmonique du trio des

Parques, les musiciens s'arrêtèrent court, reculant devant cette difficulté toute nouvelle pour eux. Rameau pria tranquillement le chef d'orchestre de faire recommencer :

— Monsieur, c'est inexécutable, lui dit celui-ci.

— Peut-être à première vue, dit Rameau ; mais essayons.

La seconde fois ne fut guère plus heureuse que la première, et la troisième ne satisfit point le compositeur. Les musiciens murmurèrent, quand on les pria encore de recommencer ; et sur une nouvelle instance, le chef d'orchestre déclara qu'il ne se chargeait pas de faire exécuter une pareille musique, et jeta avec dépit son bâton de mesure sur le théâtre, presque entre les jambes de Rameau. Celui-ci, sans se déconcerter, fit du bout du pied rouler le bâton jusqu'au bord du théâtre, et quand il fut à portée du musicien :

— Apprenez, Monsieur, lui dit-il, qu'ici vous n'êtes que le maçon, et que je suis l'architecte : recommencez le passage.

Cette fermeté imposa aux récalcitrants. La difficulté fut vaincue cette fois, et la répétition s'acheva sans encombre.

C'était un grand événement alors qu'une première représentation. Il n'y avait que trois théâtres à Paris, l'Opéra, la Comédie Française et la Comédie-Italienne, et ces solennités avaient d'autant plus d'éclat qu'elles étaient plus rares. Aussi tout Paris était-il en rumeur dans la matinée du 1ᵉʳ octobre 1733. Toutes les avenues de l'Opéra étaient encombrées des voitures de

ceux qui allaient retenir leurs loges, et des piétons qui
venaient à l'avance pour être sûrs d'avoir des places.
Rameau avait à grand'peine obtenu une petite loge
bien reculée pour sa femme, Mlle de Lombard et son
ami Marchand. Ses rivaux, plus puissants et surtout
plus intrigants que lui, avaient au contraire garni la
la salle de leurs partisans. Comme le cœur de la pauvre Mme Rameau battait au premier coup d'archet de
l'ouverture ; ses amis tâchaient vainement de la rassurer ; eux-mêmes auraient peut-être eu besoin de
courage, car, dès le premier acte, une violente cabale
s'éleva dans le parterre, les rares applaudissements
qui s'étaient fait entendre au commencement de l'ouvrage cessèrent tout d'un coup, et c'est avec un silence
interrompu seulement par des murmures désappro-
bateurs que furent accueillis les derniers actes de
l'opéra. Marchand était furieux ; Mme Rameau était
près de se trouver mal ; Mlle de Lombard n'osait dire
ce qu'elle pensait, car elle craignait que ce ne fût une
vengeance du Ciel pour avoir abandonné l'église pour
le théâtre. Rameau se retira tristement chez lui.

— Je me suis trompé, dit-il ; j'ai cru que mon goût
plairait. Il faut se résigner, je renoncerai au théâtre.

Cependant les habitués de l'Opéra s'étaient réunis
au foyer après le spectacle, et personne n'osait se prononcer pour une musique qui venait d'être désap-
prouvée généralement. Seul, au milieu d'un groupe
nombreux, M. de la Poplinière essayait de défendre
l'œuvre de son protégé.

— Mais, lui répondait-on, nous avons vu des musiciens qui ne sont nullement partisans de cette musique.

— Fadaise ! disait le fermier général, c'est qu'ils sont eux-mêmes parties intéressées.

— Interrogeons l'un d'eux ! s'écrie le prince de Conti.

Justement Campra vint à passer. C'était un homme juste, et qui heureusement n'avait pris aucune part aux cabales dirigées contre Rameau.

— Eh ! bien, que pensez-vous de cela ? lui dit le prince.

— Monseigneur, répondit le musicien, il y a dans cet opéra assez de musique pour en faire dix comme ceux qu'on nous représente tous les jours. Cet homme-là nous éclipsera tous.

Le mot courut, fit fortune, et à la deuxième représentation, des beautés toutes nouvelles se révélèrent aux auditeurs attentifs. Le succès fut moins grand qu'à la troisième, qu'à la quatrième, qu'à toutes les représentations suivantes.

L'ouvrage fut joué trente fois de suite avec un applaudissement universel, et Rameau consolé ne renonça pas au théâtre, car il donna plus de vingt-trois ouvrages, tant opéras que ballets.

Après le grand succès d'*Hippolyte et Aricie*, le pauvre organiste était devenu un homme trop célèbre pour conserver sa modeste retraite de la rue du Chantre, et ce fut avec une véritable peine que M. Bazin, dont l'estime pour son locataire croissait à mesure que celui-ci s'élevait davantage, apprit un

jour qu'il allait transporter son domicile rue des Bons-
Enfants, à l'hôtel d'Effiat, pour être plus près de l'Opéra,
qui allait seul l'occuper. Mme Rameau avait bien un autre
chagrin, c'était de se séparer de la bonne Mlle de Lombard, dont la société lui devenait à chaque instant plus
précieuse, car les occupations multipliées de son mari
la rendaient de jour en jour plus solitaire. Elle n'osait
lui confier son chagrin ; mais le compositeur s'était
attaché à la vieille demoiselle, qui lui rendait souvent
le service de remettre au net ses brouillons de musique. Ce fut donc lui qui fit la proposition à Mlle de
Lombard de venir demeurer avec eux. La vieille demoiselle accepta avec joie, et fut la meilleure amie de
ce couple respectable, jusqu'à la fin de ses jours.

Presque tous les ouvrages de Rameau eurent un
grand succès. Un de ses opéras, entre autres, *Castor et
Pollux*, réussit tellement qu'un de ses rivaux, Mouret,
en devint fou de jalousie. Enfermé à Charenton, il
chantait continuellement le chœur des démons : *Qu'au
feu du tonnerre*, de Castor et Pollux. Rameau fut
un des plus grands musiciens qui aient jamais existé.
Lui seul a réuni la double qualité de théoricien et
de compositeur. Ses airs de danse eurent tant de
succès, que pendant longtemps on n'en exécuta pas
d'autres en Italie. Un de ses ouvrages, *Zoroastre*,
fut traduit en italien, et joué à Dresde, avec le plus
grand succès. Un autre opéra, *Platée*, produisit 32 mille
livres en six représentations. En 1747, l'Opéra lui fit
une pension de 1,500 livres, dont il a joui jusqu'à sa
mort. Il venait d'être décoré de l'ordre de Saint-Michel

et anobli, lorsqu'il mourut, le 12 septembre 1764.

Il est peu de personnes de notre génération qui se rappellent avoir entendu exécuter la musique de Rameau. Le malheur des compositeurs est que la musique est un art qui n'a pas de bases solides, comme la peinture, par exemple, dont le but est l'imitation de la nature : l'unique but de la musique est de charmer l'oreille et d'émouvoir le cœur, mais elle repose entièrement sur la mode, et il n'est pas de beautés éternelles en musique. A l'inimitable Lully, dont nous ne connaissons plus que le nom, succéda l'inimitable Rameau, dont nous n'avons jamais entendu une note ; car les musiciens sont tous déclarés inimitables par leurs contemporains, jusqu'à ce qu'ils soient détrônés par un rival dont le règne doit aussi céder à un successeur plus ou moins éloigné. Mais les curieux de musique qui vont consulter les vieilles partitions aujourd'hui ignorées, trouvent dans celles de Rameau des idées d'une nouveauté et d'une fraîcheur étonnantes pour le temps où elles ont été émises ; il n'y a donc que la curiosité qu'excite tout ce qui se rattache à ce grand homme, qui puisse faire excuser la complaisance avec laquelle nous nous sommes étendus sur quelques détails de sa vie.

UNE CONSPIRATION

SOUS LOUIS XVIII

———

Les gens du monde se font l'idée la plus fausse
qu'on puisse imaginer des artistes en général, et surtout de ceux de théâtre, avec lesquels ils se trouvent le
moins en rapport. A les entendre, c'est une vie de
paresse, d'insouciance et de plaisir que celle du comédien. Ils ne se réunissent entre eux que pour des
orgies ou des parties fines; toujours gais, toujours
contents, dans la bonne comme dans la mauvaise
fortune; ce sont les gens les plus heureux du monde ;
quel mal ont-ils donc en effet à se donner? la peine de
venir le soir s'affubler d'un costume analogue au rôle

qu'ils vont réciter devant un public qui les paie ample-
ment en applaudissements de la légère fatigue qu'ils
éprouvent, sans compter les énormes appointements
que le directeur est obligé de leur payer à la fin du
mois. Cette opinion est loin d'être partagée par les
personnes qui fréquentent l'intérieur des théâtres.
Quelle vie plus remplie, plus laborieuse que celle du
véritable artiste ! Que de privations il doit s'imposer,
que d'études il doit faire, s'il veut atteindre un rang
élevé dans son art, ou le conserver, s'il y est parvenu !
Quand vos yeux sont charmés des grâces séduisantes
de cette ravissante bayadère qui, le sourire sur les
lèvres, vous paraît exécuter avec tant d'aisance et de
facilité ces pas gracieux qui arrachent vos applaudissements, certes, vous ne vous imaginez pas tout ce que
lui a coûté et ce que lui coûte chaque jour de travail
pour arriver à ce résultat. Et ne croyez pas que le but
une fois atteint, il ne faille pas un travail incroyable
pour s'y maintenir. Chaque fois que la déesse de la
danse, que l'inimitable Taglioni doit paraître devant
le public, dès le matin elle s'exerce comme ferait une
commençante ; pendant des heures entières, elle pratique ces premiers éléments de la danse, qui doivent
lui conserver sa souplesse et sa vigueur : puis, épuisée
de fatigue, elle prend un peu de repos, et après un
léger repas, elle paraît devant le public, qui se retire
transporté d'admiration, lorsque l'artiste rentre chez
elle exténuée, pour recommencer le lendemain matin
ce travail qu'elle ne négligera pas un seul jour, tant
qu'elle voudra conserver sa supériorité si marquée,

Quand la Malibran devait chanter, le matin, elle restait des heures à faire des gammes dans tous les tons et tous les exercices de voix possibles, mais sans jamais essayer de chanter le rôle qu'elle devait dire le soir, pour conserver toute son inspiration, et néanmoins avoir la voix assez assouplie et assez docile pour que toutes les fantaisies artistiques qu'elle improvisait si délicieusement, lui vinssent avec cette sûreté d'exécution qui ne lui a jamais manqué. Il y en aurait trop à dire sur les travaux des grands artistes, des artistes consciencieux et véritablement dignes de ce nom. C'est d'une classe beaucoup plus modeste, des choristes d'opéra que je veux m'occuper aujourd'hui.

Je ne prétends pas vous dire que leur art exige de grandes études, et des travaux bien assidus. Hors les heures consacrées aux répétitions et aux représentations, leur temps est à eux tout entier, mais leurs appointements sont modiques, et ne peuvent suffire à leur existence ; aussi n'existe-t-il pas de plus grands cumulards que les choristes : les uns donnent des leçons de musique à la petite propriété, ou copient de la musique ; presque tous chantent dans les églises, renouvelant la vie de l'abbé Pellegrin, qui

..... Dînait de l'autel et soupait du théâtre.

D'autres sont musiciens dans les légions de la garde nationale, ou dans les bals qui ne commencent qu'à l'heure où finissent les spectacles. A force de travail et de peine, il en est qui parviennent à se faire 4 ou 5 mille francs de revenu, année commune ; lorsqu'ils sont jeunes, ambitieux, et se sentent quelques dispositions, alors ils économisent de quoi acheter une garde-robe, et se lancent en province, d'où ils nous reviennent quelquefois avec un talent digne de nos premiers théâtres. Tel fut un de nos meilleurs ténors dont je vous ai déjà raconté une aventure, lorsqu'il fit ses premiers pas dans la carrière qu'il a depuis parcourue avec tant de succès (1). C'est encore le héros de l'historiette que je veux vous raconter.

C'était dans les premières années de la Restauration. Louis XVIII n'était pas dévot, mais il croyait de sa politique de le paraître, et voulant donner un exemple édifiant à ses fidèles sujets et complaire à son entourage de cour, qui lui persuadait que ce n'était que par la religion qu'il parviendrait à abattre l'hydre révolutionnaire, il résolut de donner un grand spectacle d'humilité chrétienne, en allant solennellement faire ses pâques à sa paroisse, en l'église Saint-Germain-l'Auxerrois. C'était par une belle matinée d'avril, et dès le matin les troupes étaient sur pieds pour former la haie dans le court espace qui sépare le palais des Tuileries de l'antique église. Une foule immense remplissait les cours du Carrousel et la façade du Louvre où ont reposé pendant dix ans les victimes de Juillet, en compagnie d'un factionnaire, de deux ou trois bonnes d'enfants et de quelques caniches.

Le roi était dans une immense calèche découverte

_____

(1) *Un début en province.*

avec toute sa famille. Sa figure narquoise contrastait
avec les visages, plus conformes à la circonstance, de
son frère le comte d'Artois, et de sa nièce la duchesse
d'Angoulême, dont l'auguste époux avait, selon l'usage,
l'air de ne penser à rien, tandis que son frère le duc
de Berry paraissait assez ennuyé de cette cérémonie
qui ne plaisait guère à ses habitudes, mais à laquelle
son respect pour son oncle le forçait à se prêter. Le roi
promenait sur la foule cet œil bleu et perçant, si spirituel et si incisif, donnait force coups de chapeaux,
saluait à droite et à gauche, quand les cris de : Vive la
famille royale! vivent les Bourbons! venaient jusqu'à
lui; enfin il faisait son métier de roi en promenade,
de la manière la plus satisfaisante. De temps en temps,
pourtant, sa figure prenait une expression sombre
qu'il s'efforçait de réprimer à l'instant ; c'est lorsque
parmi les gardes royaux au milieu desquels passait le
cortége, il apercevait la figure basanée et les longues
moustaches d'un de ces vieux grognards qu'on avait
incorporés dans la nouvelle milice d'élite. Le bruit du
canon, la foule qui se pressait autour d'eux, cet air de
fête général, rappelaient à ces vieux soldats des souvenirs qui contrastaient péniblement pour eux avec le
présent. Ils se rappelaient leur entrée à Vienne, à Berlin, dans les principales capitales de l'Europe, leur
retour triomphant à Paris, ces acclamations qui alors
étaient pour eux, ces cris de : Vive la Grande Armée !
vive Napoléon ! qui tant de fois avaient fait battre leurs
cœurs, tandis que maintenant leur règne, celui du
sabre, était passé; ils se voyaient réduits à faire es-

i 0

corte à un roi qui allait communier. Mais il faut le
dire, la physionomie des bourgeois placés derrière
eux était tout autre : là, on lisait le contentement.
Nous avons toujours admiré Napoléon ; mais à l'époque de sa chute, on ne l'aimait pas, et l'espoir de la
paix et de la tranquillité avait fait bien des partisans
à son successeur. Qui ne se rappelle avoir vu des mères
serrer avec amour leurs enfants contre leur sein, et
s'écrier : au moins maintenant nous pourrons mourir
avant eux ! La conscription avait bien été rétablie,
malgré les promesses imprudentes du comte d'Artois,
mais toute chance de guerre paraissait impossible, et
le service militaire ne semblait qu'une corvée assez
douce, dont on pouvait d'ailleurs s'exempter à prix
d'argent, tandis que sous l'Empire les familles après
s'être ruinées pour racheter un enfant chéri, l'espoir de
leur race, se l'étaient vu enlever comme garde d'honneur, et le voyaient tomber enfin, quoi qu'un peu plus
tard, sous le fer ennemi.

Le cortége était arrivé devant l'église, presque entièrement tendue de vieilles tapisseries des Gobelins,
représentant la naissance de Vénus, les travaux d'Her-
cule, ou tout autre sujet mythologique qui contrastait
grotesquement avec l'objet de la cérémonie pour laquelle elles avaient été mises au jour. Une espèce de
tente était dressée devant le porche de l'église ; la musique de la garde nationale faisait entendre les chants
de : *Vive Henri IV, Charmante Gabrielle,* et *Où peut-
on être mieux qu'au sein de sa famille,* qu'on était
alors convenu d'appeler des airs nationaux, comme

depuis on a donné le même titre à l'air allemand, sur lequel M. Delavigne a appliqué les vers de la *Parisienne*. Louis XVIII descendit péniblement de sa voiture et s'apprêtait à entrer dans l'église, lorsque le curé parut à la tête de son clergé, et commença une fort belle harangue; cela fit faire la grimace au roi qui prévit que grâce à la faconde du digne pasteur, il allait être forcé de se tenir sur ses jambes, chose qu'il avait en horreur. Cependant, comme il s'était promis de se sacrifier en tout ce jour-là, il fit d'abord très-bonne contenance; mais l'éloquence du curé prenant une extension démesurée, il commença à se dandiner tantôt sur une jambe, tantôt sur l'autre. Cette habitude, cette allure bourbonnienne était si connue, qu'on fut loin de la prendre pour une marque d'impatience, et le pauvre roi cherchait en vain autour de lui une figure qui sympathisât avec ses souffrances; il aperçut enfin le duc de Berry, qui ne paraissait pas prêter grande attention au discours; il lui fit signe de s'approcher :

— Berry, c'est terriblement long.

— Oui, Sire.

— Est-ce que ce ne sera pas bientôt fini ?

— Sire, je partage toute votre impatience.

— Non pas vraiment, car vous avez de bonnes jambes, et moi je ne puis plus tenir sur les miennes, et je souffre horriblement. Est-ce qu'il n'y aurait pas moyen de finir ce supplice.

— Si fait, Sire, rien n'est plus facile, et si vous m'y autorisez...

— Oui, Berry, allez, mais que cela n'ait pas l'air de venir de moi.

Le duc de Berry s'approchant d'un officier des gardes du corps, lui dit quelques mots à l'oreille. Dès ce moment Louis XVIII eut l'air de prêter une plus grande attention au discours ; le curé enchanté arrondissait ses périodes et donnait cours à sa verbeuse éloquence, quand tout d'un coup sa voix est couverte par les boum boum de la grosse caisse, et les mugissements des ophicléides et des trombones. La musique venait d'entonner l'air de *Vive le roi, vive la France ;* les acclamations s'élèvent de toutes parts, le bruit des cloches sonnées à grande volée vient s'y mêler. C'est un brouhaha universel, ceux qui entourent le roi se regardent d'un air ébahi ; le curé reste la bouche béante, confondu de cette interruption inattendue. Louis XVIII paraît impassible, mais un sourire imperceptible remercie le duc de Berry du service qu'il vient de lui rendre. Il fait un pas en avant, le clergé le précède, toute la cour le suit, et bientôt il se trouve commodément assis dans un des fauteuils dorés disposés à l'entrée du chœur pour la famille royale. Le peuple n'est admis que dans les bas-côtés, tandis que la nef est remplie de la suite du Roi, entouré lui-même de ses plus fidèles serviteurs, qui par derrière semblent lui faire un rempart de leurs corps, mais personne n'est placé devant lui.

Cependant l'office commence : il peut durer autant que l'on voudra. Louis XVIII est comme cloué dans son fauteuil, plusieurs coussins sont disposés devant lui de manière à ce que les génuflexions obligées lui soient aussi douces que possible. Les chantres psalmodient les heures qui précèdent la grand'messe, les prêtres sont dans leurs stalles, le chœur est presque entièrement vide, lorsqu'un personnage sort par la porte d'une sacristie. C'est un grand jeune homme maigre, revêtu d'une soutane et d'un surplis, il traverse rapidement le chœur pour aller se mettre dans une des stalles, mais il s'aperçoit qu'il a oublié de s'incliner devant le tabernacle : il revient vers l'autel et fléchit le genou sur une des marches. Un bruit singulier se fait entendre, c'est celui d'une épée qui s'échappant de sa soutane, glisse sur les dalles. Le jeune homme se hâte de cacher l'arme meurtrière recouverte par les habits pacifiques du lévite, et regagne sa place où il entonne tranquillement le verset du psaume que l'on chante. Cette tranquillité est loin d'être partagée par ceux qui entourent le roi. Les visages pâlissent, on chuchote, on donne des ordres, les crosses des fusils retentissent sur le marbre sonore du temple ; on va, on vient, le mot est donné en un instant ; on commence à faire évacuer les bas-côtés, qui se garnissent de troupes : le roi demande la cause de ce tumulte ; un de ses aides de camp lui parle à voix basse et bientôt ce mot circule dans toutes les bouches : un prêtre armé qui en veut aux jours du roi ! Cependant le malencontreux auteur de tout ce remue-ménage, dont il ne se doute guère être la cause, continue à psalmodier d'une voix ferme et vibrante, lorsque deux grands officiers s'ap-

10.

prochent de lui. L'un d'eux lui adresse la parole.

— Monsieur, suivez-nous à l'instant.

— Pardon, Monsieur, je ne puis pas. Je suis nécessaire ici, quand la cérémonie sera terminée, je suis tout à votre service ; et il se remet à chanter de plus belle.

— Monsieur, il faut nous suivre à l'instant ! je vous le répète, mais tâchons d'éviter le bruit et de ne pas faire de scandale, venez à la sacristie, toute résistance serait inutile ; ne nous contraignez pas à employer la force.

— Puisque je ne puis pas faire autrement, je vous suivrai, mais je vous prie de faire attention que c'est vous qui me forcez à quitter mon poste, je vous suis.

La sacristie est pleine de soldats, notre jeune homme se voit en entrant placé entre deux fusiliers qui ne lui laissent pas faire un geste.

— Ah çà ! m'expliquera-t-on ce que cela veut dire ? s'écrie-t-il.

— Contentez-vous de répondre à Monsieur, lui dit-on, en lui montrant une homme revêtu d'une écharpe blanche, placé près d'une table à laquelle est assis un autre individu muni de tout ce qu'il faut pour écrire. L'interrogatoire commence :

— Vous avez des armes sur vous ?

— Des armes ! non, j'ai une épée, voilà tout.

— Mettez qu'il avoue être armé.

— Pourquoi avez-vous caché si soigneusement cette épée sous votre soutane ?

— Parce que l'usage n'est pas de la porter par-dessus.

— Monsieur, pas de plaisanteries, songez qu'une

accusation grave pèse contre vous, qu'il y va de votre tête.

— De ma tête ! ah çà ! est-ce que c'est une mystification ? commençons donc à nous entendre.

— Votre profession ?

— Musicien.

— Et pourquoi un musicien se déguise-t-il en prêtre ? et cache-t-il des armes sous ces habits d'emprunt ?

— Ces habits sont les miens et cette épée aussi. Je suis trombone de la garde nationale et chantre de cette église : j'attendais la fin du discours de monsieur le curé pour venir après la fanfare me déshabiller ici, et chanter mon office ; mais on ne l'a pas laissé finir, ce brave homme, on nous a dit de jouer au milieu de son sermon, et quand je suis accouru ici, je n'ai eu que le temps de passer ma soutane par-dessus mon uniforme ; et maintenant, avec votre permission, je vais l'ôter tout à fait, car l'office est presque fini, et ma légion me réclame.

Ici la scène change, les juges se mettent à rire ; le procès-verbal commencé est déchiré, et l'accusé partage bientôt l'hilarité de ses juges, en apprenant que lui, pauvre diable, a été pris pour un conspirateur et a failli mettre tout le gouvernement en émoi. Le calme et la tranquillité se rétablissent dans l'église, les bas-côtés sont de nouveau livrés à l'empressement du peuple qui ne peut rien voir ; et le roi en apprenant la cause futile de tout ce tumulte, a grand'peine à tenir son sérieux. En sortant de l'église, il cherche à recon-

naître parmi le groupe de musiciens celui qui a causé
tant d'inquiétude, et l'aperçoit les joues gonflées
comme un borée de dessus de porte, soufflant avec
ardeur dans son trombone. Le roi sourit de nouveau
et lui fait en partant un petit signe de tête, comme
pour le remettre de l'émotion qu'a dû lui causer sa
courte arrestation. Je crois que le tromboniste fut si
ravi de cette marque de royale faveur, qu'il resta
court de quelques mesures, ce qui ne lui arrivait jamais, mais je ne suis pas bien sûr de cette circonstance;
si vous voulez en être certain, pour la plus grande fidélité de l'histoire, demandez-le au *postillon de Lon-
jumeau* ou plutôt à celui qui le représente et le chante
d'une manière si originale, car le conspirateur n'était
autre que *Chollet* qui depuis a si bien fait son chemin,
mais qui aime à se rappeler et à raconter à ses amis
les commencements pénibles de sa vie d'artiste. Voilà
comment je suis devenu son historien. Dieu veuille
que quelque théâtre, quelque paroisse ou quelque musique de légion, nourisse encore dans son sein un acteur digne de succéder au chanteur favori du public
de l'Opéra-Comique.

JEAN-JACQUES ROUSSEAU

MUSICIEN

I

Le paradoxe est une chose charmante dans la bouche d'un homme d'esprit; c'est un instrument dont il se sert pour lancer sur ses auditeurs éblouis une myriade de traits brillants comme l'éclair, mais aussi peu durables que ce météore passager; on sait que la raison n'a rien à faire dans ces sortes de luttes d'esprit, et cependant le plus grand charme du paradoxe est d'emprunter l'apparence du raisonnement.

Mais que penser du paradoxe mis en action et pris au sérieux? Que dire d'un homme dont la vie comme les écrits n'ont été qu'une longue suite de contradictions? Quel sentiment peut inspirer celui qui fut assez courageux pour se priver des douceurs de la paternité parce qu'il était trop lâche pour oser en affronter les douleurs, même dans l'avenir ?

Quel jugement peut-on porter sur l'écrivain qui, en traçant ses honteuses confusions, a encore l'orgueil de dire : « Je fais ce que nul homme n'a osé faire , vienne le jour du jugement suprême et je pourrai paraître devant Dieu, mon livre à la main, en disant :

« Voilà ma vie et ce que je fus ! »

Non, Rousseau ne se mentait pas à lui-même à ce point, il mentait pour les autres. Lorsqu'il se disait malheureux de sa gloire et de sa renommée, il voulait qu'on le crût, mais il savait bien qu'il ne disait pas vrai. Ses bizarreries étaient calculées, sa fausse sensibilité l'était aussi. Les persécutions dont il se plaignait étaient sa joie et son orgueil ; il les appelait et craignait de ne pas se désigner assez lui-même par sa renommée et l'éclat du nom qu'il portait. Lorsqu'exilé de France, il venait s'établir à Paris, lorsqu'il voyait qu'on y tolérait sa présence et qu'on ne songeait pas à l'inquiéter, qu'inventait-il ? De se déguiser, en Arménien, prétendant que ce costume était plus commode. Heureux d'ameuter les polissons et les imbéciles par l'étrangeté de son costume, à une époque où régnait une sorte d'étiquette et de hiérarchie dans les habits de toutes les professions, il dut certes s'indigner étrangement de ne point parvenir à s'attirer la colère de la police, et de n'exciter, par cette grotesque mascarade, que les sourires et la pitié des honnêtes gens.

Si l'odieux et l'horrible n'avaient stigmatisé de traits ineffaçables l'époque sanglante de nos troubles révolutionnaires, le ridicule n'aurait-il pas suffi pour caractériser les temps où un tel homme fut presque déifié et où des fêtes nationales signalaient la translation triomphale de ses cendres au Panthéon?

Le peu de sympathie que j'éprouve pour les ouvrages et surtout pour la personne de Jean-Jacques me conduirait trop loin, et j'ai besoin de me rappeler que je ne dois parler de lui que comme musicien.

Ce fut certes une chose rare au XVIII° siècle, alors qu'il était bien généralement reconnu qu'un musicien ne pouvait être autre chose qu'une machine à musique, incapable d'avoir une idée en dehors de son art, alors que Voltaire, accueillant Grétry, lui disait: «Vous êtes musicien et homme d'esprit, Monsieur, la chose est rare. » Ce fut, dis-je, une anomalie phénoménale que celle qu'offrit l'exemple d'un homme éminent dans les lettres et dans la philosophie, ne se contentant pas de se dire musicien, mais exerçant en outre presque tous les degrés de cette profession, sauf la qualité d'instrumentiste qui lui manquait, et se montrant tour à tour copiste, écrivain didactique, critique, théoricien et compositeur.

Le plus curieux est que celui qui tenta d'embrasser toutes les branches de l'art musical, en connaissait à peine les premiers éléments, ne put jamais parvenir à solfier proprement un air, ne comprenait rien à la vue d'une partition, et était moins embarrassé pour en écrire une que pour lire celle d'un autre.

Cette ignorance presque complète d'un art où prétendait s'ériger en réformateur, en censeur et en maître, sera facilement démontrée par l'examen de ses écrits et de ses œuvres.

Rousseau n'apprit la musique que fort tard ; mais, tout jeune enfant, il était déjà sensible à ses accents. Une de ses tantes lui chantait des chansons populaires :

« Je suis persuadé, dit-il dans ses *Confessions*, que je lui dois le goût ou plutôt la passion pour la musique, qui ne s'est bien développée en moi que long-temps après... L'attrait que son chant avait pour moi fut tel, que non-seulement plusieurs de ses chansons me sont toujours restées dans la mémoire, mais qu'il m'en revient même, aujourd'hui que je l'ai perdue, qui, totalement oubliées depuis mon enfance, se re-tracent, à mesure que je vieillis, avec un charme que je ne puis exprimer. »

Jean-Jacques n'eut occasion d'entendre aucune mu-sique pendant toute son enfance ; après sa conversion au catholicisme, il entendit pour la première fois la messe en musique dans la chapelle du roi de Sar-daigne, et il alla l'entendre chaque matin. « Ce prince avait alors la meilleure symphonie de l'Europe. So-mis, Desjardins, Bezozzi, y brillaient alternativement. Il n'en fallait pas tant pour attirer un jeune homme que le son du moindre instrument, pourvu qu'il fût juste, transportait d'aise. »

Il avait reçu quelques leçons élémentaires , et à bâtons rompus, de Mme de Warens. Lorsqu'il entra au séminaire, il emporta de chez elle un livre de musique, c'étaient les cantates de Clérembault. Quoique Rousseau ne connût pas alors, d'après son propre aveu, le quart des signes de musique, il parvint à déchiffrer et à chanter seul le premier air d'une de ces cantates. Il ne dit pas, à la vérité, combien de temps il employa à cette entreprise. Il faut croire, néanmoins, que cette étude contribua un peu à lui faire négliger ses travaux scientifiques et théologiques, car il ne tarda pas à être renvoyé du séminaire avec un brevet complet d'incapacité.

Rousseau rapporta en triomphe les cantates de Clérembault chez Mme de Warens. Celle-ci, toujours bonne, consentit à s'émerveiller des progrès qu'il avait faits en musique, et, pour se conformer à ce qui était son goût dominant du moment, elle le plaça à la maîtrise d'Annecy.

Les détails que donne Rousseau sur son séjour de près d'une année dans cette maîtrise sont assez curieux. Ils font connaître ce qu'étaient ces établissements répandus sur toute la surface de la France, et qui tous ont disparu à la Révolution : c'était la pépinière d'où l'on tirait tous les musiciens, instrumentistes, chanteurs ou compositeurs. L'Église travaillait alors pour le théâtre, et l'opéra ne se recrutait que dans les maîtrises, pour le personnel masculin. Quant aux chanteuses, elles se formaient d'elles-mêmes. Les femmes ont la perception plus vive et le sentiment plus fin dans les arts d'imitation; elles apprennent mieux et plus vite : le petit nombre de professions que nous leur avons réservées sera d'ailleurs toujours cause du nombreux contingent qu'elles offriront aux entreprises théâtrales.

La vie des musiciens chargés de la direction des maîtrises était des plus heureuses ; ils devaient, suivant l'allocation qu'ils recevaient du clergé, enseigner un certain nombre d'élèves qui participaient à l'exécution des offices en musique. Non-seulement on leur permettait de prendre des élèves pensionnaires au-delà du nombre fixé, mais ils étaient même protégés et encouragés dans cette augmentation de personnel, parce que c'était un moyen de donner, sans qu'il en coûtât rien à l'Église, plus d'effet et d'éclat aux cérémonies religieuses et musicales.

Il existait souvent des rivalités de chapitre à chapitre, pour tel bon compositeur, tel organiste habile, tel chanteur à la voix puissante et sonore, et, en fin de compte, cette concurrence tournait toujours au profit des artistes qu'on s'enviait, soit qu'on augmentât leurs appointements pour les retenir, soit qu'on leur offrît plus d'avantages pour les enlever.

Il y avait bien quelques revers de médaille. Quelques membres du clergé n'avaient pas toujours pour le maître de chapelle ces égards dont les artistes sont si avides ; quelques ecclésiastiques avaient quelquefois le tort de ne les considérer que comme des gens à gages, à qui l'on ne devait rien, une fois qu'on leur avait donné le prix de leur talent, non plus qu'au suisse ou au bedeau, dont on payait la prestance et la bonne mine.

Le chef de la maîtrise avait sous ses ordres tous ses

musiciens; mais, hors de là, il ne connaissait que des supérieurs. Le chantre (qui était ordinairement un ecclésiastique, car c'était alors une dignité) avait la direction du chœur, c'étaient des conflits perpétuels entre lui et le maître de chapelle. Ce qui se passa à la maîtrise où était Jean-Jacques en offre un exemple.

Dans la semaine sainte, l'évêque d'Annecy donnait habituellement un dîner de règle à ses chanoines. On négligea, une année, contre l'usage, d'y engager le chantre et le maître de chapelle. Celui-ci pria le chantre, comme ecclésiastique et comme son supérieur, d'aller réclamer contre l'affront commun qu'ils recevaient. Le chantre, qui se nommait l'abbé de Vidonne, ne réussit qu'à moitié dans sa négociation, c'est-à-dire qu'il se fit inviter, mais il laissa maintenir l'exclusion dont était victime le pauvre M. Lemaître, le directeur de la maîtrise. Une altercation s'éleva naturellement entre l'admis et l'éliminé, et le chantre finit par dire qu'il n'était pas étonnant qu'on repoussât un gagiste qui n'était ni noble, ni prêtre. L'injure était trop grande pour ne pas exiger une vengeance; elle ne se fit pas attendre.

On était à la veille des fêtes de Pâques, une des plus importantes solennités de l'Église. Priver le chapitre de musique pour ces imposantes cérémonies, c'était prouver combien on avait eu tort de méconnaître la valeur et l'importance du maître de chapelle. Ce fut à ce projet que s'attacha le vindicatif musicien.

Il lui fallait des complices : Jean-Jacques et Mme de Warens lui en servirent; le premier lui offrit de l'accompagner dans sa fuite, la seconde lui aida à emporter sa caisse de musique, ce qui était le plus essentiel, puisque, sans ce qu'elle contenait, il n'y avait plus d'exécution musicale possible à la cathédrale.

Pour rendre la vengeance plus piquante, les deux fugitifs allèrent demander l'hospitalité au curé de Seyssel, qui était lui-même chanoine de Saint-Pierre. Le bruit de leur escapade n'était pas encore parvenu jusqu'à lui ; ils lui firent croire qu'ils allaient à Belley par ordre de l'archevêque, et le bon curé leur en facilita les moyens et se chargea même de faire parvenir la caisse de musique à Lyon, où ils avaient dit qu'ils se rendraient ensuite.

Une fois en terre de France, ils se croyaient à l'abri de toute poursuite. Aussi se proposaient-ils de mener joyeuse vie à Lyon, où le talent de Lemaître ne pouvait manquer de le faire bien accueillir. Ce malheureux était sujet à des attaques d'épilepsie. Un jour, dans une rue de Lyon, il ressent une atteinte de cette cruelle maladie ; tandis qu'il gît à terre, écumant et se tordant dans d'horribles convulsions, Rousseau, par une résolution qu'il n'entreprend du reste d'expliquer ni d'excuser, l'abandonne au milieu des étrangers accourus pour le secourir et prend la fuite, sans plus de souci de celui qui était à la fois son maître, son compagnon de voyage et son ami.

Ce que devint le pauvre Lemaître, nul ne l'a su. Sa caisse de musique fut saisie et renvoyée, sur leur réclamation, aux chanoines d'Annecy par les chanoines de Lyon. C'était le gagne-pain du maître de chapelle, l'œuvre de toute sa vie. La misère, le désespoir, et la mort peut-être, furent le résultat de la confiance qu'il avait placée dans son ingrat élève. Quant à celui-ci, il ne fut guère bien récompensé de sa mauvaise action : il était retourné au bercail de Mme de Warens pour mendier de nouveau sa protection; mais Mme de Warens était partie. Il retrouva heureusement une espèce de musicien mauvais sujet, dont il s'était déjà engoué avant son entrée à la maîtrise. Il alla se loger avec lui ; mais le musicien avait autre chose à faire que d'enseigner son art gratis à son commensal, et Rousseau allait se promener en rêvassant dans la campagne, pendant que l'autre vaquait à ses leçons

Cette belle vie ne dura pas longtemps. En l'absence de Mme de Warens, Rousseau s'était amourraché de sa femme de chambre, Mlle Merceret : celle-ci lui propose de l'accompagner à Fribourg, qu'habite son père et où elle espère avoir des nouvelles de sa maîtresse. En route, on fait des projets de mariage; mais, à peine arrivés au but, les futurs conjoints étaient dégoûtés l'un de l'autre. La Merceret resta chez ses parents et Rousseau partit, marchant devant lui, ne sachant où il irait.

Il arriva ainsi à Lausanne, ayant dépensé son dernier kreutzer; mais le courage et surtout l'impudence ne lui manquèrent pas. Les souvenirs de son ami Venture lui vinrent en aide. Ce Venture était un musicien assez habile. N'ayant pas assez de tenue et de conduite pour pouvoir se fixer en aucune ville, il allait d'un lieu à l'autre, et ses talents le faisaient toujours bien accueillir, jusqu'à ce que ses mœurs le fissent chasser ; mais cela ne l'embarrassait guère.

Un musicien pouvait alors voyager presque sans un sol, en prenant pour étapes les nombreuses maîtrises, où il était toujours sûr d'être hébergé, fêté et même payé si l'on mettait son talent à contribution, ce qui arrivait souvent ; car un chanteur étranger était accueilli dans une chapelle de cathédrale, comme l'est aujourd'hui un acteur en tournée dans un théâtre de province : cela s'appelait *vicarier*. Ces mœurs musicales sont aujourd'hui tout à fait inconnues ; mais il n'est pas mauvais que les musiciens se les rappellent de temps en temps, ne fût-ce que pour ne pas devenir trop fiers, et pour se souvenir qu'ils ne sont pas encore trop loin de leur bohème native.

Une existence si attrayante ne pouvait manquer de séduire Rousseau ; il oubliait seulement qu'il ne lui manquait, pour être musicien, que de savoir la musique. Cet obstacle ne l'arrêta pas un instant. Il alla se loger chez un nommé Perrotet, qui avait des pensionnaires. Il avoua qu'il n'avait pas le sou ; mais il raconta qu'il se nommait Vaussore de Villeneuve ; qu'il était musicien, et qu'il arrivait de Paris pour enseigner son art dans la ville. L'hôtelier le prit sur sa bonne mine et lui promit de parler de lui. Jean-Jacques fut effectivement, et sur sa recommandation, admis chez un M. de Treytorens, grand amateur de musique. Mais comme Rousseau ne savait ni chanter ni jouer d'aucun instrument, il se tira de la difficulté en se disant compositeur : et comme on lui demandait un

échantillon de ses œuvres, il répondit qu'il allait s'occuper de composer une symphonie. Il mit cette promesse à exécution.

Pendant quinze jours, il sema des notes sur le papier, puis, pour couronner ce chef-d'œuvre, il le com-
pléta par un air de menuet qui courait les rues et que
lui avait appris à noter Venture. Rousseau avoue lui-
même qu'il était si peu en état de lire la musique,
qu'il lui aurait été impossible de suivre l'exécution
d'une de ses parties, pour s'assurer si l'on jouait bien
ce qu'il avait écrit et composé lui-même : qu'on juge
de ce que devait être cette symphonie! Le récit de
l'exécution en est trop divertissant pour que je ne laisse
pas Rousseau raconter lui-même :

« On s'assemble pour exécuter ma pièce; j'explique
à chacun le genre du mouvement, le goût de l'exécution, les renvois des parties : j'étais fort affairé. On
s'accorde pendant cinq ou six minutes, qui furent pour
moi cinq ou six siècles. Enfin, tout étant prêt, je
frappe, avec un beau rouleau de papier, sur mon pupitre magistral, les deux ou trois coups du *Prenez
garde à vous!* On fait silence; je me mets gravement
à battre la mesure : on commence..... Non, depuis
qu'il existe des opéras français, de la vie on n'ouït pareil charivari : quoi qu'on eût dû penser de mon prétendu talent, l'effet fut tout ce qu'on en semblait
attendre; les musiciens étouffaient de rire; les auditeurs ouvraient de grands yeux et auraient bien voulu
fermer les oreilles, mais il n'y avait pas moyen. Mes
bourreaux de symphonistes, qui voulaient s'égayer,

raclaient à percer le tympan d'un quinze-vingts. J'eus
la constance d'aller toujours mon train, suant, il est
vrai, à grosses gouttes, mais retenu par la honte, n'o-
sant m'enfuir et tout planter là. Pour ma consolation,
j'entendais les assistants se dire à l'oreille ou plutôt à
la mienne, l'un : Quelle musique enragée ! un autre : Il
n'y a rien là de supportable, quel diable de sabbat !...
Mais ce qui mit tout le monde de bonne humeur fut le
menuet. A peine en eût-on joué quelques mesures,
que j'entendis partir de toutes parts les éclats de rire.
Chacun me félicitait sur mon joli goût de chant : on
m'assurait que ce menuet ferait parler de moi et que
je méritais d'être chanté partout. Je n'ai pas besoin de
peindre mon angoisse, ni d'avouer que je la méritais
bien. »

Ce trait d'inconcevable folie ferait presque excuser
quelques-unes des méchantes actions de la vie de
Rousseau, car on peut supposer, d'après cela, qu'il n'a
jamais eu la plénitude de sa raison, et que ses beaux
ouvrages, comme ses quelques bons moments, n'é-
taient que des éclairs échappés dans ses intervalles de
lucidité et de bon sens.

Après une telle équipée, il n'y avait guères moyen
de soutenir le rôle qu'il avait entrepris : il y persista
cependant ; les écoliers ne furent pas nombreux, mais
il en vint quelques-uns. C'est qu'à cette époque les maîtres de musique étaient si rares, qu'on jugeait que celui
qui la savait mal était encore capable de l'enseigner
à ceux qui ne la savaient pas du tout.

Cependant, les gains que Rousseau put faire à Lau-

sanne étaient minimes, car il parvint à s'y endetter.
Il alla passer l'hiver à Neufchâtel. Il ne s'y présenta
pas comme compositeur, il se contenta de donner des
leçons, et là, dit-il, j'appris insensiblement la musique
en l'enseignant. C'est dans cette ville qu'il fit la rencontre de l'archimandrite grec, à qui il servit d'interprète, et avec qui il fut arrêté chez l'ambassadeur de
France à Soleure, M. de Bonac. C'est par la protection
de sa famille qu'il put faire son premier voyage à
Paris. A peine arrivé, il repart pour aller à la re-
cherche de Mme de Warens, qu'il croit à Lyon. Forcé
d'y attendre de ses nouvelles, ses ressources s'épuisent
et il est obligé de coucher dans la rue : c'est encore la
musique qui le tire d'embarras. Au moment où il
vient de s'éveiller et où il s'achemine vers la campagne, en fredonnant d'une voix assez fraîche et assez
jeune une cantate de Batistin, qu'il sait par cœur, il
est accosté par un moine, un antonin, qui lui demande
s'il sait la musique et s'il en pourrait copier. Sur sa
réponse affirmative, le moine l'enferme dans sa
chambre et lui donne à copier plusieurs parties. Au
bout de quelques jours, le moine lui reporte ses parties, déclarant qu'elles sont remplies de fautes et que
l'exécution a été impossible. Néanmoins le bon prêtre
le loge et le nourrit pendant huit jours et lui donne
encore un petit écu en le congédiant.

Tout doit être contradiction dans la vie de Rousseau. On sait qu'au temps même de sa plus grande
célébrité, alors que la protection d'amis puissants
voulait l'entourer de toutes les douceurs de la vie,

11.

alors qu'il pouvait retirer un bénéfice assez considérable de ses ouvrages, il affectait de dire que sa fierté l'empêchait de vivre d'autres secours que du salaire qu'il recevait de sa copie de musique, et il se livrait ostensiblement à cette seule occupation. Il y avait même mauvaise foi dans cet orgueil mal déguisé, car il convient dans ses *Confessions* qu'il était très-mauvais copiste : « Il faut avouer, dit-il, que j'ai choisi dans la suite le métier du monde auquel j'étais le moins propre. Non que ma note ne fût pas belle et que je ne copiasse fort nettement, mais l'ennui d'un long travail me donne des distractions si grandes que je passe plus de temps à gratter qu'à noter, et que si je n'apporte la plus grande attention à collationner et corriger mes parties, elles font toujours manquer l'exécution. »

Rousseau retourna, après ce voyage à Lyon, chez Mᵐᵉ de Warens; là il s'occupa encore de musique; bien plus, il voulut aborder la théorie et la composition. Il se procura la *Théorie de l'harmonie* que Rameau venait de publier. Il avoue qu'il n'y comprit rien, ce que je crois sans peine, car l'ouvrage est fort diffus et les principes n'en sont pas clairs. Puis on organisa de petits concerts où Mᵐᵉ de Warens et le père Caton chantaient, tandis qu'un maître à danser et son fils jouaient du violon : un M. Canevas accompagnait sur le violoncelle, et l'abbé Palais tenait le clavecin; c'était Rousseau qui dirigeait ces concerts, avec le bâton de mesure. Malgré la dignité de chef d'orchestre qu'on lui avait conférée, il ne paraît pas qu'il eût fait de bien grands progrès en musique ; car il avoue qu'auprès de ces amateurs il n'était encore qu'un *barbouillon*.

Ce fut à cette époque qu'il obtint une place dans le cadastre, mais il ne tarda pas à la quitter pour se livrer entièrement à son goût pour la musique : il trouva quelques écolières à Chambéry. Mais une résolution subite le fit se diriger vers Besançon. Son ami Venture lui avait dit être élève d'un abbé Blanchard, fort habile maître de chapelle de la cathédrale de Besançon. Rousseau veut aller lui demander des leçons de composition : il comptait se présenter avec une lettre d'introduction de l'ami Venture ; celui-ci avait quitté Annecy, et, à défaut de sa recommandation, Rousseau se munit d'une messe à quatre voix que Venture lui avait laissée. A peine arrivé à Besançon, et avant même d'avoir pu voir l'abbé Blanchard, il apprend que sa malle a été saisie à la douane, et il est obligé de revenir à Chambéry. Il y passe deux ou trois ans à s'occuper tour à tour d'histoire, de littérature, de physique, d'astronomie, d'échecs et de musique. Il se figure un jour qu'il a un polype au cœur et qu'on ne pourra le guérir qu'à Montpellier : il part, toujours aux frais de Mme de Warens. La Faculté lui rit au nez et il quitte cette ville au bout de deux mois, après y avoir commencé un cours d'anatomie.

Il revient aux Charmettes, qu'il quitte bientôt pour entrer comme instituteur chez Mme de Mably. Il n'enseigne rien à ses enfants, mais il lui vole son vin Quoique ce larcin fût pardonné aussitôt que découvert, son auteur juge avec raison que ses élèves n'ont rien à profiter de ses leçons et il les quitte pour retourner aux Charmettes.

La maison de Mme de Warens se dérangeait de jour en jour; l'ordre et l'économie n'étant pas ses vertus dominantes. Rousseau croit avoir trouvé un moyen de fortune pour elle et pour lui. Malgré toutes ses études et tous ses efforts, il n'avait pu parvenir à jamais lire couramment la musique. Il juge alors que ce n'est pas lui qui a tort de l'avoir mal apprise : il croit que c'est elle qui ne peut se laisser enseigner, et que ses caractères, pour lesquels sa mémoire et son esprit se montrent si rebelles, ne peuvent manquer d'être défectueux : il invente un système de notation, celui des chiffres substitués aux noms et aux figures des notes. Il n'y a que sept notes, il n'y aura que sept chiffres; mais ces sept notes se multiplient à l'infini pour les octaves, les altérations. Rousseau se contente de ses sept chiffres en les barrant à droite ou à gauche, suivant que la note est dièze ou bémol, ou en les accompagnant de points placés au-dessus ou au-dessous, suivant que l'octave est supérieure ou inférieure à la gamme convenue comme point de départ. On ne peut nier que ce système n'ait quelque chose d'ingénieux et qu'il ne présente une grande apparence de simplicité. Au bout de six mois, Rousseau a établi toute sa théorie, il l'accompagne d'un mémoire explicatif et, toujours à l'aide de Mme de Warens, il part pour Paris où il va soumettre à l'Académie des sciences son projet, qu'il croit la base de sa fortune et le signal d'une grande révolntion dans l'art. L'Académie écoute son mémoire et nomme, pour examiner son système, trois membres, dont pas un n'est musicien : ce sont Mairan, Hellot et Fourchy.

Le jugement de l'Académie sur cette affaire rappelle parfaitement ce fameux procès où Panurge rend une sentence aussi incompréhensible que les deux plaidoiries prononcées en faveur des deux plaignants auxquels Rabelais a donné des noms qu'il m'est impossible de citer.

Cependant il ressort de l'opinion de l'Académie que le système de Rousseau n'était qu'un perfectionnement de la méthode du P. Souhayti. Ici, il y avait de la part de Rousseau bonne foi complète, c'était une rencontre, mais non un plagiat. L'utilité de l'innovation était également contestée par l'Académie, mais sans donner aucune raison de son improbation. Il manquait un juge compétent : ce juge fut trouvé dès que le système fut soumis à Rameau. Vous ne pouvez parler qu'au raisonnement, dit-il à Jean-Jacques, avec vos chiffres juxtaposés; nous, avec nos notes superposées, nous parlons à l'œil, qui devine, sans les lire, tous les intervalles, et c'est ce qui est indispensable dans la rapidité de l'exécution.

L'argument était sans réplique : il l'est encore au bout d'un siècle, que des essais du même genre veulent se renouveler. Les commençants auront l'air d'aller fort vite avec cette méthode; les premières lectures qu'on leur fera faire se composant de combinaisons fort simples, l'esprit suffira pour les résoudre. Il

194 SOUVENIRS D'UN MUSICIEN.

sera insuffisant dès que les complications **arriveront :**
ce système ne pourra, d'ailleurs, s'appliquer qu'à une
partie isolée, mais il serait inadmissible pour la partition, où vingt et quelquefois trente parties réunies en
accolade doivent être embrassées d'un seul coup d'œil
et lues comme une seule ligne, quoique écrites sur
vingt ou trente lignes différentes. Il faut, pour cette
opération si rapide, que l'œil soit frappé par un dessin : des chiffres ou des signes uniformes ne pourraient
jamais remplir ce but.

Rousseau renonça momentanément à un système
qu'il vit généralement repoussé. Il publia néanmoins
le mémoire à l'appui, sous le titre de : *Dissertation
sur la musique moderne.* Il ne fut guère lu que des gens
spéciaux, et n'eut pas de retentissement.

Jusqu'à présent la musique, qui avait occupé une
si grande part dans la vie de Rousseau, ne lui avait
causé que des déboires et des déceptions. Nous allons
le voir bientôt lui devoir ses premiers succès, et un
succès si éclatant, qu'il suffira, malgré la brièveté de
l'œuvre, pour faire classer son auteur parmi les musiciens les plus favorisés et les plus populaires.

II

Rousseau ne se laissa pas abattre par cette déconvenue musicale : mais c'est dans un autre genre qu'il
voulut prendre sa revanche. Il essaya de faire un
opéra-ballet, dont il composa les paroles et la musique ;
le titre était *les Muses galantes :* suivant l'usage de
l'époque et du genre, chaque acte offrait une action
séparée, ne se rattachant au titre principal que par
une inspiration commune. Le premier acte était le
Tasse, le second *Ovide* et le troisième *Anacréon.* Mais,
avant que l'œuvre fût achevée, l'auteur accepta la
place de secrétaire particulier de l'ambassadeur de
Venise, aux appointements de 1,000 fr. par an. On ne
pouvait taxer de prodigalité le représentant du roi de
France et de Navarre.

Le séjour de Rousseau en Italie ne fut signalé par
aucun incident musical : mais il lui donna ce goût
presque exclusif pour la musique italienne, qui plus
tard devait lui faire tant d'ennemis en France. Ce que
Rousseau admire surtout, c'est la musique exécutée
dans les couvents de femmes, par des voix invisibles,
s'échappant à travers l'épais rideau qui sépare les

cantatrices du public. « Tous les dimanches, dit-il, on a, durant les vêpres, des motets à grand chœur et à grand orchestre, composés et dirigés par les plus grands maîtres de l'Italie, exécutés dans des tribunes grillées, uniquement par des filles, dont la plus vieille n'a pas vingt ans. Je n'ai l'idée de rien d'aussi voluptueux, d'aussi touchant que cette musique : les richesses de l'art, le goût exquis des chants, la beauté des voix, la justesse de l'exécution, tout dans ces délicieux concerts, concourt à produire une impression qui n'est assurément pas du bon costume, mais dont je doute qu'aucun cœur d'homme soit à l'abri. » Je ne comprends pas très-bien ce que Rousseau veut exprimer par cette *impression qui n'est pas du bon costume* : il est présumable qu'il veut dire qu'elle est trop mondaine, car, malgré son admiration si grande pour la musique religieuse, il écrivit plus tard qu'il faudrait absolument proscrire la musique de l'Église.

A son retour en France, il s'occupa de terminer son opéra des *Muses galantes*. En moins de trois mois, les paroles et la musique furent achevées. Il ne lui restait plus à faire que des accompagnements et du remplissage, c'est ce que nous nommons aujourd'hui *orchestration*, et cette partie ne devait pas être la moins embarrassante pour un si faible musicien qui n'avait jamais pu déchiffrer une partition. Il eut recours à Philidor; celui-ci ne s'acquitta qu'à contre-cœur de cette besogne, que l'auteur fut obligé d'achever lui-même.

Cet opéra fut essayé chez M. de la Popelinière.

Rousseau fait grand bruit de la partialité et de l'exaspération de Rameau, qui s'écria, en entendant cette excution, qu'il était impossible que toutes les parties le cet ouvrage fussent de la même main, vu qu'il y en avait d'admirables et d'autres où régnait l'ignorance la plus complète. Ce jugement devait être parfaitement juste et s'explique on ne peut mieux par la comparaison des parties revues par Philidor et de celles abandonnées à toute l'inexpérience de l'auteur.

Cependant, et malgré la sentence de Rameau, quelques parties de l'œuvre de Rousseau avaient été assez appréciées pour que le duc de Richelieu tentât de mettre le talent de l'auteur à l'essai. On le chargea de raccorder les morceaux et même d'en intercaler de nouveaux dans une pièce de circonstance, de Voltaire et Rameau, intitulée : *les Fêtes de Ramire*, les deux auteurs étant alors très-occupés à terminer leur opéra du *Temple de la Gloire*, dont la première représentation était fixée pour un anniversaire.

Cette tâche était au-dessus des forces de Rousseau : pour un travail d'arrangement, on peut se passer d'invention, mais nullement de savoir ; aussi y échoua-t-il complétement, et Rameau fut obligé de parfaire lui-même son propre ouvrage. Rousseau avait passé un mois à cet ingrat travail ; il est très-probable que Rameau n'y mit pas plus d'un jour ou deux. Suivant sa coutume, Rousseau ne manqua pas d'accuser ses prétendus ennemis de l'échec dû à son incapacité. Suivant lui, il fut causé par la jalousie de Rameau et la haine de Mme de la Popelinière. La jalousie de

Rameau, le plus grand musicien de son époque, ne s'expliquerait guère : il serait presque aussi difficile de justifier la haine de Mme de la Popelinière contre un homme qu'elle avait commencé par accueillir chez elle. Rousseau prétend qu'il faut l'attribuer à sa qualité de Génevois, Mme de la Popelinière ayant voué une haine implacable à tous ses compatriotes, parce qu'un abbé Hubert, natif de Genève, avait autrefois voulu détourner son mari de l'épouser. Cette explication est grotesque, mais Rousseau la crut suffisante pour justifier son ingratitude accoutumée et sa manie de voir des ennemis chez tous ceux qui voulaient lui faire du bien.

Cependant, son discours, couronné par l'académie de Dijon, et quelques autres essais littéraires avaient eu un grand retentissement. Sa qualité de musicien littérateur le fit choisir pour écrire les articles de musique de l'*Encyclopédie*. C'est ce travail qu'il refondit ensuite pour faire son dictionnaire de musique.

C'est à l'issue de ce travail qu'il écrivit son charmant intermède du *Devin du village*. Il est très-présumable que les *Muses galantes* ne valaient rien : un opéra en trois actes, avec des personnages héroïques, exigeait une musique qu'il lui était matériellement impossible de faire. Mais dans cette pastorale du *Devin du village*, la naïveté des chants, la fraîcheur des motifs, la simplicité même à laquelle le condamnait son ignorance, et qui devenait un mérite en raison du sujet, la couleur bien sentie, la nouveauté du style, tout devait concourir à procurer à cet ouvrage

le succès le plus éclatant. Applaudi avec transport à
la cour, il ne le fut pas moins à la ville; exécuté par
Mlle Fel et Jelyotte, les deux plus célèbres chanteurs
de l'époque; rien ne manqua à la gloire de l'auteur,
rien que sa bonne volonté. Il refusa de se rendre aux
répétitions, pour conserver le droit de dire qu'on avait
gâté son ouvrage ; il s'enfuit, lorsqu'on voulut le présenter au roi, qui devait joindre à ses félicitations le
brevet d'une pension : en l'acceptant, il aurait perdu
son droit à la persécution et à l'injustice du sort et des
hommes. Il reçut cependant mille livres, une fois
payés, de l'Opéra, et vendit sa partition et ses paroles
six cents livres. Ce n'était pas cher, et il aurait eu droit
de se plaindre de la modicité de la rétribution; mais
alors les auteurs les plus en renom n'étaient guère
mieux payés, et s'il y eut exception pour lui, ce ne fut
que dans l'éclat du triomphe et du succès.

Un tel début paraissait devoir être l'aurore de la
plus belle carrière musicale : il en signala la fin et le
commencement. Rousseau ne fit plus rien.

Quand les auteurs produisent beaucoup, on les ac-
cuse de se faire aider dans leur travail, et de s'approprier les idées de collaborateurs en sous-œuvre; quand
ils produisent peu, on ne manque pas de dire que
leur ouvrage ne leur appartient pas. Aussi refusa-t-on
à Rousseau la paternité du *Devin du village*, avec
autant d'injustice et aussi peu de fondement qu'on le
fit, un demi-siècle plus tard, à Spontini, à propos de *la
Vestale*. Mais Spontini répondit avec *Fernand Cortez*,
avec *Olympic*, avec les autres opéras joués en Allema-

gne, qui, quoique bien inférieurs à leurs aînés, dénotent cependant les mêmes procédés, les mêmes habitudes et le même faire dans la conception et dans
l'exécution.

Rousseau ne répondit par aucune autre publication
musicale. Il convient donc d'examiner ce que purent
avoir de fondé les bruits répandus à ce sujet pendant
sa vie et même après sa mort.

Rousseau dit que les récitatifs furent refaits par
Francœur et par Jelyotte, les siens ayant paru d'un
genre trop nouveau. Mais ce qu'il ne dit pas, c'est que
Francœur dut revoir toute l'instrumentation que Rousseau appelait du remplissage ; que les divertissements
inventés par Rousseau n'ayant pas été adoptés par les
maîtres de ballet, Francœur dut encore en composer
la musique ; ce qu'il ne dit pas non plus, c'est que
M¹¹ᵉ Fel ayant exigé un air de bravoure, ce même
Francœur, fort habile musicien et bon compositeur,
en écrivit un pour elle, où règnent une allure et une
indépendance qui dénotent la main d'un musicien
exercé.

Quand Rousseau publia la partition du *Devin du
village,* il dit, dans l'avant-propos, que, « sans désap-
prouver les changements faits dans l'intérêt de la représentation, il publie l'ouvrage tel qu'il l'a écrit et
conçu. » Et cependant il y met cet air de bravoure
qui n'est pas de lui, et ces récitatifs, qui ne peuvent
être les siens, puisque, loin d'être d'un genre nouveau
et de marcher avec la parole, ils sont entièrement
calqués sur le modèle de Lully et de Rameau, conti-

nuellement accompagnés en accords soutenus et n'ayant
rien de la manière Italienne, que Rousseau aurait
voulu imiter. Les divertissements, à la vérité, sont
bien les siens, et l'on comprend que les maîtres de
ballet aient voulu substituer des danses à une pantomime qui n'est qu'une froide contre-partie de la pièce
qui vient d'être jouée. En voici le programme écrit
dans la partition, scène par scène, et mesure par mesure.

« Entrée de la villageoise. — Entrée du courtisan.
— Il aperçoit la villageoise. — Elle danse tandis qu'il
la regarde. — Il lui offre une bourse. — Elle la re-
fuse avec dédain. — Il lui présente un collier. — Elle
essaie le collier, et, ainsi parée, se regarde avec complaisance dans l'eau d'une fontaine. — Entrée du villageois. — La villageoise, voyant sa douleur, rend le
collier. — Le courtisan l'aperçoit et le menace. —
La villageoise vient l'apaiser, et fait signe au villa-
gois de s'en aller. — Il n'en veut rien faire. — Le
courtisan le menace de le tuer. — Ils se jettent tous
deux aux pieds du courtisan. — Il se laisse toucher et
les unit. — Ils se réjouissent tous trois, les villageois
de leur union et le courtisan de la bonne action qu'il
a faite. — Tout le chœur de danse achève la pantomime. »

On a peine à croire que toutes ces niaiseries, au-
dessous des inventions chorégraphiques les plus plates,
soient sorties de la même plume que l'*Émile* et le
Contrat social; mais dès qu'il s'agit de Rousseau, il
n'y a pas de contradictions qui puissent étonner.

Rousseau n'avait pas moins d'amour-propre comme mucisien que comme littérateur. Il fut vivement affecté des doutes qu'on élevait sur l'authenticité de la musique du *Devin* comme son œuvre à lui, et il annonça longtemps que, pour fermer la bouche à ses calomniateurs, il referait une nouvelle musique. L'année même de sa mort, en 1778, on exécuta à l'Opéra *le Devin du village*, non avec une musique nouvelle, mais avec une nouvelle ouverture et six airs nouveaux. Hélas! il avait mis vingt-six ans à les composer, et ils donnèrent presque raison à ceux qui prétendaient qu'il n'était pas l'auteur des premiers. M. Leborne, bibliothécaire de l'Opéra, et mon collègue au Conservatoire comme professeur de composition, a eu la complaisance de me communiquer la partition de cette seconde édition du *Devin*. Son examen m'a confirmé dans l'opinion que l'instrumentation de la première édition du *Devin*, telle pauvre et telle mesquine qu'elle soit, ne peut être de Rousseau. De 1752 à 1778, la musique avait fait de grands progrès. Monsigny, Grétry et surtout Gluck, dont Rousseau était grand admirateur, avaient fait faire de grands pas à l'instrumentation : dans la nouvelle version de Rousseau, il n'y a jamais que deux violons jouant quelquefois à l'unisson et l'alto marchant toujours avec la basse. Il est donc bien improbable que la première version ait été plus richement instrumentée que la seconde, exécutée vingt-six ans plus tard.

Le Devin du village fut repris en 1803, mais avec des récitatifs modernes et une instrumentation nou-

velle, que l'on devait à M. Lefebvre, bibliothécaire de
l'Opéra, et auteur de la musique de quelques ballets.
Le joli air de danse de la *Sabotière*, que beaucoup de
gens croient de Rousseau, est de M. Lefebvre. C'est en
1826 que le *Devin du village* fut joué pour la dernière
fois. Rossini venait d'arriver à Paris ; et dans le cours
de la représentation à laquelle il assistait, sans respect
pour le grand nom de Rousseau, pour Mme Damoreau,
pour Nourrit et Dérivis, pour une œuvre qui offre un
double intérêt comme art et comme monument histo-
rique, un progressiste, craignant de voir se perpétuer à
jamais cette musique presque séculaire, jeta une igno-
minieuse perruque poudrée aux pieds de la cantatrice.
Telle fut la fin du *Devin du village*, qui fut représenté
et applaudi à l'Opéra pendant trois quarts de siècle.

Avant de parler des écrits de Rousseau sur la musique, je dois en finir avec ses œuvres musicales proprement dites. On publia, après sa mort, un volumineux
recueil, intitulé : *les Consolations des misères de ma
vie*. Il contient cent morceaux de différents caractères ;
il y en a trois excellents, la romance : *Que le jour me
dure ; Je l'ai planté, Je l'ai vu naître*, et l'air du
Branle sans fin, qui est très-populaire. Il reste sept ou
huit chansons médiocres et quatre-vingt-dix pièces
détestables. Les duos surtout sont d'une faiblesse telle,
qu'il est peu probable que l'unique duo que contienne
le *Devin du village*, où les voix sont très-bien dispo-
sées, n'ait pas été retouché par la main qui a complété
l'instrumentation de l'ouvrage.

Ce recueil fut publié avec un grand luxe en **1781**,

trois ans après la mort de Rousseau. La préface est un panégyrique complet de l'auteur, où l'on ne porte pas moins haut sa science musicale que sa sensibilité et ses vertus.

La souscription était fixée à un louis l'exemplaire, et produisit 569 louis, plus peut-être que ne rapportèrent, de son vivant, à l'auteur, tous ses ouvrages réunis. On avait alors une si étrange idée du droit de propriété des auteurs sur leurs ouvrages, que l'éditeur de cette collection annonça que, ne voulant pas spéculer sur la célébrité du philosophe de Genève, il abandonnait tous les bénéfices aux hospices de Paris. Il aurait été plus équitable de les remettre à la veuve de Rousseau, la seule qui eût droit, et qui ne reçut jamais un sou de cette publication.

Le premier écrit musical de Rousseau fut le mémoire explicatif du système qu'il présenta à l'Academie des sciences. Il fut très-peu lu. Il le refondit plus tard et l'intitula : *Dissertation sur la musique moderne*. C'est sur la notation moderne qu'il aurait dû dire. Il n'est en effet question dans ce morceau que de là comparaison du système des chiffres substitué à celui des notes.

Peu de temps après l'apparition du *Devin du village*, une troupe italienne vint donner des représentations à l'Opéra. On sait quelle émotion suscita parmi les amateurs la révélation de ce genre de musique et de chant entièrement nouveau pour la France. Rousseau saisit cette occasion d'écrire sa fameuse *Lettre sur la musique française*. Il était dans le vrai en soutenant la

supériorité de la musique italienne ; mais il alla tróp
loin en niant les beautés que renfermaient les œuvres
de Lully et de Rameau. Mais Rousseau.ne comprenait
absolument que la mélodie et était entièrement inapte
à sentir les beautés de l'harmonie. Il avait, de plus,
l'habitude de nier ce qu'il ne connaissait pas. Ainsi,
dans le commencement de cette lettre, il dit : « Les
Allemands, les Espagnols et les Anglais ont longtemps prétendu posséder une musique propre à leur
langue... Mais ils sont revénus de cette erreur. »
L'erreur n'appartient qu'à Rousseau, qui ignorait que,
de son temps, les Anglais regardaient comme leur un
des plus grands musiciens du monde, Hœndel, dont
presque tous les ouvrages ont été composés en Angleterre ; et que les Allemands citaient, non sans un
juste orgueil, les Bach et les glorieux précurseurs
d'Haydn et de Mozart. Il ignorait également qu'il eût
existé autrefois une école qu'avaient illustrée Pales-
trina et des musiciens célèbres dont les noms même
lui étaient inconnus. Parlant des combinaisons scientifiques, il écrit : « Ce sont des restes de barbarie et de
mauvais goût, qui ne subsistent, comme les portails
de nos églises gothiques, que pour la honte de ceux qui
ont eu la patience de les faire. » On voit que son goût
n'était pas plus éclairé pour l'architecture que pour la
musique rétrospective.

La conclusion de cette lettre est curieuse. Après
avoir vanté le mérite de la musique italienne et dé-
précié le mérite, fort contestable d'ailleurs, que pouvait avoir la musique française, il termine ainsi :

12

« D'où je conclus que les Français n'ont point de musique et n'en peuvent avoir, ou que, si jamais ils en ont une, ce sera tant pis pour eux. » Puis, dans une note, il ajoute : « J'aimerais mieux que nous gardassions notre maussade et ridicule chant, que d'associer encore plus ridiculement la mélodie italienne à la langue française. Ce dégoûtant assemblage, qui peut-être fera un jour l'étude de nos musiciens, est trop monstrueux pour être admis, et le caractère de notre langue ne s'y prêtera jamais. Tout au plus, quelques pièces comiques pourront-elles passer en faveur de la symphonie, mais je prédis hardiment que le genre tragique ne sera même pas tenté... Jeunes musiciens, qui vous sentez du talent, continuez de mépriser en public la musique italienne ; je sais bien que votre intérêt présent l'exige ; mais hâtez-vous d'étudier en particulier cette langue et cette musique, si vous voulez pouvoir tourner un jour contre vos camarades le dédain que vous affectez aujourd'hui contre vos maîtres. » On peut résumer ainsi cet amas d'incohérences : Il ne faut pas essayer d'appliquer la musique italienne aux paroles françaises. Désormais les musiciens ne s'appliqueront plus qu'à cette étude. Jamais on ne tentera cette application. Jeunes gens, étudiez cette musique, gardez-vous d'en faire de semblable, mais apprenez par là que ce que vous avez fait et ferez ne peut être que mauvais.

Dépouillez Rousseau de son style attrayant et fascinateur, et presque toujours vous ne trouverez que la contradiction, le faux et l'absurde.

Dans sa critique, parfois fort juste, de l'opéra français, il est singulier que lui, poëte et musicien, n'ait
pas découvert que le défaut de rhythme et de carrure
qu'il reprochait, provenait bien moins des musiciens
que des poëtes. Instinctivement, il écrivit des vers
fort réguliers pour les airs de son *Devin du village*,
tandis que tous les auteurs de poëmes d'opéras semblaient prendre à tâche de les rendre impossibles à
mettre en musique, par leur dissemblance de mesure
et de coupe. Donnez au plus habile mucisien des vers
de Quinault, que, sur la foi de Voltaire, on proclame
le lyrique par excellence; et notre homme vous de-
mandera à grands cris du Scribe ou du Saint-Georges.
Il n'y a pas du reste bien longtemps que les poëtes
ont compris la coupe musicale des vers, et c'est un
contemporain, M. Castil-Blaze, qui, le premier, leur
a ouvert cette voie.

La *Lettre sur la Musique française* produisit une
exaspération difficile à décrire : elle fut portée au
comble, lorsque parut la spirituelle et amusante bou-
tade intitulée : *Lettre d'un symphoniste de l'Académie
royale de Musique à ses camarades de l'orchestre*. Les
musiciens exécutants, attaqués si violemment dans
leurs préjugés et leur incapacité, jurèrent la perte de
Rousseau, et allèrent jusqu'à le brûler en effigie dans
la cour de l'Opéra. Jean-Jacques prit la chose au sérieux, et alla dire partout que ses jours n'étaient pas
en sûreté et qu'on voulait l'assassiner. Les directeurs
prirent fait et cause pour leurs subordonnés; ils reti-
rèrent à Rousseau les entrées auxquelles il avait droit

et n'en continuèrent pas moins à jouer sans payer son
Devin du village, qu'il aurait bien eu aussi le droit de
retirer. Ce ne fut que vingt ans plus tard que, sur la
sollicitation de Gluck, ses entrées lui furent restituées.

Quelques années plus tard, Rousseau fit paraître
son *Dictionnaire de Musique,* dans lequel il fit entrer,
en les refondant, les articles qu'il avait écrits pour
l'*Encyclopédie :* c'est un ouvrage incomplet, inutile
aux musiciens et souvent inintelligible pour ceux
qui ne le sont pas. On a reproché à Rousseau d'avoir
emprunté quelques passages au dictionnaire de Bros-
sard, qui avait précédé le sien. Ce reproche a peu de
fondement : les dictionnaires et les ouvrages de ce
genre ne peuvent se faire qu'en s'appuyant sur ceux
déjà faits, en les rectifiant, les augmentant et les amé-
liorant. Les définitions manquent de clarté et de développement, et l'auteur ne donne presque jamais que
ses idées particulières. Au mot *Duo,* par exemple, il
dit d'abord que rien n'est moins naturel que de voir
deux personnes se parler à la fois pour se dire la même
chose ; il ajoute : « Quand cette supposition pourrait
s'admettre en certains cas, ce ne serait certainement
pas dans la tragédie où cette indécence n'est convenable ni à la dignité des personnages, ni à l'éducation
qu'on leur suppose. » Après avoir formulé cette
belle sentence, il donne la règle à suivre pour les
duos tragiques d'après le modèle de ceux de Métastase,
qu'il proclame admirables.

Le mot *Copiste* est un des plus complétement traités.
Un passage signale la singulière façon d'alors de traiter

l'instrumentation : c'est celui où il recommande de tirer les parties de hautbois sur celles de violon, en en supprimant ce qui ne convient pas à l'instrument. Ainsi c'était alors le copiste qui était juge des endroits où les hautbois devaient ou non jouer à l'unisson avec les violons.

Quelques définitions sont très-singulières, même au point de vue étymologique et grammatical. « *Aubade*, s. f., concert de nuit, en plein air, sous les fenêtres de quelqu'un. » Il est vrai qu'au mot *sérénade*, il rectifie la première erreur en expliquant que la sérénade s'exécute le soir et l'aubade le matin.

Tous les articles relatifs au plain-chant et au contre-point fourmillent d'erreurs. Mais il y a des pensées élevées et des aperçus ingénieux dans les articles purement esthétiques.

Un M. de Blainville crut avoir inventé un troisième mode. Sa gamme était tout simplement notre gamme majeure ordinaire, mais partant du troisième degré comme tonique, c'est-à-dire la gamme de *mi* en *mi*, montante et descendante, sans aucune altération. Cette prétendue innovation ne réussit pas et ne pouvait pas réussir. Rousseau écrivit à ce sujet la *Lettre à l'abbé Raynal*. Après avoir disserté pendant quatre pages sur un thème où il n'entendait pas grand'chose, il termine ainsi : « Quoi qu'il fasse, il aura toujours tort, pour deux raisons sans replique : l'une, parce qu'il est inventeur ; l'autre, qu'il a affaire à des musiciens. » Ce trait n'était qu'une rancune de souvenir contre l'insuccès de sa notation en chiffres.

12.

Rameau, dont Rousseau avait attaqué la théorie dans ses articles de l'*Encyclopédie*, avait fait une réponse à laquelle Rousseau riposta par l'*Examen de deux principes avancés par M. Rameau.*

Rousseau fut toujours très-injuste envers Rameau qu'il ne comprenait pas plus comme théoricien que comme compositeur. Il dit dans ses *Confessions* qu'après le départ des bouffons italiens, lorsqu'on réentendit le *Devin du village*, on remarqua qu'il n'existait dans sa musique nulle réminiscence d'aucune autre musique. Si l'on eût mis, ajoute-t-il, Mondonville et Rameau à pareille épreuve, ils n'en seraient sortis qu'en lambeaux.

Rien n'est plus faux et plus injuste. La musique de Rameau pèche souvent par la bizarrerie et le manque de naturel ; mais elle a une individualité très-marquée, et ne procède d'aucune autre. Rousseau était, du reste, trop mal organisé pour l'harmonie, dont il nie presque la puissance, pour comprendre la beauté de certains morceaux de Rameau. Il était, à coup sûr, insensible à cette magnifique ritournelle du chœur : *Que tout gémisse,* de *Castor et Pollux,* qui n'est autre chose qu'une gamme chromatique : mais la manière dont elle est presentée est un trait de génie. Encore moins dut-il comprendre le trio des parques d'*Hippolyte et Aricie,* où l'emploi des transitions enharmoniques était si neuf et si puissant.

Dans la polémique qui s'éleva entre Rousseau et Rameau, il y eut plutôt malentendu sur les mots que sur les faits ; et il est assez difficile de se mettre au courant de la discussion, qui, du reste, n'a plus aujourd'hui aucun intérêt.

Dans sa *Lettre au docteur Burney*, il revient encore sur son système de notation, repoussé trente ans auparavant. Enfin, en désespoir de cause, et voulant innover à tout prix, il déclare que, puisque l'on ne veut pas de son système, il faut au moins tâcher de rendre la lecture des notes usuelles plus facile, et qu'une des plus grandes incommodités qu'elle présente, c'est l'obligation où est le lecteur de porter l'œil au commencement d'une ligne quand il vient de quitter la fin de la ligne précédente. Pour cela, que propose-t-il ? D'écrire la musique en *sillons*, c'est-à-dire qu'après avoir lu la première ligne de gauche à droite, suivant l'usage, il faudra lire la seconde de droite à gauche ; puis la troisième sera lue de gauche à droite, et ainsi de suite. A cette nouvelle folie, sur laquelle il s'étend pendant plusieurs pages, il ne voit qu'une seule objection : « c'est la difficulté de lire les paroles à rebours, difficulté qui revient de deux lignes en deux lignes. J'avoue que je ne vois nul autre moyen de la vaincre, que de s'exercer à lire et à écrire de cette façon. » Il n'y avait que M. de La Palisse qui pût résoudre la question d'une façon si simple et si claire. Ceux qui croient que Rousseau n'était pas fou à plus de moitié, n'ont certainement pas eu la patience de lire toutes ces billevesées.

Les autres écrits sur la musique de Rousseau contiennent *les Observations sur l'Alceste de M. Gluck*, la *Réponse du petit faiseur à son prête-nom, sur un mor-*

ceau de l'Orphée de M. Gluck : l'un et l'autre contiennent d'excellentes observations, et enfin deux pages sur la musique militaire, où il blâme celle de son époque, et offre comme modèles deux airs tellement ridicules qu'ils sembleraient plutôt avoir été composés par dérision que sérieusement.

*J'ai omis de mentionner son *Discours sur l'origine des langues* qui renferme tant d'aperçus ingénieux, et où l'on trouve quelques chapitres relatifs à la musique.

Le passage suivant, où il exalte le pouvoir de la musique, est d'une appréciation très-remarquable : « C'est un des grands avantages du musicien, de pouvoir peindre les choses qu'on ne saurait entendre, tandis qu'il est impossible au peintre de représenter celles qu'on ne saurait voir, et le plus grand prodige d'un art, qui n'agit que par le mouvement, est d'en pouvoir former jusqu'à l'image du repos. »

On sait que lorsque Rousseau eut entendu les opéras de Gluck, il rétracta ce qu'il avait dit de l'impossibilité de faire jamais de bonne musique sur des paroles françaises. Cet acte de bonne foi est d'autant plus extraordinaire, que la musique de Gluck est dans des conditions diamétralement opposées à celles que Rousseau avait toujours proclamées devoir être les seules vraies. Gluck fut très-sensible à cet hommage de l'illustre écrivain : il alla souvent lui rendre visite. Peut-être une intimité allait-elle s'établir entre ces deux grands hommes, lorsqu'un jour Rousseau écrivit à Gluck, pour le prier de cesser ses visites, prétextant

qu'il souffrait de le voir monter à un quatrième étage.
Corancez, ami de Rousseau, et qui avait introduit auprès de lui le chevalier Gluck, voulut savoir la raison
de ce changement : « Ne voyez-vous pas, dit Rousseau,
que si cet homme a pris le parti de faire de bonne
musique sur des paroles françaises, c'est pour me
donner un démenti? » Gluck traduisit cette bizarrerie
par son véritable nom, il la prit pour une grossièreté
et refusa de jamais revoir Rousseau.

Grétry vit également rompre la liaison qu'il avait
commencée avec cet être insociable. Cette sauvagerie
affectée cédait cependant, lorsqu'on laissait entrevoir
qu'on n'était pas dupe de ce moyen facile de se faire
une réputation d'étrangeté. A un dîner chez Mme
d'Épinay, Rousseau nouvellement installé à l'Ermi-
tage, dit qu'il ne manquerait rien à son bonheur s'il
possédait une épinette. Un des convives, grand amateur de musique, lui en fit porter une le lendemain,
sans se faire connaître. Rousseau manifesta sa joie de
posséder cet instrument, sans s'inquiéter d'où il pouvait venir. Un jour, il vint plus soucieux que d'habitude chez Mme d'Épinay.

— Qu'avez-vous, lui dit-on?

— Hier , répondit-il, il est tombé, du haut d'une
armoire, une pile de livres sur mon épinette, et, depuis cette commotion, l'instrument est tellement dis-
cord que je ne puis m'en servir.

— Eh bien! dit le donateur anonyme qui était
présent, ce n'est rien, demain je vous enverrai mon
accordeur.

— C'est donc vous qui m'avez donné cette épinette?
reprit Rousseau.

— Ma foi, oui, répondit l'autre, en riant.

— Eh quoi! Monsieur, s'écria Rousseau, seriez
vous donc de ces hommes cruels qui, par leurs
orgueilleuses attentions, insultent à ma misère? Re-
prenez votre instrument et ne me parlez jamais.

Je vous parlerai encore une fois, reprit l'amateur
indigné, et ce sera pour vous dire que je ne suis pas
votre dupe. Vous voulez faire le Diogène, et vous
n'êtes qu'un jongleur.

Rousseau s'était soudain calmé à ces vives paroles. A dater de ce moment, il fut rempli de prévenan-
ces pour celui qui lui avait si bien répondu. Il garda
son épinette, et ne le vit jamais sans lui témoigner sa
reconnaissance pour son présent.

Il est présumable qu'en usant toujours de ce moyen,
on aurait apprivoisé l'ours qui ne paraissait redoutable que parce qu'on semblait avoir peur de lui.

Il serait bien difficile de résumer une opinion nette
sur une nature aussi contradictoire que celle de Rousseau, et des travaux si divers et si incomplets. Néanmoins, en considérant son époque, malgré son ignorance dans l'archéologie de l'art, dans sa théorie et sa
pratique, il y a lieu de s'étonner que, sans maîtres
et sans l'auxiliaire d'ouvrages fort rares ou écrits dans
des langues qu'il ne comprenait pas, il ait pu parvenir
a se donner assez d'apparence de savoir pour disserter
sans trop de désavantage sur un art aussi complexe et
aussi difficile. Comme compositeur, quoique son ba-

gage soit bien léger par la quantité, il ne faut pas oublier l'immense sensation que produisit *le Devin du village*. Ce fut le signal d'une révolution qu'il n'était pas capable de continuer, mais dont il traçait le premier sillon, Et c'est peut-être à cette révélation que l'on dut plus tard les premiers essais de Duni, de Philidor, de Monsigny, ces pères véritables de l'opéra réellement musical en France,

C'est à ce titre que Rousseau doit prendre place dans la galerie des compositeurs français, et il serait au moins injuste de lui dénier sa qualité de précurseur des grands génies qui ont illustré notre histoire musicale moderne.

DALAYRAC

I

Nicolas Dalayrac (1), un des compositeurs français
les plus féconds, naquit à Muret, petite ville située près
de Toulouse, le 13 juin 1753. Son père occupait un

(1) La véritable orthographe est d'Alayrac, et toutes ses
premières partitions sont signées ainsi. A l'époque de
la Révolution, son nom, déjà populaire, serait devenu mé-
connaissable, si, conformément à la loi du moment, il en
avait retranché la particule. Il se contenta de supprimer
l'apostrophe et de faire un grand D au lieu d'un grand A.
J'ai cru devoir employer, dès le commencement de ce récit,
son nom de musicien plutôt que son nom de gentilhomme.

rang assez élevé dans la magistrature ; il était subdélégué de sa province. Nicolas, l'aîné de cinq enfants, fut naturellement destiné à embrasser la profession paternelle ; envoyé très-jeune au collége de Toulouse, ses progrès y furent si rapides, qu'il n'avait guère plus de treize ans lorsqu'il termina ses études. Il y avait obtenu les plus brillants succès et c'est chargé de prix et de couronnes que le jeune Dalayrac fit son entrée triomphale dans la maison de son père. On voulut qu'il fît succéder immédiatement l'étude des lois et du Digeste à celle du grec et du latin. Le jeune collégien était habitué à obéir, et il ne fit aucune difficulté de céder au désir qu'on lui manifestait. Il imposa cependant une condition comme récompense, non de sa soumission qui n'était qu'un devoir, mais de ses travaux passés et des succès qui en avaient été la conséquence.

Toulouse est une des villes où l'on est le mieux organisé pour la musique. Les voix y sont généralement belles, et, de temps immémorial, le peuple a l'habitude d'y chanter en chœur. Le jeune Dalayrac avait eu occasion, pendant son séjour au collége, d'entendre quelques-unes de ces exécutions chorales dont on n'avait aucune idée à Muret. Le principal du collége était amateur de musique ; on en faisait quelquefois chez lui ; le jeune Nicolas, comme un des élèves les plus distingués, avait été souvent convié à ces petites réunions ; puis, aux grandes fêtes, les élèves du collége allaient entendre l'office à la cathédrale, et les messes en musique qu'on y chantait avaient ravi, transporté le jeune écolier. Il avait senti s'éveiller en lui un goût irrésistible pour un art dont il ne soupçonnait pas les premiers éléments, mais dont les résultats exaltaient au plus haut degré son cœur et son imagination. Malheureusement les arts d'agrément n'entraient pas dans le programme des études du collége, et le père Dalayrac avait été inflexible lorsque son fils l'avait supplié de lui permettre de joindre l'étude de la musique à ses autres travaux.

Cette fois, il se montra moins rigoureux : son fils avait quatorze ans, sa raison commençait à se former : ses succès de collége étaient la garantie de l'application qu'il allait apporter à des travaux non moins sérieux. Le père ne vit donc nul inconvénient à satisfaire à un désir qu'il ne regardait que comme une fantaisie, mais une fantaisie innocente et dont l'exercice ne pouvait faire négliger ce qu'il regardait comme la seule chose utile et digne d'un travail réel.

Si la musique est presque toujours considérée comme un art essentiellement futile, on lui rendra du moins la justice de reconnaître que ses éléments et son étude sont extrêmement arides et ingrats. Les commencements de la peinture, de la sculpture, et de tous les autres arts en général, offrent déjà un attrait à celui qui veut les cultiver ; en musique, au contraire, rien de moins conforme , en apparence, que le but et les moyens. Pour arriver à ce résultat de procurer aux autres une sensation agréable par le son de la voix ou d'un instrument quelconque, il faut d'abord se condamner soi-même à subir les exercices les plus rebutants, les plus désagréables et les moins faits pour

charmer l'oreille. Puis, indépendamment de la partie
mécanique, si essentielle à l'exécutant, travail qui
exige tant de temps, de patience, et qui parle si peu à
l'esprit, il y a la partie théorique, non moins sèche et
non moins fastidieuse : c'est une accumulation de petites combinaisons arithmétiques, très-faciles à comprendre, mais très-difficiles à appliquer, par leurs
subdivisions et la rapidité de leurs successions.

Ces réflexions, comme on le pense bien, ne vinrent
pas un seul instant à l'esprit du jeune Dalayrac ; il ne
pouvait s'imaginer qu'une chose aussi agréable que la
musique fût beaucoup plus difficile à apprendre
qu'une langue morte, et que l'étude du solfége fût
plus ardue et plus ingrate que celle du rudiment. Une
fois qu'il posséda à peu près les premiers éléments,
qui n'exigent qu'un peu de calcul et de réflexion, il
crut pouvoir marcher en avant. Grâce à ses dispositions naturelles, il parvint en fort peu de temps à
jouer très-mal du violon ; mais cette médiocrité d'exécution lui paraissait encore une chose admirable, quand
il la comparait au néant musical dans lequel il avait
été plongé si longtemps.

Il existait à Muret, comme dans presque toutes les
villes de province, une réunion d'amateurs, composant une espèce d'orchestre pour exécuter la seule musique instrumentale que l'on connût alors, c'est-à-dire
quelques ouvertures et quelques airs *à jouer et à dan-*
ser des opéras de Lully et de Rameau. Jaloux de faire
briller son talent nouvellement acquis, Nicolas demanda à faire partie de cette société, et il fut admis sur-le-

champ. Les orchestres d'amateurs aiment surtout à
briller par le nombre ; on est fier de pouvoir dire : Il
y a dans notre ville un orchestre de tant de musiciens! Reste à savoir quels musiciens. Cependant,
malgré la faiblesse très-probable des amateurs de
Muret, un écolier, qui n'avait pas une année de leçons, pouvait encore se trouver au-dessous de la
tâche qu'il osait entreprendre. C'est ce qui ne manqua
pas d'arriver. Dalayrac jouait passablement faux, et
n'allait pas du tout en mesure. On lui avait confié une
partie de *second-dessus* de violon, et lui qui venait là
pour jouer et déployer toutes les ressources de son talent, ne pouvait comprendre qu'il dût compter des
pauses, laisser s'escrimer les musiciens chargés d'autres parties, et s'astreindre dans les limites des notes
d'ordinaire assez insignifiantes confiées aux parties in-
termédiaires. Il voulait briller, il improvisait des traits
détestables qu'il trouvait excellents, il remplissait les
silences par des points d'orgue impossibles, il aurait
voulu être l'orchestre à lui tout seul, et que tout le
monde se tût pour l'écouter.

On peut assez justement définir les concerts d'amateurs en disant que la musique qu'on y fait paraît être
composée pour le bonheur de ceux qui l'exécutent et
pour le désespoir de ceux qui l'entendent. Or, les amateurs de Muret ne voulaient pas que leur bonheur fût
troublé par un intrus ayant la prétention de l'accapa-
rer à lui tout seul. Cependant on ne rebuta pas sur-le-
champ le nouveau venu ; on se contenta d'abord de
l'admonester doucement et de le prier de se borner à

jouer sa partie. Notre futur compositeur y aurait
peut-être consenti, mais comme il était incapable de
la lire, il trouvait tout simple d'en improviser une,
pour ne pas rester les bras croisés. Quelle que fût la
considération qui s'attachât au nom de son père et
quelques ménagements qu'elle eût inspirés jusque là,
on finit par trouver que *le petit à M. Dalayrac* était
insupportable en société, et on le pria poliment de rester chez lui.

Dalayrac comprit à peu près qu'il s'était un peu trop
hâté de vouloir briller comme virtuose, et que quelques études lui étaient encore nécessaires; il se mit à
travailler la musique et le violon avec plus d'ardeur,
mais ce fut un peu aux depens des Institutes de Justi-
nien et des légistes dont il devait étudier les savants
commentaires. Cependant, il ne pouvait se résoudre à
renoncer au plaisir de participer aux concerts des amateurs, et malgré l'ostracisme prononcé contre sa personne, il trouvait de temps en temps moyen de se
glisser parmi ceux qui avaient prononcé contre lui une
sentence si rigoureuse : il rôdait, la nuit venue, aux
abords de la salle de concert, son violon soigneusement dissimulé sous un ample surtout; puis au moment où deux ou trois personnes entraient à la fois,
il se glissait adroitement au milieu d'elles, passait
inaperçu, se faufilait dans la salle de concert, parve-
nant, grâce à sa petite taille, à se cacher parmi les
chaises et les pupitres; puis une fois le morceau commencé et l'attention de chaque exécutant absorbée par
son cahier de musique, il venait prendre sa place au

milieu d'eux et usurpait par surprise ce droit qu'il prétendait lui avoir été enlevé par injustice et par envie. Malheureusement pour lui, s'il parvenait à ne se point faire voir, il réussissait trop à se faire entendre, et c'était alors des plaintes et des récriminations à n'en plus finir. Bref, celui dont les ouvrages devaient un jour faire les délices de toute la France était devenu dès son début l'objet de la terreur et de l'animadversion d'une pauvre société d'amateurs de province. La persistance des amateurs à l'éloigner et la sienne à se rapprocher d'eux furent poussées si loin, que des plaintes sérieuses furent portées au père Dalayrac. On le supplia de mieux garder le trouble-fête et de l'engager à se borner à l'étude du droit, en laissant de côté celle de la musique, à laquelle il n'entendrait jamais rien.

Le père croyait le jeune Nicolas tout absorbé dans ses lectures et ses travaux, et était loin de penser qu'il fût un musicien si enragé. Un rapide examen le convainquit que son fils avait laissé de côté toutes les études qui n'avaient pas la musique pour objet. Or, je laisse à penser quelle dût être l'indignation d'un honnête Magistrat de province, en voyant l'aîné de sa famille négliger les études de sa profession pour cultiver... quoi ? la musique.

Il fut tenu un solennel conseil de famille : d'un côté l'on réprimanda très fort, de l'autre on pleura beaucoup ; mais un morne désespoir succéda à la douleur, lorsque la sentence fut prononcée. Cette sentence proscrivait à jamais l'étude de la musique et l'usage du violon.

Les paroles dures du père, l'attitude sévère et gla-
ciale des autres membres de la famille avaient blessé
les idées d'indépendance du pauvre jeune homme ;
un instant, son cœur fut près de se révolter contre
cette exigence qui ne tenait aucun compte de ses goûts
et de ses sentiments ; il allait prendre la parole pour
annoncer sa résolution de braver l'autorité de toute
sa famille, lorsqu'au milieu de ces figures glaciales
et impassibles, il aperçut sa mère, sa pauvre mère,
qui pleurait, non de la faute de son fils, mais de la
réprimande qu'elle lui avait attirée et du chagrin qu'il
ressentait. Dalayrac alla se jeter dans ses bras en
sanglotant ; elle le pressa tendrement sur son cœur
lui donna un bon baiser de mère, en lui disant : Moi, je
t'aime toujours, mon pauvre Nicolas. Alors il se
tourna tristement vers son père et lui dit d'un air
résigné : Je vous promets de bien travailler et de ne
plus faire de musique.

A dater de ce jour, Dalayrac prit la résolution de
ne plus s'occuper que des travaux qu'il avait négligés
jusque là. Soir et matin, courbé sur ses livres, se
remplissant la tête de mille textes fastidieux, prenant
des notes pour aider sa mémoire, suivant assidûment
les cours auxquels il s'était à peine montré jusque là,
il tint rigoureusement sa promesse. Au bout de quelques mois, il avait regagné tout le temps précédem
ment perdu ; mais son bonheur, ses illusions, les rêves
de son imagination, il ne les retrouvait plus. Il était
rentré en grâce auprès de son père : sa mère était toujours bonne et affectueuse pour lui, et cependant il se

sentait malheureux. Sa santé même commençait à s'altérer. Sa mère fut la première à s'apercevoir de ce changement.

— Nicolas, lui dit-elle un jour, tu travailles trop, tu vas tomber malade. — Non ! ma mère, je ne travaille pas plus qu'auparavant; seulement je travaille à une chose qui m'ennuie, et j'ai renoncé à une chose qui me plaisait.

— Tu aimes donc bien la musique ?

— Si je l'aime ! oh ! mère, vous ne savez donc pas ce que c'est que la musique, pour me demander si je l'aime ? C'est que, voyez-vous, la musique, c'est, après vous, ce qu'il y a de meilleur au monde : c'est ce qui console quand on est triste, c'est ce qui donne du courage, c'est ce qui fait oublier tout ce qui est mauvais, ce qui fait penser à tout ce qui est bon, ce qui peut faire croire que l'on est heureux. Je ne puis pas faire de musique sans songer à Dieu et à vous, ma mère; n'est-ce pas ce qu'il y a de meilleur ? Oh ! je sais bien que j'ai eu tort ; c'était pour moi un trop grand plaisir, et pendant un temps j'ai tout négligé pour cela, mais j'en suis bien puni, allez ; et si c'était à recommencer...

— Eh bien ! que ferais-tu ?

Ah ! dame, je ferais un peu moins de musique et un peu plus de l'autre travail ; je n'aurais pas tant de peine à me mettre à celui-là, quand je saurais que je peux me délasser et me livrer à l'autre étude. Au lieu qu'à présent, c'est bien dur. Mon pauvre violon ! il est là, près de mon lit, je le regarde quelquefois les larmes aux yeux, à présent que je ne peux plus y toucher, ce n'est plus que le souvenir d'un ami que j'ai bien aimé et auquel il m'a fallu renoncer !

— Mais, mon pauvre enfant, puisque tu travailles si bien d'un autre côté, est-ce qu'il n'y aurait pas moyen d'obtenir de ton père?...

— Oh ! non, ma mère, vous le connaissez, il ne voudrait jamais. N'allez pas surtout lui demander cela pour moi ; c'est sur vous que tomberaient ses reproches ; et qui pourrait me consoler de vous avoir fait causer de la peine? Tenez, mère, ne parlons plus de cela ; je vous promets d'être bien raisonnable et de me bien porter. J'obéirai au père et je tâcherai de ne pas être trop malheureux, même sans musique.

Cette conversation de la mère et du fils avait réveillé chez ce dernier tous les instincts qu'il comprimait depuis si longtemps. Pour la première fois, il avait trouvé un confident de sa passion, il avait pu dire tout ce qu'il ressentait. Son cœur était un peu soulagé, mais ses regrets étaient plus vifs, son désir plus violent. La nuit, il s'éveillait parfois et pensait au bonheur qu'il aurait en recouvrant cette liberté dont il avait abusé, il regrettait le temps où il lui était permis de se livrer à son goût prédominant ; cette idée constante était devenue chez lui comme une espèce de monomanie. Il ouvrait sa boîte à violon avant de se coucher, il pinçait légèrement les cordes de l'instrument, il n'aurait osé y promener l'archet. La chambre de son père était trop près de la sienne, on aurait pu l'entendre. Mais le léger frôlement des cordes sous ses doigts suffisait pour l'assurer si l'instrument était

resté d'accord ; il le remettait soigneusement au ton
tous les soirs, la boîte restait ouverte toute la nuit, il
la refermait le matin, après avoir amoureusement
regardé le violon, qu'il entretenait dans un état de
soin et de propreté minutieux.

Une nuit, une de ces belles nuits d'été, comme elles
sont dans le midi, le sommeil, qu'aurait dû provoquer
un travail de dix heures consécutives, semblait le fuir.
Mille pensées venaient l'assaillir. Il allait bientôt obtenir ses licences et être reçu avocat. Encore quelques
semaines, et il se verrait libre, libre de faire tout ce
qu'il voudrait, c'est-à-dire de se livrer à la musique ;
c'était son unique but, sa seule préoccupation.

Quoique la croisée fût restée ouverte, l'atmosphère
de sa petite chambre était si lourde, qu'il lui semblait
qu'il allait étouffer. Il se mit à la fenêtre ; sa chambre, située sur les toits, dominait les maisons de la
ville et laissait voir la campagne tout illuminée de
l'éclat argenté de la lune. Pour mieux admirer ce
magnifique coup d'œil, Dalayrac franchit la croisée et
se trouva sur le toit qui s'avançait en saillie en s'apla-
tissant, et dont le rebord faisait tout le tour de la maison. Le chemin était étroit et périlleux ; Dalayrac
trouva que la promenade n'en aurait que plus de
charme. Un gros chien qui faisait la garde dans la
cour sur laquelle donnait la fenêtre, se mit à pousser
des aboiements furieux. Notre jeune homme n'en tint
compte, et il avait tourné un des angles de la maison,
que le chien aboyait toujours. La maison faisait un
carré assez régulier. Quand notre promeneur noc-

turne fut au-dessus de la seconde façade, les aboiements du chien lui parurent bien moins sonores ;
mais quand il fut parvenu à la façade opposée à celle
où était située sa chambre, c'est à peine si le bruit de
ces aboiements parvenait jusqu'à lui. Une réflexion
subite s'empara de son esprit.

— Mais, se dit-il, si de ce côté, qui est à l'opposé de
ma chambre et de celle de mon père, on entend à peine
la basse taille de cet énorme chien, il me semble qu'il
serait impossible d'entendre, de l'endroit où sont nos
chambres, les sons qui viendraient de ce côté. Essayons.

Et le cœur tremblant d'émotion, il refit le tour de
la maison, rentra chez lui, et saisissant son violon et
son archet, il reprit le chemin de la façade opposée.
Là, s'accroupissant dans l'étroit espace que laissaient
entre elles une cheminée et une lucarne, notre Orphée
aérien se donna un concert auquel il trouva certes
plus de plaisir que ne lui en purent jamais procurer
les plus belles exécutions musicales. Il y avait si longtemps qu'il n'avait touché au violon ! Ses doigts lui
parurent d'abord un peu rebelles, mais il finit par
s'oublier. Sa tête s'enflamma, les idées musicales lui
venaient en foule, et par un bonheur rare, elles semblaient se conformer, par leur simplicité et leur facilité, à l'impuissance de ses moyens d'exécution. Pendant plus d'une heure il improvisa, oubliant tout,
excepté le bonheur dont il jouissait. Le plus beau trône
du monde, il ne l'eût pas accepté pour l'échanger contre ce petit bout de toit, contre ce rebord de lucarne où

il était si heureux. C'est le cœur gonflé de joie qu'il regagna sa chambrette. Il serra précieusement son violon après l'avoir bien soigneusement essuyé pour le préserver des atteintes de la rosée et de l'humidité de la nuit. Il prévoyait que ses concerts nocturnes allaient souvent se renouveler, et il tenait à conserver intact l'instrument d'où dépendait toute sa félicité. Il s'endormit du sommeil le plus calme et le plus doux. Malgré la moitié de la nuit passée sur les toits, il s'éveilla plus allègre et plus dispos, et c'est le sourire sur les lèvres et la figure illuminée par un rayon de bonheur, qu'il se présenta au déjeuner de famille.

Le père Dalayrac avait sa physionomie grave et sévère, que semblait encore assombrir un air plus soucieux qu'à l'ordinaire. «Françoise, dit-il à la domestique qui les servait, que s'est-il donc passé cette nuit ? Le chien a furieusement aboyé, et à deux reprises. »

Nicolas sentit la rougeur lui monter au front, et baissa le nez vers son assiette.

— N'avez-vous donc rien entendu ? continua le père, en interrogeant toute la famille du regard.

— Si fait, lui fut-il répondu, mais voilà tout.

—Dans un quartier si retiré, reprit la servante, il ne faut pas grand'chose pour faire aboyer le chien. Nous avons d'un côté le couvent, et de l'autre, une rue où il ne vient presque jamais personne le soir : il aura suffi d'un passant attardé pour provoquer tout ce tapage.

— C'est juste, dit le père, il n'y a là rien d'extraordinaire.

Cet incident n'eut pas d'autre suite : le repas continua dans le calme et le silence habituels. Nicolas trouva cependant l'occasion d'être seul un instant avec sa mère.

— Soyez tranquille, lui dit-il, j'ai trouvé.

— Eh ! quoi donc ? fit l'excellente femme.

— Ce que nous cherchions tous deux : le moyen de tout concilier ; allez, vous serez contente de votre petit Nicolas. Sous peu de temps, je serai reçu avocat, et d'ici là je travaillerai bien, je me porterai encore mieux, et le père n'aura rien à dire.

Mme Dalayrac ne comprit pas trop ce que son fils voulait lui dire ; mais elle le vit content, et c'en fut assez pour son bonheur et sa tranquillité.

Cependant, cette première tentative avait été trop heureuse pour que le jeune Dalayrac ne voulût pas en faire une seconde. Mais il fallait de la prudence, le chien pouvait donner l'éveil, s'il recommençait toutes les nuits son vacarme. Le jeune homme se promit de s'abstenir pendant quelques nuits de toute excursion. Le souvenir du plaisir qu'il avait goûté lui suffit effectivement pendant quelques jours, mais ses désirs de reprendre sa promenade et son concert nocturne redevinrent plus vifs que jamais.

Un jour qu'il était sorti un instant pour prendre l'air et marchait absorbé dans ses réflexions, il rencontra un camarade qu'il avait perdu de vue depuis sa sortie du collége.

— Eh ! par quel hasard, lui dit-il, te trouves-tu à Muret, toi dont la famille habite Toulouse ?

— Par un hasard bien simple, répondit l'ami de collège, c'est que mon père m'a placé, pour étudier, chez un apothicaire de cette ville, dont il veut que j'épouse la fille.

— Comment, tu es garçon apothicaire ?

— Etudiant, si tu veux bien le permettre. Mon futur beau-père est un excellent homme, sa fille est charmante, et je serai très-heureux avec elle. Et puis c'est un travail qui n'est pas si désagréable que tu pourrais le croire, j'étudie la botanique et la chimie, voire même un peu la médecine. Viens donc me voir : tiens, la boutique est à deux pas d'ici, je vais te présenter à ma nouvelle famille.

Dalayrac se laissa faire ; le fils du subdélégué de la province ne pouvait manquer d'être bien accueilli ; il trouva la future de son ami charmante, le beau-père très-aimable, et promit de les visiter de temps en temps. L'apprenti apothicaire était fier et heureux de son nouvel état : aussi voulut-il en vanter tous les charmes à son ami, il le conduisit dans sa chambrette, qui était fort proprement arrangée. Au-dessus d'une table chargée de livres et de papiers, s'étalaient sur des rayons une foule de petites fioles étiquetées.

— Qu'est-ce que tout cela ? dit Dalayrac.

— Ce sont, répondit son camarade, la plupart des substances avec lesquels nous composons les médicaments ; presque toutes sont des poisons et ont un effet très-actif : ce n'est qu'en les affaiblissant ou en les mélangeant qu'on peut obtenir, avec leur aide, un effet salutaire.

— Parbleu ! dit Dalayrac, puisque tu as toutes ces recettes et ces antidotes sous la main, tu peux me rendre un bien grand service.

— Et lequel donc ?

— Figure-toi que j'ai tant travaillé depuis quelque temps, que je me suis échauffé le sang, et que je ne puis parvenir à sommeiller. Je me couche de très-bonne heure, devant me lever de même ; mais je lutte toute la nuit contre l'insomnie, et ce n'est que le matin, juste à l'heure où je dois me lever, que je me sens quelque disposition au sommeil. Il faut alors le combattre ; je me lève tout engourdi, je suis lourd toute la journée, mais je travaille comme à l'ordinaire le soir, et cependant le sommeil me fuit encore lorsque je veux l'appeler.

— Sois tranquille, lui dit son camarade, j'ai là ton affaire. Je vais te composer un somnifère irrésistible : quelques gouttes dans un verre d'eau avant de te coucher, et, un quart-d'heure après, tu dormiras du sommeil le plus calme et le plus profond.

Il alla prendre une ou deux fioles sur ses tablettes, en versa le contenu dans un petit flacon, le boucha soigneusement, et le remit à Dalayrac. « Surtout, ajouta-t-il en le quittant, ne va pas forcer la dose. Deux ou trois gouttes suffiront, tu ne redoublerais que si tu voyais que le remède n'agit pas assez. » Dalayrac serra la main de son ami et emporta précieusement son narcotique. En passant devant un épicier, il acheta une livre de gros sel qu'il mit dans sa poche, puis il s'achemina vers sa demeure

En entrant dans la cour, il aperçut enchaîné dans
sa niche, le chien de garde qui avait failli le trahir
par son excès de vigilance. Le chien fit un bond de
joie en voyant son jeune maître; celui-ci s'approcha
et le caressa du regard et de la main; puis voyant
que la sébile qui contenait sa nourriture était vide :
« Ah! mon pauvre Pataud, lui dit-il, tu as quelquefois des nuits bien agitées, tu as besoin de repos;
sois tranquille, je me charge de t'en procurer ce
soir. » Le chien le regardait d'un air intelligent et
en remuant la queue : sans comprendre ce qu'on lui
disait, il devinait que les paroles qu'on lui adressait
étaient bienveillantes, et il suivit du regard son
jeune maître s'acheminant vers la cuisine.

— Vraiment, Françoise, dit en entrant Dalayrac à
la cuisinière, il n'est pas étonnant que Pataud fasse
quelquefois un tel vacarme pendant la nuit : cette
pauvre bête est affamée.

— Comment! monsieur Nicolas, affamée? mais j'ai
rempli son écuelle de pâtée ce matin.

— Et il n'en reste pas une miette, preuve qu'il
mourait de faim. Il faut lui donner aujourd'hui double ration, pour qu'il nous laisse tranquilles cette
nuit.

— Oh! dame, je n'ai pas le temps, j'ai mon dîner
à soigner. Mais il y a tout ce qu'il faut dans l'armoire,
prenez et donnez-lui, si vous voulez.

Dalayrac ne se le fit pas dire deux fois : il fit trem-
per une forte miche de pain, à laquelle il ajouta un
bon morceau de bouilli de la veille; puis, de crainte

que ce mélange ne fût trop fade, il le saupoudra
d'une bonne poignée de sel dont il s'était précau-
tionné, et il alla offrir ce régal au vigilant Pataud.
Le chien se jeta avidement sur la pâtée, qu'il dévora
en un clin d'œil; Dalayrac lui fit encore quelques
caresses; mais en le quittant, il eut soin de renverser
d'un coup de pied l'écuelle contenant l'eau destinée
à sa boisson. — Le soir venu, il voulut aller le déta-
cher lui-même : le chien tirait la langue d'un demi-
pied. Dalayrac remplit l'écuelle d'eau qu'il alla tirer
à la pompe; mais il y versa non pas une ou deux gouttes, mais cinq ou six de la fiole que lui avait remise
son ami l'apothicaire. Le chien vida l'écuelle en
quelques lampées.

Quand tout le monde fut couché, notre futur avocat
se mit à la fenêtre et aperçut le chien couché tout du
long devant sa niche et dormant d'un sommeil léthar-
gique. Il n'y avait plus de danger que l'escapade nocturne fût ébruitée, et le jeune enthousiaste put pro-
longer son concert tout à son aise.

Grâce à l'expédient qu'il renouvelait chaque jour,
il put sans contrainte se livrer à son goût dominant :
le jour il étudiait à voix basse la musique qu'il devait
exécuter pendant la nuit, et, ce bienheureux moment
venu, il se livrait à l'étude de son instrument favori et
aussi à tous les caprices de son imagination musicale.
Se croyant sans témoins et sans auditeurs, rien n'arrêtait l'expansion de ses idées : parfois son violon lui
semblait insuffisant pour les traduire, il chantait alors
de douces mélodies qu'il soutenait par des accords en

doubles cordes dont son instinct lui faisait trouver l'harmonie. Souvent, il s'arrêtait après avoir joué, pour reprendre haleine et pour écouter le calme qui l'entourait, et jouir de la splendeur de ces belles nuits du Midi, les seules heures où l'on puisse vivre dans ces contrées.

Le côté de la maison où il avait établi sa retraite aérienne, dominait les grands arbres du jardin du couvent voisin. Ce couvent appartenait à une communauté de religieuses, et ces religieuses avaient des pensionnaires. L'une d'elles se promenait un soir dans le jardin, lorsqu'elle entendit des sons merveilleux sans pouvoir deviner d'où ils partaient, les arbres masquant d'une façon impénétrable le réduit où était perché l'auteur de ce concert. Émerveillée de ce qu'elle entendait, la jeune pensionnaire raconta à sa meilleure amie, en lui faisant jurer le secret le plus absolu, que chaque soir elle trouvait le moyen de s'échapper du dortoir et d'aller respirer l'air frais de la nuit dans le jardin; que là un sylphe, un être mystérieux, inconnu, se révélait à elle par les accents les plus tendres et les plus touchants. La meilleure amie feignit de ne pas ajouter foi à la confidence, pour qu'on lui donnât une preuve convaincante du fait. Deux jours après ce n'était plus une pensionnaire, c'étaient deux qui venaient jouir du concert que Dalayrac croyait se donner à lui tout seul; puis le secret fut si bien gardé, qu'il en vint quatre, six, huit, dix, et bientôt tout le pensionnat du couvent. Encore, eût-ce été peu de chose, si le fameux secret fût resté enfermé dans l'enceinte cloîtrée ; mais les pensionnaires avaient des amies en ville, et ces amies d'autres amies. Bientôt ᴗ secret du couvent fut celui de toute la ville ; et le père de Dalayrac, quoique instruit l'un des derniers, finit par tout découvrir.

II

Il n'y avait plus de résistance possible contre une résolution si bien arrêtée. D'ailleurs, que pouvait-on reprocher au jeune Dalayrac ! Il venait de passer sa licence avec succès ; il était reçu avocat, et il restait bien prouvé que l'étude clandestine de la musique n'avait pas nui aux travaux avoués et reconnus dont il venait de recueillir le fruit. Cependant il y avait pour le père un point essentiel, c'était que l'espoir de la famille ne risquât pas chaque nuit de se rompre le cou, pour donner un concert aux pensionnaires du couvent. L'indulgence seule pouvait parer à ce danger.

Un matin, le père Dalayrac entra dans la chambre de son fils. Sa figure, ordinairement sévère, avait ce jour-là un caractère de bienveillance assez marqué, mêlée cependant d'une légère teinte d'ironie. Un serrurier, chargé de grillages et de lourdes barres de fer, entra presque en même temps que lui dans la chambre du jeune homme.

— Mon cher garçon, dit le père, je suis fort inquiet.

— Et de quoi donc? dit le fils avec étonnement.

— D'une aventure, un sot conte qui court par toute la ville, et que tu ne comprendras pas plus que moi. On prétend qu'on a vu à plusieurs reprises rôder pendant la nuit un homme sur les toits de cette maison. Ce ne peut être qu'un malfaiteur; nous sommes ici fort isolés : il n'y a que ta chambre et les greniers qui donnent sur ce toit, et pour ta sûreté personnelle et ma tranquillité à moi, j'ai amené ce brave homme qui va poser un bon grillage à ta fenêtre et te mettre à l'abri de toute tentative du dehors.

Je ne saurais trop dire à quelle nuance de vermillon, de pourpre ou de coquelicot, appartenait la rougeur répandue sur les traits du jeune Dalayrac pendant le commencement de cette allocution, dont la conclusion fut un coup de foudre pour lui : son air était si confus et si désespéré que son père en eut pitié. Voyons, remets-toi, lui dit-il avec bonté, il ne faut pas prendre trop au tragique ces sots propos : ce que je fais ici, n'est qu'une simple mesure de précaution. Cela donnera bien un air un peu lugubre à ton appartement; mais à présent que tu as un état, tu es libre, entièrement libre, d'y demeurer ou de n'y pas demeurer; tu peux même faire de la musique et jouer du violon si cela te fait plaisir.

— Vraiment?

— Certainement, à présent que tu sais ce que je voulais que tu apprisses, il n'y a nul inconvénient

à te livrer à un délassement honnête, pourvu toutefois que tu n'en formes pas un objet principal. J'ai
obtenu pour toi de plaider dans un procès excellent.
voici les pièces ; ton client viendra te voir demain,
étudie bien sa procédure et distingue-toi dans ta première cause.

— Oh! mon bon père, s'écria avec élan le jeune
avocat, je vous promets d'y faire tous mes efforts.
Puis, se précipitant vers sa boîte à violon, qu'il ferma
précipitamment, tenez, continua-t-il, prenez cette
clef; je ne veux pas toucher à mon instrument jusqu'au jour des plaidoiries. Je n'oserais pas en faire le
serment, si vous ne preniez cette clef : ce serait plus
fort que moi. De cette façon je serai plus tranquille,
l'impossibilité détruira le danger de la tentation.

Le père prit la clef en riant :

— C'est bien, lui dit-il, tu es un brave garçon ;
laisse cet ouvrier accomplir sa besogne, viens embrasser ta mère, et demain commence sérieusement
ton métier d'homme, et d'homme utile.

Pendant quinze jours, Nicolas Dalayrac pâlit sur
son dossier, pendant quinze jours il étudia, apprit et
prépara la magnifique plaidoirie qui devait signaler
son entrée au barreau. Au jour de l'audience, il lui
fut impossible de s'en rappeler un seul mot ; il fut
obligé d'improviser, et il n'avait pas la parole facile,
il était, de plus, extrêmement timide. Mais la cause
qu'il défendait, était excellente : tout frais émoulu
de ses études, il avait fort bien plaidé la question de
droit, et le procès de son client fut gagné.

— Eh bien ! cher père, êtes-vous content ? s'écria-t-il en rentrant au logis.

— Veux-tu que je te dise mon opinion ? répondit le père.

— Mais certainement.

— C'est que tu n'as pas le moindre talent, et que tu as été détestable. Il vaut mieux être n'importe quoi, qu'un mauvais avocat. Tu m'as obéi, je n'ai rien à te reprocher. D'ailleurs, les études que tu as faites ne seront jamais perdues. Laisse-moi le soin de te chercher une autre carrière; dans huit jours, j'aurai pourvu à tout. Voilà ta clef, fais ce que tu voudras en attendant ma décision.

L'échec qu'il venait d'éprouver ne touchait nullement notre jeune homme : il se sentait plutôt heureux d'être autorisé à renoncer à une profession pour laquelle il n'avait aucune vocation. Mais son père avait vu avec inquiétude la passion dominante de son fils pour la musique : il comprit qu'il était naturel et peut-être heureux que, dans le calme d'une vie de province, la vivacité d'esprit et d'imagination du jeune homme eût trouvé un aliment si innocent : il pensa qu'une existence plus agitée où abonderaient le mouvement et la distraction ne pourrait manquer de donner un autre cours à ses idées. Il sollicita et écrivit à Paris. La réponse ne se fit pas longtemps attendre, elle était favorable, et les huit jours étaient à peine écoulés, qu'il put annoncer à son fils qu'il venait d'être admis parmi les gardes du comte d'Artois, dans la compagnie de Crussol.

Les gardes du corps avaient le rang et les appointements de sous-lieutenant. Les 600 livres attachées à ce
grade n'auraient pas suffi à la dépense du jeune officier. Son père y joignit une pension de 25 louis, ce
qui lui assurait un revenu net de 1,200 livres sur lesquelles il fallait s'habiller, se nourrir et se loger pendant les six mois de l'année où l'on n'était pas de
service. Sa position n'était pas des plus brillantes;
mais à vingt ans on est toujours riche : n'a-t-on pas
devant soi l'avenir et l'espérance, la plus grande et
quelquefois la plus assurée de toutes les richesses?

Cependant un regret venait se mêler aux joies et
aux illusions de notre héros : il fallait quitter sa mère;
mais en rêvant la fortune, il rêvait aussi le bonheur,
c'est-à-dire, le moment où il pourrait avoir autour de
lui tous les objets de ses affections.

Il partit donc, la bourse légère, mais le cœur gros
d'espérances. Son père, en le voyant s'éloigner, s'é-
criait : Peut-être un jour sera-t-il colonel ou général.
Mais la mère disait en sanglotant : Moi, je suis
sûre qu'il sera toujours un bon fils, et qu'il saura
m'aimer à Paris comme il m'aimait ici.

Les fonctions de garde du corps n'étaient pas très-
pénibles, mais elles ne laissaient pas d'être assez
assujettissantes : le service se faisait par trimestre, et
pendant les trois mois de service, les gardes ne pouvaient jamais s'absenter de la résidence du prince.

Dalayrac avait un noviciat à accomplir, il n'avait
reçu aucune notion de l'état militaire, et il lui fallut
tout apprendre depuis l'exercice du soldat jusqu'à

la théorie de l'officier. Mais ces nouvelles études ne l'absorbaient pas au point de l'empêcher de se livrer avec ardeur à son goût favori. Dans la rapidité de ce récit, il n'a guère été possible de constater les progrès que son instinct et sa passion exclusive lui avaient fait faire. Comme virtuose sur le violon et comme musicien, il y avait une énorme distance entre le brillant garde du corps et le petit écolier venant troubler le concert des amateurs de Muret.

Dalayrac était de taille moyenne; sa figure, couturée par la petite vérole, n'avait rien d'attrayant au premier aspect. Les gens qui ne regardent qu'avec les yeux le trouvaient laid; mais ceux dont l'esprit et le cœur aident le regard savaient reconnaître son air vif, spirituel, et l'expression de bonté, de franchise et de bienveillance répandue sur tous ses traits. Il avait une de ces laideurs qu'on finit par trouver charmantes, et qui ont au moins l'avantage d'éloigner de vous ceux qui ne peuvent ni vous comprendre ni vous apprécier.

Son caractère doux et sympathique lui attira de nombreuses amitiés parmi ses nouveaux camarades; ses manières distinguées et ses goûts de bonne compagnie lui ouvrirent les portes des meilleures maisons. C'est ainsi qu'il fut admis dans l'intimité du baron de Bezenval et de M. Savalette de Lange, garde du trésor royal. Il eut l'occasion d'entendre chez ce dernier le chevalier de Saint-Georges, et son talent sur le violon le fit accueillir favorablement par le célèbre mulâtre, dont l'habileté sur cet instrument était si remarquaquable.

14

Mais pour se présenter convenablement dans le monde, pour aller de temps en temps à la Comédie Italienne entendre les chefs-d'œuvre de Philidor, de Monsigny, de Grétry, de tous ces maîtres dont il devait être un jour le rival et l'émule, quelle économie, quelles restrictions ne devait-il pas apporter dans ses dépenses, afin de ne pas dépasser le chiffre de son modeste revenu de 1200 livres!

Pour ne pas avoir de loyer à payer à Paris, il passait quelquefois à Versailles tout le trimestre où il n'était pas de service. Alors, on le voyait partir à pied pour arriver à Paris un peu avant l'heure du spectacle. Un bien modeste dîner suffisait à peine pour réparer les forces du jeune enthousiaste; mais il en puisait de nouvelles dans l'admiration que lui causaient les opéras qu'il était venu entendre. Il repartait toujours à pied, après le spectacle, et revenait coucher à Versailles, ayant fait ses dix lieues dans sa journée, mais n'ayant pas entièrement dépensé le petit écu dont se composait son revenu quotidien; encore fallait-il quelques jours de privations sévères pour compenser cette dépense entièrement consacrée à son plaisir.

Les comédiens italiens, ainsi que ceux de l'Académie royale de musique et du Théâtre-Français, venaient souvent jouer devant la famille royale, à Versailles; et Dalayrac trouvait le moyen de ne pas manquer une seule des représentations consacrées aux ouvrages lyriques.

Les heures de service que redoutaient le plus les gardes du corps, étaient celles de nuit, pendant lesquelles il fallait faire faction devant la porte de la chambre où couchait le prince. On comprend que le silence le plus absolu était de rigueur, et rien ne pouvait se comparer à l'ennui de ces longues heures de nuit passées dans le silence et une inaction complète.

Dalayrac s'arrangeait toujours avec quelque camarade pour prendre pour son compte les heures de faction de nuit, à condition d'être libre à l'heure du spectacle. Avec quelles délices il savourait ces opéras dont l'audition ne lui coûtait rien que quelques heures d'ennui et d'insomnie! Encore plus d'une fois arriva-t-il à la sentinelle de poser doucement son fusil contre la muraille, de s'accroupir à terre, de tirer de sa poche un petit cahier de papier réglé et d'y écrire ses propres inspirations ou d'y retracer le souvenir de ce qu'il avait entendu dans la soirée.

Cependant, quoiqu'il fût parvenu à écrire facilement ses idées, et même à les accompagner d'une basse assez satisfaisante, il sentait bien qu'il n'arriverait jamais à rien de plus que ce qu'il avait fait jusqu'alors, s'il n'étudiait pas et n'apprenait pas au moins les premières règles de la composition. Mais, à cette époque, les maîtres en état d'enseigner étaient excessivement rares, et même les plus médiocres se faisaient payer un prix trop élevé pour la bourse de l'aspirant compositeur.

Parmi les musiciens français, il ne s'en trouvait réellement que trois qui possédassent à un assez haut degré la théorie musicale et les règles du contre-point

pour pouvoir professer la composition. C'étaient Gos-
sec, Philidor et Langlé. Le premier était accaparé par
ses fonctions de chef du chant à l'Opéra et par le travail
de ses propres compositions. Le second n'accordait à la
musique que le peu de temps que lui laissait sa passion pour les échecs. Langlé était issu d'une famille
française établie depuis plus d'un siècle en Italie et
dont le véritable nom de Langlois, impossible à prononcer par des Italiens, avait pris une terminaison
plus euphonique.

Langlé était né à Monaco, en 1741, et avait fait ses
études au Conservatoire de la *Pieta*, à Naples, sous la
direction de Cafara. Après avoir professé quelques
années en Italie, il était venu à Paris en 1768, et s'y
était fait une nombreuse clientèle comme professeur
de chant et de composition (1).

Recevoir des leçons d'un tel maître eût été un
grand bonheur pour Dalayrac ; mais cet espoir ne lui
était même pas permis. Le hasard le mit en contact
avec le célèbre professeur, et sa bonne fortune lui
procura ce qu'il désirait si vivement, et ce qu'il aurait
acheté au prix des plus durs sacrifices.

(1) Langlé ne quitta plus la France, dès qu'il eut remis
le pied sur cette terre natale de ses aïeux. Il s'établit à Paris
et épousa la sœur de M. Sue, le célèbre médecin, père d'Eugène Sue, le romancier, aujourd'hui représentant du peuple.
Langlé n'a fait représenter qu'un seul opéra en trois actes,
Corisandre, joué avec quelque succès à l'Académie royale
de musique, en 1791. Il mourut à sa maison de campagne
de Villiers-le-Bel en 1807.

M. Savalette de Lange donnait de fort beaux concerts dans son hôtel. Dalayrac s'y montrait très-assidu. C'est là qu'il rencontra Langlé pour la première fois, et il lui fut présenté par le maître du logis, comme un jeune amateur passionné pour la musique. Langlé accueillit parfaitement le jeune officier, et Dalayrac employa tous ses moyens de séduction pour captiver les bonnes grâces de celui dont il ambitionnait la faveur. Il y réussit parfaitement. Langlé était spirituel et homme de bonne compagnie; il fut enchanté des manières aimables et aisées du jeune garde du corps, et surtout de son enthousiasme pour la musique. Une espèce d'intimité s'était déjà établie entre eux, et Dalayrac n'avait pas encore osé faire la confidence de l'objet de ses désirs. Un soir il prit, comme on dit vulgairement, son courage à deux mains, et aborda la grande question.

— Monsieur Langlé, lui dit-il tout d'un coup, pour qui me prenez-vous?

— Moi, Monsieur le chevalier? mais je vous prends pour un jeune seigneur fort spirituel et fort aimable, cultivant la musique pour son plaisir, ce qui est le plus agréable délassement pour un homme de votre condition et de votre fortune.

— Et bien! Monsieur, vous êtes dans une erreur complète. Tel que vous me voyez, je suis pauvre comme Job; quoique l'aîné de ma famille, je suis moins à mon aise que le plus mince cadet, car je n'ai au monde que mes appointements de six cents livres et une pension de pareille somme. Mon père a fait de moi un militaire pour que je ne fusse pas un méchant avocat; mais franchement, je n'ai guère plus de goût pour ma seconde profession que pour la première : je n'aime que la musique. On dit que je joue passablement du violon, mais je ne m'amuse guère en jouant la musique des autres, je voudrais entendre jouer la mienne et je crois que je serais capable d'en faire d'assez jolie, si je savais comment m'y prendre. Voulez-vous m'enseigner le moyen?

— Monsieur le chevalier, confidence pour confidence. Je suis moins riche que vous, car je n'ai pas d'appointements ni de pension, mais je gagne assez d'argent avec mes leçons. Seulement, il faut pour cela que je sorte tous les jours à sept heures été comme hiver et que je coure le cachet toute la journée. Je rentre le soir exténué, mais néanmoins, je puis vous donner une heure tous les matins, c'est celle qui s'écoule entre mon lever et ma sortie; je la consacre à ma toilette; mais, pendant qu'on me rasera qu'on me poudrera et que je m'habillerai, je trouverai toujours moyen de vous donner quelques conseils. Cela vous convient-il?

— Parfaitement. Où demeurez-vous?

— Hôtel Monaco, près des Invalides. Et vous?

— A Versailles, à l'hôtel des Gardes, et à Paris, place Royale.

— C'est un peu loin, pour une heure si matinale.

— N'importe, je serai exact, soyez-en sûr. A quand?

— Mais à demain, si vous voulez.

— A demain donc.

A six heures du matin , Dalayrac arrivait tout
essoufflé chez son professeur, lui soumettait ses premiers essais, en recevait les meilleurs conseils ; et
tout cela se faisait en se promenant d'une chambre à
l'autre, suivant que les besoins de la toilette faisaient
passer Langlé de sa chambre à son cabinet de toilette
ou à sa salle à manger.

Les progrès de Dalayrac furent d'autant plus rapides, que Langlé, voyant qu'il avait affaire à un
jeune homme rempli d'imagination, ne lui apprit que
juste ce qu'il fallait pour transcrire ses idées à peu
près régulièrement. On a souvent fait un titre de
gloire à Langlé d'avoir produit un tel élève ; mais le
genre de succès qu'ont obtenu les ouvrages de Dalayrac, prouve qu'il dut fort peu à son professeur et
beaucoup à sa propre nature, à son excellent instinct
dramatique et à son imagination abondante et va-
riée.

Quoi qu'il en soit, si le maître fut fier de son élève,
l'élève fut toujours reconnaissant des soins du maître,
et il eut plus tard une occasion de prouver quel bon
souvenir il en avait conservé.

Langlé, nommé maître de chant à la création du
Conservatoire, vit sa place supprimée , lors de la réforme de cet établissement en 1802. Dalayrac sollicita
et obtint pour lui la place de bibliothécaire, qu'il conserva jusqu'à sa mort.

Dès que Dalayrac se vit en état d'écrire, il voulut
utiliser le fruit de ses leçons, et il composa des quatuors pour instruments à cordes, qui furent publiés

sous un pseudonyme, et, pour mieux déconcerter les
investigations, ce pseudonyme était un nom italien.
Ces œuvres, ni même le nom d'emprunt sous lequel
elles furent publiées, ne sont pas parvenus jusqu'à
nous. Mais dans l'état de faiblesse où était la musique
instrumentale en France, avant qu'on ne connût les
quatuors de Pleyel et d'Haydn, il est à supposer que
ces compositions n'avaient pas une grande valeur.
Elles obtinrent néanmoins un très-beau succès. Dalayrac conserva longtemps l'incognito, et put jouir
de son triomphe en toute conscience, car ces quatuors,
attribués à un musicien italien, étaient très-recher-
chés des amateurs et se jouaient partout.

On venait d'en publier tout récemment une nouvelle série, et une réunion intime d'amateurs devait
l'essayer, pour la première fois, chez le baron de
Bezenval. Dalayrac était au nombre des auditeurs :
pour ne rien perdre de l'exécution de son œuvre anonyme, il s'était placé le plus près possible des amateurs qui allaient la déchiffrer. Le premier morceau
fut fort bien dit, et reçut beaucoup d'applaudissements.
Le début de l'*andante* parut encore plus heureux ;
mais à un certain passage, il advint une telle suc-
cession de notes fausses et discordantes, que Dalayrac
fit un bond sur sa chaise et s'écria : Mais ce n'est pas
cela ; le trait du second violon n'est pas dans ce
ton-là !

— Comment ! dit avec conviction l'amateur chargé
de cette partie, je jo~   a, et si c'est mauvais, c'est la faute de l'auteur, et non la mienne.

Et l'on recommença le passage, qui parut encore plus faux que la première fois. Dalayrac s'élança vers le second violon, lui arracha l'instrument des mains, et se mettant à jouer le trait comme il l'avait composé :

— Tenez, Monsieur, voilà ce qu'il y a, et cela ne ressemble guère à ce que vous venez de jouer.

—C'est ce que vous venez de jouer qui ne ressemble pas à ce qui est écrit, dit l'amateur exaspéré ; voyez plutôt.

Et il passa sa partie à Dalayrac, qui ne fit qu'y jeter un coup d'œil, et s'écria avec colère :

— Là ! j'en étais sûr ! ils n'ont pas corrigé la seconde épreuve.

— Eh ! qu'en savez-vous ? dit l'amateur triomphant.

L'auteur, près de se trahir, demeura muet ; mais Langlé, confident discret jusqu'alors de l'innocente supercherie de son élève, se crut dispensé de garder plus longtemps un secret qu'on était sur le point de pénétrer.

— Il en sait très-long sur ce sujet, Messieurs, leur dit-il, car c'est lui qui est l'auteur de tous les morceaux publiés sous le même nom que celui-ci.

Ce furent alors des exclamations et des éloges à perte de vue. Dalayrac ne pouvait suffire à toutes les louanges et toutes les félicitations qu'il recevait. Il fut forcé de se mettre au pupitre et de concourir à l'exécution de tout son répertoire, qu'on voulut passer en revue le soir même, et à chaque morceau c'était un nouveau concert d'éloges et de bravos.

Cette petite aventure eut du retentissement, et Da-

layrac devint le musicien à la mode dans un certain
monde, avant même d'être connu de la généralité du
public. On sait que Voltaire, dans son voyage à Paris
en 1778, fut reçu dans une loge maçonique. Dalayrac
fut chargé de composer la musique pour cette réception, et elle eut assez de succès pour qu'on lui en de-
mandât une nouvelle pour la fête célébrée chez
Mme Helvétius en l'honneur de Franklin.

M. de Bezenval faisait souvent jouer la comédie chez
lui ; la reine et la famille royale ne dédaignaient pas
d'assister à ces solennités dramatiques où les rôles
étaient remplis par des gens du monde et par l'élite
des comédiens français ou italiens. Dalayrac composa,
pour ce théâtre de société, deux petits opéras, dont les
titres seuls nous sont parvenus. Ils étaient intitulés :
le Petit souper et le Chevalier à la mode. Leur succès
ne fut pas moins grand que ne l'avait été celui des
premières œuvres instrumentales de l'auteur. La
reine, qui assistait à la représentation, félicita haute-
ment le musicien, lui disant qu'elle était heureuse
de savoir qu'il y eût dans la maison de son frère un
jeune homme de tant de talent et d'espérances.

Un si beau début ne fit qu'encourager Dalayrac à
continuer ses heureuses tentatives. Un des camarades
de sa compagnie, de Lachabeaussière, qui avait déjà
fait représenter de petits ouvrages à la comédie Italienne, lui confia une pièce en un acte, l'Eclipse totale.
La musique en fut rapidement composée, la protection
de la reine ne fut sans doute pas inutile à Dalayrac
pour faciliter la réception de sa pièce et lui faire obte-

nir un tour de faveur. La première représentation eut lieu le 7 mars 1781.

La partition de l'*Eclipse totale* est devenue assez rare ; il en existe une manuscrite à la bibliothèque du Conservatoire, encore est-elle incomplète et ne renferme-t-elle pas les derniers morceaux de l'ouvrage. C'est la seule que j'aie pu consulter, et j'avoue que rien ne m'a paru y justifier le succès de l'ouvrage et les éloges que la musique en particulier reçut de tous les recueils du temps qui rendirent compte de la pièce. Monsigny et Grétry avaient déjà donné plusieurs de leurs chefs-d'œuvre, et l'éducation musicale du public devait être assez avancée pour qu'on ait peine à comprendre l'unanimité d'éloges que s'attira la nouvelle partition. Il ne faut pas oublier cependant qu'elle ne fut jugée que comme l'œuvre d'un amateur, et qu'alors le plus grand mérite du musicien, aux yeux du public, était de se faire assez petit pour passer inaperçu, et se faire pardonner sa musique en faveur de la pièce. Dalayrac était doué d'un sentiment scénique si naturel et si excellent, que, dès son premier ouvrage, il sut se mettre à la portée du goût et de l'exigence du public.

L'étude musicale de cette partition n'offre donc rien de bien intéressant. On y remarque cependant une instrumentation moins nue que celle des œuvres contemporaines de Grétry et de Monsigny ; mais l'harmonie est pauvre, sans finesse, et sent encore l'amateur. La mélodie est facile et abondante, mais un peu commune.

Au total, si l'étude de cette partition ne peut être d'une grande utilité pour l'instruction, elle sera du moins un motif d'encouragement pour les jeunes compositeurs. L'art musical dramatique est si difficile et exige la réunion de tant de qualités, qu'il est bien rare qu'en débutant, on arrive à produire un bon ouvrage, fût-on même doué de qualités que l'âge et l'expérience développent seuls complétement.

Boïeldieu et Auber ont débuté par des ouvrages qui étaient loin de faire prévoir le talent qu'ils ont déployé plus tard. Il y a aussi loin de *la Dot de Suzette* à *la Dame blanche*, que du *Séjour militaire* à *la Muette de Portici*, et bien des ouvrages de pauvres jeunes gens dont on n'a pas encouragé les premiers débuts sont loin d'être inférieurs aux premières partitions des maîtres les plus célèbres.

Nous verrons bientôt Dalayrac, après ses premiers essais, s'élancer d'un pas plus ferme dans la carrière, et produire ces œuvres charmantes dont la renommée a été européenne, et qui l'ont placé au rang des compositeurs les plus féconds et les plus heureusement inspirés.

III

Le succès que venaient d'obtenir les deux jeunes officiers les engagea à continuer une collaboration qui commençait sous de si heureux auspices. Mais ils éle-

vèrent leur prétention jusqu'à faire un opéra en trois
actes, et, l'année suivante, ils firent représenter *le
Corsaire*. Ce second début ne fut pas moins heureux
que le premier. Un an après, Dalayrac fit jouer *les Deux
Tuteurs*, en deux actes. En 1785, une cantatrice, nom-
mée Mlle Renaud, fit de brillants débuts à la Comédie-
Italienne ; aucun opéra important n'était en prépara-
tion, et le succès de la débutante augmentait de jour
en jour ; Dalayrac, dans le but d'en profiter, arrangea
en opéra une pièce de Desfontaines, jouée autrefois
avec des airs de vaudeville. C'était l'*Amant statue*. La
cantatrice fut bien servie par le musicien, et le public
partagea son enthousiasme entre l'auteur et l'exécu-
tante. Tous deux furent rappelés après la pièce. C'était
alors une faveur aussi rare qu'elle est commune aujourd'hui.

Desfontaines, reconnaissant envers le jeune musicien qui venait de rajeunir une de ses anciennes pièces, lui confia un opéra nouveau en trois actes. C'était
Dot, dont le sujet est fort gai et fort amusant, et qui
fut représentée au mois de novembre de cette même
année 1785.

Jusque là Dalayrac avait eu des succès faciles, mais
aucun d'eux n'avait obtenu cet éclat et ce retentissement qui s'étaient attachés à quelques-unes des productions de Monsigny et de Grétry. Ses cinq premiers
ouvrages appartenaient tous au genre comique, très-
ingrat à traiter en musique, et que l'on apprécie rarement autant qu'il mériterait de l'être, ne fût-ce qu'en
raison de son excessive difficulté. Il trouva bientôt

15

l'occasion de déployer son talent dans un genre tout opposé.

Le succès du Musicien amateur avait attiré l'attention d'un auteur également amateur, et qui avait fait représenter à la Comédie-Italienne quelques pièces sans importance. Marsollier des Vivetières était à peu près du même âge que Dalayrac, et ainsi que lui était passionné pour le théâtre ; mais là s'arrête la conformité qu'on pouvait remarquer entre eux. Marsollier avait de la fortune, et ses travaux littéraires n'étaient qu'un délassement, délassement qui à tout autre cependant aurait pu paraître un travail des plus pénibles, car Marsollier s'était vu refuser vingt-deux pièces de suite avant de pouvoir faire représenter son premier ouvrage. Tant de persévérance méritait d'être récompensée, et ce ne fut pourtant qu'après plus de dix ans de tâtonnements et d'essais presque infructueux, que Marsollier obtint un premier succès, mais aussi ce succès fut colossal, et Dalayrac fut assez heureux pour le partager avec lui.

Nina, ou *la Folle par amour*, fut jouée pour la première fois en 1786. Le sujet en était imité d'une nouvelle de d'Arnaud, insérée dans les *Délassements de l'homme sensible*. L'idée de mettre une folle au théâtre parut d'une telle hardiesse aux auteurs, qu'ils n'osèrent pas risquer cette tentative avant d'en avoir fait l'essai devant un public d'amis. L'ouvrage fut donc d'abord répété et représenté sur le théâtre de l'hôtel de Mlle Guimard. L'enthousiasme qu'il provoqua dans cette réunion d'élite rassura les deux timides oseurs, et ils donnèrent leur opéra aux comédiens Italiens. Grâce au pathétique de la situation, au jeu expressif et passionné de Mⁿᵉ Dugazon, grâce surtout aux ravissantes mélodies de Dalayrac, il obtint un succès de vogue. La musette si connue, la romance *Quand le bien-aimé reviendra,* devinrent bientôt populaires et plus de cent représentations consécutives ne purent lasser l'admiration et la sensibilité du public. Ce fut un succès de larmes dont on n'avait pas vu d'exemple depuis *le Déserteur.*

L'année suivante, Dalayrac, aidé de son premier collaborateur Lachabeaussière, donna *Axémia* ou *les Sauvages.* Le succès, moins vif au début, se prolongea néanmoins autant que celui de *Nina.* Deux mois après *Axémia* il fit jouer *Renaud d'Ast.* Il ne se doutait guère, en composant la romance, du reste assez vulgaire : *Vous qui d'amoureuse aventure,* que cet air, auquel on adapta les paroles : *Veillons au salut de l'Empire,* deviendrait le chant national de la France, et le seul qu'il serait permis de chanter pendant plus de dix ans.

En 1788, il donna *Fanchette,* en deux actes, et *Sargines,* en quatre ; et en 1789, *les deux Savoyards* et *Raoul sire de Créqui.*

Ces deux ouvrages montrèrent le talent du compositeur sous un aspect bien différent. Dans le premier il avait pu mettre sans peine la grâce, la franchise, le comique et la naïveté qui étaient l'essence même de son style et de ses manières. Dans le second, on sent qu'il aurait voulu adopter un faire plus large et

plus dramatique, une manière plus simple, telle enfin
que le comportait le sujet; mais ces qualités lui sont
moins naturelles, et la réussite est moins complète.

Après tant de succès, Dalayrac était parvenu à se
faire un nom déjà célèbre ; il avait entièrement renoncé à l'état militaire, ses ouvrages fréquemment repré-
sentés lui assuraient un revenu productif ; son rêve
était un voyage dans sa famille : une triste circonstance lui en fournit l'occasion.

Son père mourut presque subitement au mois d'août
1790. Dalayrac s'empressa de partir pour Muret : il
voulait porter à sa mère, qu'il adorait, les consolations
dont son cœur avait besoin dans un moment si cruel.
A peine arrivé dans sa famille, il apprend que son
père, par un acte passé devant notaire un an avant
sa mort, l'avait institué son légataire universel au dé-
triment de son frère cadet. Il s'empressa de faire an-
nuler ces dispositions, qui étaient cependant selon la
coutume du pays. Fier d'avoir pu s'assurer une existence honorable par son seul travail, il était heureux
d'augmenter la petite aisance de la famille, en renon-
çant aux avantages exceptionnels que son père voulait
lui assurer. Ses travaux le rappelèrent à Paris : il fallut s'arracher encore une fois aux embrassements de
sa mère. Son voyage de retour fut une suite de
triomphes. A Nîmes, à Lyon, dans toutes les grandes
villes, il reçut des ovations aux théâtres dont ses ouvrages faisaient la fortune.

De retour à Paris, il apprit la faillite de M. Savalette
de Lange, chez qui il avait placé 40,000 francs , fruit

de ses travaux et de ses économies. Cette année de
1791 devait lui être fatale, car au chagrin de la
perte de sa fortune se joignit bientôt une douleur
qui lui fit oublier ses autres maux. Sa mère n'avait pu
survivre à la perte de son mari. La situation de Dalayrac était des plus tristes : en moins de six mois il
perdait son père et sa mère, se voyait privé du fruit
de ses travaux, et déjà la révolution grandissant de
jour en jour, faisait présager l'avenir le plus si-
nistre.

Ses amis, ses protecteurs, ce monde brillant où il
avait vécu, tous se dispersaient loin de Paris, plusieurs d'entre eux s'éloignaient même de France.
Malgré ses opinions monarchiques bien connues et les
dangers que pouvait lui faire courir son titre d'ex-
garde-du-corps du comte d'Artois, Dalayrac ne songea
pas un seul instant à quitter Paris, il ne cessa de travailler pour le théâtre, il pensa avec justesse que la
renommée de ses œuvres suffirait pour le protéger, il
fut même assez heureux pour abriter sous leur égide
quelques-uns de ses anciens amis.

Le Ciel lui devait une compensation à tant de tour-
ments : il la trouva dans le mariage qu'il contracta
en 1792 avec une jeune personne qui devint la com-
pagne et l'amie de toute sa vie.

A une époque où les lois sur les émigrés s'exécutaient dans toute leur rigueur, et où l'asile et la protection donnés à l'un d'eux étaient regardés comme
un crime, Dalayrac reçut, par une voie détournée,
une lettre datée de l'Allemagne, et conçue à peu près

en ces termes : « Monsieur, peut-être votre mémoire vous rappellera-t-elle à peine le nom d'un homme qui n'a jamais été assez heureux pour être de vos amis, et qui n'a eu d'autres relations avec vous que d'avoir servi dans le même corps, celui des gardes de Mgr le comte d'Artois. J'ai eu le malheur d'émigrer, toute ma famille a péri sur l'échafaud, quelques-uns de mes biens ont heureusement échappé au séquestre et à la confiscation. Je n'ai plus aucune ressource, peut-être cependant me serait-il possible de me faire rayer de la liste des émigrés et de recueillir quelques débris de ma fortune. Mais si je puis arriver à Paris, je ne tarderai pas à y être arrêté, si personne ne répond de moi et ne m'aide à déjouer les manœuvres de la police. Je n'y connais personne, personne que vous qui ne me connaissez pas ; et cependant je m'adresse en toute confiance à votre loyauté et à votre sympathie pour le malheur d'un ancien camarade. »

Dalayrac ne se rappelait effectivement pas avoir jamais connu l'auteur de la lettre : cependant il lui avait semblé voir figurer sur les contrôles des gardes le nom dont elle était signée, et il n'hésita pas à répondre qu'il ferait toutes les démarches en son pouvoir, en faveur du proscrit.

Quelques jours après, celui-ci se présentait chez Dalayrac sous un déguisement qui dut rappeler à l'auteur de *Camille*, d'*Ambroise* et du *Château de Monténero* quelques-unes des pièces mélodramatiques qu'il avait mises en musique. Pendant plusieurs mois le compositeur tint l'émigré caché chez lui ; et de quelles précautions ne fallait-il pas s'entourer, à une époque où la pitié était un crime et la dénonciation une vertu! Enfin, à force de soins, de peines et de démarches, il parvint à faire rayer son ancien camarade, et celui-ci put, grâce à son dévouement, recouvrer à la fois sa liberté et sa fortune.

Dalayrac compta peu d'insuccès dans les cinquante-quatre opéras qu'il fit représenter; la plupart au contraire obtinrent une vogue immense, et il suffira de citer les titres principaux : *Camille, Ambroise, Marianne, Adèle et Dorsan, la Maison isolée, Gulnare, Alexis, Monténero, Adolphe et Clara, Maison à vendre, Lehéman, Picaros et Diego, La jeune Prude, Une heure de mariage, Gulistan, Deux mots, Lina*, etc.

Grétry, dans sa longue carrière, eut un moment où la popularité faillit l'abandonner : il était déjà vieux, lorsque Méhul et Cherubini donnèrent ces ouvrages sévères et fortement instrumentés qui contrastaient d'une manière si sensible avec les opéras joués précédemment. Grétry essaya de modifier sa manière dans ses derniers ouvrages; mais son génie était épuisé, et d'ailleurs les efforts qu'il faisait pour atteindre aux proportions des ouvrages du goût moderne lui ôtaient le naturel et la facilité qui prêtaient tant de charmes à ses premiers travaux. Son ancien répertoire fut presque abandonné pendant près de dix ans pour faire place aux œuvres écrites d'un style plus sérieux. Mais lorsque la société tenta de se reconstituer, au commencement de ce siècle, la réaction fut générale, dans les goûts comme dans la politique. A l'échafaudage de sentiments exagérés qu'on avait étalés pendant les tristes années de la Terreur, à la fausse sensiblerie qu'on avait affichée sous le Directoire, succéda une tendance de retour aux choses plus simples et de meilleur goût. Martin fut le premier qui essaya de reprendre quelques-uns des premiers ouvrages de Grétry. Leur succès fut immense. Toute une génération avait surgi, pour qui ils étaient une nouveauté, et il restait encore une immense portion de public à qui ils retraçaient les plus doux souvenirs. Elleviou et les premiers sujets de la brillante troupe qu'on admirait alors, se firent un point d'honneur de faire revivre ces opéras presque oubliés, et bientôt les ouvrages de Grétry firent le fond du répertoire habituel. Le compositeur fut assez heureux pour jouir de toute sa gloire pendant ses dernières années, et lorsqu'il mourut, il était avec justice et unanimement proclamé le premier dans le genre qu'il avait si brillamment illustré.

Dalayrac n'eut pas cette alternative d'abandon et de recrudescence de succès. Depuis son premier opéra jusqu'au dernier, il produisit constamment, et ne vit jamais décroître la faveur du public. Il est vrai qu'il sut constamment se plier à ses goûts : quand les grandes compositions musicales devinrent à la mode, il sut faire des à peu près dont le parterre était peut-être plus satisfait que des modèles mêmes, qu'il applaudissait moins par conviction que par engouement.

Ce qu'il y a de remarquable, c'est l'adresse de Dalayrac à saisir cette nuance, ce qui lui permit de modifier légèrement sa manière, mais de ne jamais la changer entièrement. Il voyait bien qu'il y avait un progrès chez les innovateurs, mais il comprenait aussi qu'ils dépassaient quelquefois le but qu'ils voulaient atteindre, et qu'en donnant plus de correction et de de vigueur à leur harmonie et à leur instrumentation, ils négligeaient peut-être trop la partie mélodique, qui est celle qui touche le plus la masse, et à laquelle le public revient toujours. Dalayrac était plus ou moins heureux dans le choix de ses motifs ou la coupe de ses morceaux, mais on ne peut pas dire qu'il y ait jamais eu bien réellement progrès chez lui. Ses derniers ouvrages ne sont pas plus richement instrumentés que les premiers : il y a plus d'élégance dans la forme, plus d'habitude dans le faire ; mais c'est toujours le même procédé et le même système. J'ai en ce moment sous les yeux la partition de l'*Éclipse totale* et celle du *Poëte et le Musicien*, composées l'une en 1781, et l'autre en 1809, et je retrouve dans toutes deux le même point de départ et le même système de disposition, la même facilité insouciante, la même habitude de remplissage banal, et les mêmes éclairs d'inspiration à certains moments donnés.

Dalayrac eut le bonheur d'avoir, outre ses grands drames, parmi lesquels il faut citer *Camille* où presque tout est excellent, et dont *le trio de la cloche* est un chef-d'œuvre, de charmantes comédies à mettre en musique ; ces comédies devenaient musicales par l'importance qu'y acquéraient les rôles confiés à

Elleviou et à Martin. Personne n'écrivit des duos
aussi favorablement coupés, aussi heureusement disposés sous le rapport vocal et scénique en même
temps, que ceux que Dalayrac composa pour ces célèbres artistes dans *Maison à vendre* et *Picaros et Diego*.

Grétry avait commencé par imiter le genre italien,
et ses premiers ouvrages y compris le *Tableau parlant*
(ce chef-d'œuvre qu'une récente reprise vient de rajeunir de quatre-vingt-deux ans), sont entièrement
inspirés par l'étude et le style des compositeurs italiens
de l'époque, style qu'il relève par le cachet puissant
de son individualité. Dalayrac, au contraire, montre
une manière toute française dans ses premières productions ; on devine déjà quelle sera la romance de
l'Empire, dans les tournures des phrases mélodiques
qu'il affectionnait en 1782.

Grétry était un grand musicien qui avait mal
appris, mais qui devinait beaucoup. Il était né har-
moniste ; sa modulation, quoique mal agencée, est
imprévue et souvent piquante ; ses accompagnements
sont maigres et gauches, mais sont remplis d'intentions
et d'effets quelquefois réalisés. On sent que le génie
l'emporte et que c'est parce que la science lui fait défaut, qu'il ne peut accomplir tout ce qui lui vient à la
pensée.

Dalayrac est peu musicien : il sait à peu près tout
ce qu'il a besoin de savoir pour exécuter sa conception.
Jamais il n'a voulu faire plus qu'il n'a fait, et, eût-il
possédé toute la science musicale que de bonnes études
peuvent faire acquérir, il n'eût produit que des œuvres

plus purement écrites, mais sa pensée ne se fût pas étendue plus loin, et ne se fût pas élevée davantage : l'instinct des combinaisons et de l'intérêt de détail lui manquait complétement, tandis que Grétry le pos sédait à un degré très-éminent.

La justesse de cette comparaison pourra peut-être se déduire par le souvenir de l'épreuve que j'ai faite, il y a quelques années, en réinstrumentant le *Richard* de Grétry et le *Gulistan* de Dalayrac. Dans la première de ces partitions, tout était à faire ; mais aussi quel intérêt il était facile de mettre dans l'instrumentation ! que d'effets indiqués qu'il n'y avait qu'à suivre et à réa- liser ! Dans la seconde, au contraire, la besogne était toute faite ; il y avait simplement à doubler quelques parties, à moderniser quelques effets de sonorité, mais l'œuvre était accomplie avant d'être commencée. Que résulta-t-il ? Que le *Richard* de Grétry eut un succès immense en se présentant tel que Grétry l'eût proba- blement écrit, s'il eût possédé l'expérience d'instru- mentation que nous avons acquise depuis lui, et dont il avait toute l'intuition et la prescience. L'œuvre de Dalayrac, au contraire, fit peu de sensation, parce qu'il n'avait pas été possible que les ressources modernes ajoutassent un grand charme et donnassent plus de valeur à la forme banale, peut-être, mais complète en son genre, sous laquelle la pensée était émise.

Ce qui doit être loué sans restriction aucune chez Dalayrac, c'est le sentiment de la scène qu'il possédait au plus haut degré. C'est à cet instinct excellent qu'il dut en partie ses nombreux succès, tant pour le choix heureux de ses sujets, que pour la manière réservée, habile et ingénieuse dont il savait les présenter sous la forme musicale. Aussi sa réputation fut-elle beaucoup plus grande au théâtre que parmi les musiciens. Il ne fit jamais partie du Conservatoire, où Monsigny et Grétry avaient été appelés à professer dès l'origine de l'établissement.

Cependant l'Empereur, qui savait apprécier tous les genres de mérite, accorda la décoration de la Légion-d'Honneur à Dalayrac. Fier et heureux de cette distinction alors si rare, la première, la seule qu'il eût jamais obtenue, Dalayrac voulut la justifier par l'éclat d'un grand succès. Il fixa son choix sur un sujet de M. Dupaty intitulé : *le Poëte et le Musicien.* La pièce était écrite en vers et offrait un imbroglio assez gai. Elleviou et Martin y jouaient, comme d'usage, les rôles de deux jeunes étourdis, et les occasions ne devaient pas manquer au compositeur pour y écrire des duos, et renouveler ces luttes vocales où ces deux chanteurs favoris lui avaient donné l'habitude du succès.

Il se mit au travail avec ardeur. La pièce fut mise en répétition, pour être jouée à l'époque des fêtes de l'anniversaire du couronnement. Une indisposition de Martin ayant interrompu les répétitions, Dalayrac reprit sa partition pour la terminer et y faire quelques changements : il venait d'écrire la dernière note du chœur final, lorsqu'il apprit que l'Empereur allait partir pour l'Espagne, et que son ouvrage ne pourrait être représenté devant lui si l'on ne se hâtait d'en reprendre les études. Rempli d'inquiétude, il se hâte de porter son dernier morceau au théâtre, et là on lui déclare que si l'indisposition de Martin se prolonge, on sera obligé de mettre une autre pièce en répétition. De plus en plus alarmé, il court chez le chanteur, le trouve, non pas indisposé, mais sérieusement malade, et acquiert la conviction que son opéra est indéfiniment ajourné. Désespéré de tous ces contre-temps, il rentre chez lui, est bientôt saisi d'une fièvre nerveuse qui se déclare avec une telle intensité qu'il est obligé de se mettre au lit. Le mal s'aggrave, le délire ne tarde pas à s'emparer de lui, et il expire au bout de cinq jours. Entouré de sa femme et de ses amis en larmes, il ne répond à leurs gémissements que par des chants insensés, peut-être ceux de son dernier ouvrage, et c'est en essayant encore d'articuler quelques sons, et de bégayer quelques phrases musicales qu'il rend le dernier soupir.

Cette mort imprévue fut un coup de foudre pour ses amis et ses nombreux admirateurs. On fit à Dalayrac des obsèques magnifiques. Son corps fut transporté à sa campagne de Fontenay-sous-Bois, et Marsollier, dans un discours qu'il prononça sur sa tombe, rappela les succès qu'ils avaient obtenus ensemble et les souvenirs de l'étroite amitié qui les unissait depuis plus de vingt ans.

Les artistes de l'Opéra-Comique firent faire par Cartellier un buste en marbre qui figurait dans le foyer du public et sur lequel étaient inscrits ces mots : *« A votre bon ami Dalayrac. »*

Dalayrac mourut à cinquante-six ans. Son ouvrage posthume, *le Poëte et le Musicien,* ne fut joué que deux ans après sa mort. Ce fut l'acteur et compositeur Solié qui en dirigea les répétitions. Il n'obtint qu'un médiocre succès, et ne méritait pas un meilleur sort. La partition en a été gravée : on n'y retrouve qu'un calque décoloré de ses précédentes productions. *Lina ou le Mystère,* l'un de ses derniers ouvrages, renferme de charmantes choses et peut être placé à côté de ses meilleurs opéras. Il est probable qu'il eût beaucoup modifié son œuvre aux répétitions, mais il est plus que douteux qu'il eût pu l'améliorer au point de lui procurer un succès durable.

Plusieurs ouvrages de Dalayrac sont restés au répertoire, quelques-uns de ceux qu'on a abandonnés pourraient être repris avec avantage, et, quelques progrès que la musique ait faits depuis quarante ans, on trouverait encore dans leur exécution le charme qui s'attache toujours aux mélodies franches, aisées, naturelles, à l'esprit et au sentiment parfaits, sans lesquels on ne sera jamais qu'un médiocre compositeur.

FIN.

TABLE DES MATIÈRES

FIN DE LA TABLE.

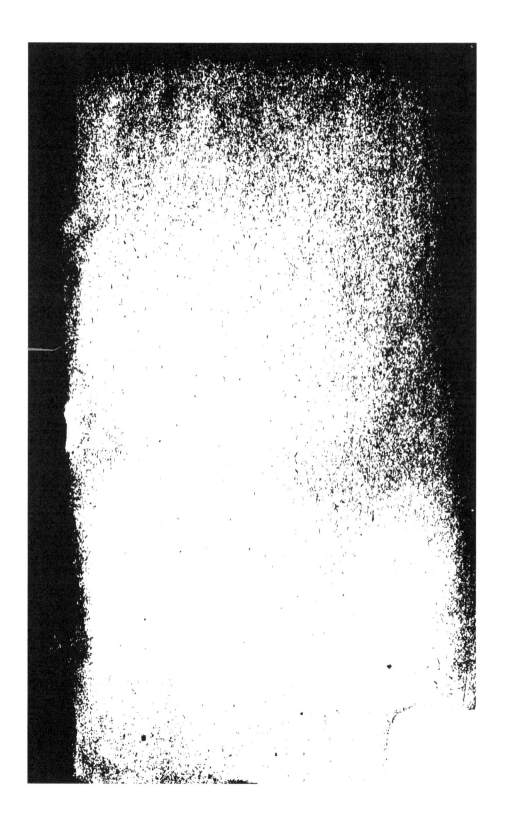